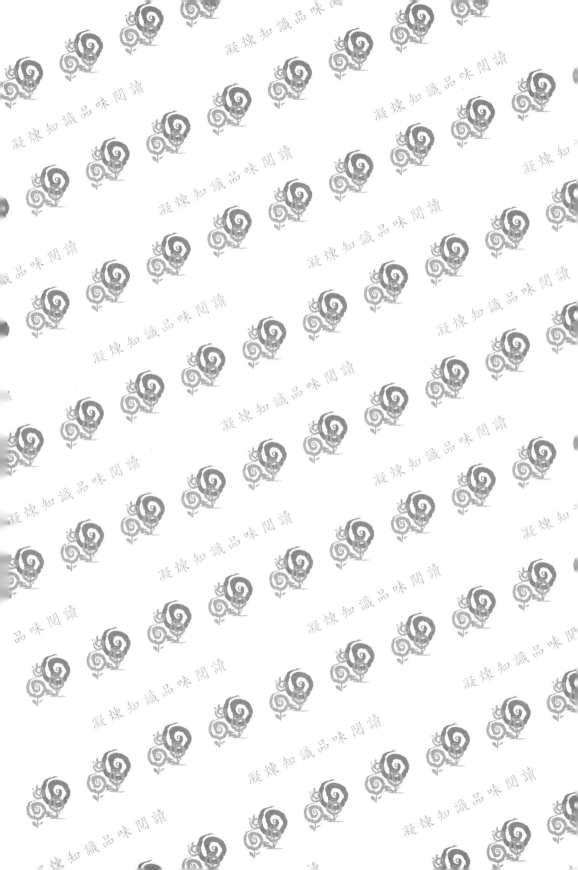

2024年9月最新版

台灣金融「票據支付」與「電子支付」法律基礎
——「票據法」與「電子支付機構管理條例」合論

李開遠／著

LAW

五南圖書出版公司 印行

二版序

　　現代社會每個人日常生活離不開各項金錢支付活動，凡購買商品或勞務、繳納稅費到投資有價證券，皆需透過支付來完成交易當事人間的款項收付，而支付及清算系統便是用於處理各項交易活動所生款項收付之系統，確保金流能夠在交易當事人間順暢移轉，屬國家重要的基礎設施，其能否安全且有效率地運作，對民眾生活、工商發展及金融穩定皆至關重要。

　　本書自2019年9月出版以來，電子支付產業持續蓬勃發展，2024上半年我國非現金交易支付筆數已超過70億筆，支付交易金額達新台幣8兆餘元。對照2023年全年票據交換5937萬張，票據交換金額新台幣12.9兆，以此推估，2024年全年電子支付總金額將超過全年票據交換金額。

　　隨著科技發展，智慧型手機等行動裝置發展普及，衍生行動裝置結合支付工具之運用模式，於虛實整合發展趨勢下，電子支付帳戶及電子票證使用場域及運用技術之界線已日趨模糊，且上開法律性質有所雷同，而規範確有其差異，致在執行上常衍生困擾。再者為擴大電子支付機構及電子票證發行機構業者之業務發展空間及避免法規套利之情形，有必要將二法予以整合為一，以有效落實金融監理、消費者保護及促進我國電子支付產業之發展。行政院爰於2020年7月提出「電子支付機構管理條例」修正草案，立法院於同年12月完成修正，將原本「電子支付」、「電子票證」二

元化管理的法制統合為一，增加民眾支付的便利性，可為我國電子化支付營造良好的發展環境，加速普惠金融的推動，是我國儲值支付工具發展的重大里程碑。

　　為能即時更新前述各有關資料，俾提供讀者及各界之瞭解與實用，特將本書內容予以增補修訂。值此再版之際，筆者爰綴數語以為序。另出版人五南圖書出版股份有限公司多方配合本次修訂工作，特此致謝。

李同遠 謹誌

2024年9月14日

序

　　隨著電子商務科技之發展，新型支付工具之種類推陳出新，呈現與傳統票據支付分庭抗禮之趨勢，為與時俱進，本書合併探討票據支付與電子支付法律基礎規範，以收相輔相成之效。本書第一部分探討票據法規範；第二部分探討電子支付法律規範，首先介紹現行我國電子商務有關行動支付之各種支付模式，包含第三方支付、電子票證及電子支付之發展與法制建構；再次分析電子支付法律監理架構「電子支付機構管理條例」，並比較行動支付之三種支付模式相關差異，俾利讀者容易分辨三種行動支付交易模式之區別。本書結合理論與實務將現行各類支付工具融合法規釋義與案例分析，使讀者能瞭解未來行動支付可能發展之金融監理相關新課題，期盼共同在行動支付各領域分別努力，穩健有序帶動我國行動支付產業之永續發展。筆者不敏，自愧學驗不足，錯誤難免，尚祈法學先進及財金實務專家不吝賜教為幸。倘蒙賜正，一字之師，感將不朽。最後謹以本書表達作者孺慕之思，感念先父李克旺先生及先母李盧和貴女士兩位在天之靈，謝謝你們的叮嚀與關懷常伴左右永懷在心。

李國遠 謹誌

2019年9月14日

目次

PART 2　電子支付

第一章　台灣金融支付工具之發展歷程 313

第二章　台灣電子商務發展與法制建構 317

第三章　電子支付之法律基礎——「電子支付機構管理條例」解析 335

Part1　票據法

第一章　票據概念

第一節　票據之意義

　　我國票據法上並未對「票據」一詞有所定義，然依本法第1條至第4條對匯票、本票、支票規定觀之，可綜合其定義如下：「**所謂票據，乃發票人依票據法規定，所簽發以無條件支付或委託第三人支付一定金額為標的之有價證券。**」

　　票據若具備票據法所規定之要件，則執票人得依票據上所記載文義之內容，請求給付一定金額或將其依背書、交付等方法轉讓於第三人。

第二節　票據之種類

一、各國立法例

　　各國立法例對於票據種類之劃分可分為下列三種：

（一）大陸法國家立法例

　　德國票據法、法、意商法、瑞士債務法、海牙統一票據規則及日內瓦國際統一票據法僅規定匯票及本票為票據，而支票另訂單行法規。日本最早之舊商法係明定票據為匯票、本票及支票三種，其後於1934年從日內瓦國際統一票據法及支票法，於其新票據法內分票據法（手形法）及支票法（小切手法），前者規定匯票、支票，後者規定支票[1]。

1　按日本支票法於昭和9年1月1日公布施行，隨後歷經修正。現該法共分11章。

（二）英國立法例

英國票據法將票據分為匯票、本票、銀行支票，惟將支票視為匯票之一種[2]。

（三）美國立法例

舊美國流通證券法，從英國立法例，惟現行美國統一商法將票據分為匯票、支票、存款單及本票等四種[3]。

---

2 英國票據法第三章第73條規定：「稱支票者，乃指由銀行即期付款之票據。除本章另有規定外，本法之條文中，適用於即期匯票者，均適用於支票。」

3 美國統一商法第3-104條原文：

3-104. Form of Negotiable Instrument: "Draft"; "Check"; "Certificate of Deposit"; "Note"

(1)Any writing to be a negotiable instrument within his Article must

  (a)be signed by the maker or drawer, and

  (b)contain an unconditional promise or order to pay sum certain in money and no other promise, order, obligation or power given by the maker or drawer except as authorized by this Article; and

  (c)be payable on demand of at a definite time; and

  (d)be payable to order or to beater.

(2)A writing which complies with the requirements of this section is

  (a)a "draft" ("bill of exchange") if it is an order,

  (b)a "check" if it is a draft drawn on a bank and payable on demand;

  (c)a "certificate of deposit" if it is an acknowledgment by a bank of receipt of money with an engagement to repay it;

  (d)a "note" if it is a promise other than a certificate of deposit.

(3)As used in other Articles of this Act, and as the context may require, the terms "draft", "check" "certificate of deposit" and "note" may refer to instruments which are not negotiable within this Article as well as to instruments which are so negotiable.

中譯文：美國統一商法第3-104條，票據方式分為「匯票」、「支票」、「存款單」、「本票」。

本法稱票據，係指符合下列條件之文件：

（一）由發票人簽名；

（二）含有支付一定金額金錢之無條件承諾或委託，且除本法所許可者外，發票人並未授與其他承諾、委託、義務或權利；

（三）見票即付或於一定時日付款；

（四）付指定之人或持有人。

符合本條規定要件之文件：（依下列方式區分之）：

（一）如係委任（付款），則為「匯票」；

（二）如係以銀行為付款人，見票即付之匯票，則為「支票」；

（三）如係以銀行聲明收到款項，並承諾清償，則為「存款單」；

（四）如係承諾而非存款單，則為「本票」。

二、我國票據法規定

依我國票據法第1條之規定，票據分為匯票、本票及支票三種，其於經濟上各有匯兌、信用及支付之效用，茲分別說明如下：

（一）匯票

謂發票人簽發一定之金額，委託付款人於指定之到期日，無條件支付與受款人或執票人之票據（票§2）。匯票之意義於民國18年立法之初，並未有明文規定，49年本法修正時，乃仿英美票據立法例，於本法增設第2、3、4條，分別就匯票、本票、支票賦予定義。由前述定義可知匯票應有發票、付款、受款三方面票據關係，即匯票須由發票人簽發並委託付款人無條件向受款人或執票人為一定金額之支付。惟此僅為匯票使用之一般情形，如依本法第25條規定，發票人得以自己或付款人為受款人，在發票人欲藉匯票以向付款人為清償或自付款人處受領現金時，付款人或發票人即與受款人合而為一，因之本條所謂支付與受款人或執票人字樣，即無實質上之意義，且匯票金額應支付與受款人或執票人亦為當然之事，行政院於62年修正票據法時，曾於修正草案中建議將本法第2、3、4條之受款人或執票人字樣刪除，本條該次修正草案為：「稱匯票者，謂由發票人所簽發，委託付款人於指定之到期日，無條件支付一定金額之票據。」該修正文字簡明，並可兼顧本法第25條第1項之立法精神，惟立法院司法、財政、經濟聯席委員會審查本案時決定不予修正[4]。

凡適用於本篇其他條款中及依上下文所需者，「匯票」、「支票」、「存款單」和「本票」等術語得兼指不可流通轉讓票據和可流通轉讓之票據。

4 立法院司法委員會，審查票據法修正草案參考資料專輯（61年4月）。

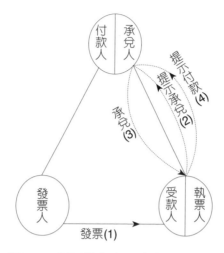

圖1-1　匯票當事人間法律關係圖示

1. 一般匯票

匯票	憑票祈於　　年　　月　　日付
	○　○　○新臺幣壹拾萬元整
	此致
	○　○　○
	發票人　○　○　○（簽名或蓋章）
	年　　月　　日

印　花

2. 商業承兌匯票

商業承兌匯票

憑票於　　　　年　　月　　日祈付　　　　　　　　　　　　或其指定人
新臺幣壹拾萬元整
　　　　　　此　致
　　付　款　人
　　付款人地址　　臺北市

　　　　　　　　　　　　　　　發票人
　　　　　　　　　　　　　　　地　址　臺北市

　　　發票日期　　年　　月　　日
　　　　　　　　　　　　　　此票免除作成拒絕證書

　　茲經承兌准於上記付款日期
　　在　　　市　　　　　　　　　　　　照付不誤
　　　　　　　　　　　　　承兌人
　　　　　　　　　　　　　地　址
　　　　　　　　　　年　　月　　日

3. 銀行承兌匯票

匯　票

　　　　　字　第　　　　　號
一、憑票准於　　　年　　月　　日祈付
　　　　　　　或其指定人
　　新臺幣
二、付款處所：台灣銀行　　　　　〔地址：　　　　　　　　　　　　　　　）
三、本匯票係依據台灣銀行　　　　　　　　　　　　　　　　年　　月
　　　　日第　　　　　　　　　號國內信用狀開立
四、本匯票免除作成拒絕證書
　　　　　　此　致
台灣銀行　　　驗付
　　　　　　　發票人
　　　　　　　　住址
　　　　　　　年　　月　　日

茲經承兌准屆期照付
新臺幣
　　　　　　承兌人
　　　　　　　地　址
承兌日期　　　年　　月　　日

科　目：承兌匯票　　　　　　對方科目：
經副襄理　　　會計　　營業　　記帳員　　驗印

4. 郵局匯款匯票

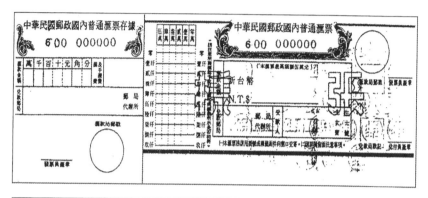

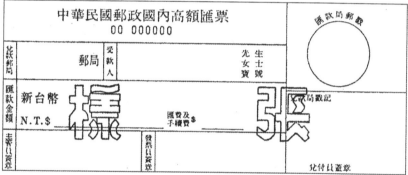

5. 金融業匯款匯票

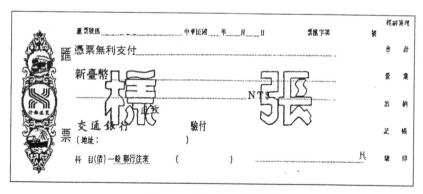

圖1-2　常見之匯票例示

（二）本票

　　謂發票人簽發一定之金額，於指定之到期日，由自己無條件支付與受款人或執票人之票據（票§3）。本條亦為民國49年本法修正時新增之條文，62年本法修正時行政院曾建議將本條修正：「稱本票者，謂由發票人所簽發，於指定之到期日，由自己無條件支付一定金額票據。」在文字結構上較現行條文更為簡潔，然同匯票之未獲立法院修正通過。

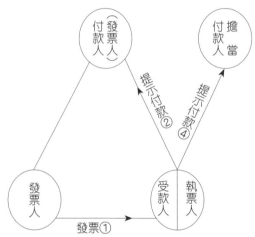

圖1-3　本票當事人間法律關係圖示

1. 一般本票

2. 委託金融業者為擔當付款人之本票

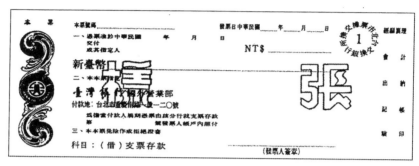

3. 商業本票

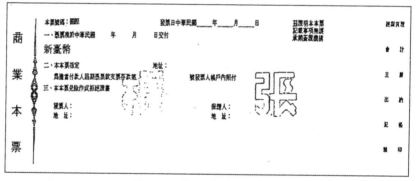

圖1-4　常見之本票例示

（三）支票

　　謂發票人簽發一定之金額，委託金融業者於見票時，**無條件支付與
受款人或執票人之票據**（票§4）。本條付款人之資格，於立法之初原僅
限定銀錢業者，後因政府遷台，而本省人民自日據時代即多以信用合作社
為地方資金融通機構，光復後為顧及民間此種習慣，民國43年修正本法第
127條時乃增列信用合作社以資適用，49年本法修正時，於增設本法第4條
時復一併列入，62年本法修正時，因台灣地區已無大陸之錢莊、票號等銀
錢業者，學者曾建議將銀錢業者改為銀行業者，以符實際，惟因當時另有

其他因素，立法院決定不予修正。至有關銀錢業者之適用範圍，已另於本法舊施行細則第2條加以補充，依照該條規定，本法稱銀錢業者，指依法令規定向主管機關辦理銀行設立登記，並經許可為他人簽發之支票擔任付款人之金融機構，依其他法令經主管機關核准辦理銀行業務並為支票之付款人者，視為票據法所稱之銀錢業。75年本法修正時，為配合漁會信用部業務發展及漁民使用支票之必要，比照農會辦理支票存款業務之辦法，將漁會支票納入票據法管理，以資因應，爰修正本法第4條，並將支票之受託付款人概稱為「金融業」，俾資簡明。

　　至有關國庫支票或公庫支票雖有支票之名，但非票據法上之支票，因票據法上之支票，其付款人以金融業為限，支票之付款人為公庫，並非一般之金融業，是公庫支票顯非票據法上之支票，而僅為民法指示證券之一種[5]。

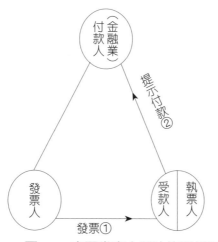

圖1-5　支票當事人間法律關係圖示

---

5 票據法上之支票，其付款人以銀錢業者或信用合作社為限，公庫支票之付款人為公庫，並非一般之銀錢業者或信用合作社，是系爭公庫支票顯非票據法上之支票，而僅為指示證券之一種。（60台上1548號判決）

票據法上之支票，其付款人以銀錢業者或信用合作社為限，本件支票之付款人為公庫，並非一般之銀錢業者或信用合作社，是公庫支票顯非票據法上之支票，而僅為指示證券之一種。（61年8月22日、61年度第一次民庭庭推總會議決議（一））

圖1-6　常見之支票例示

1. 一般支票

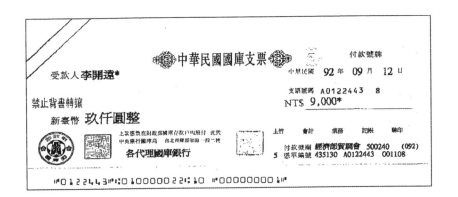

2. 國庫支票

3. 新臺幣旅行支票：目前僅台灣銀行發行

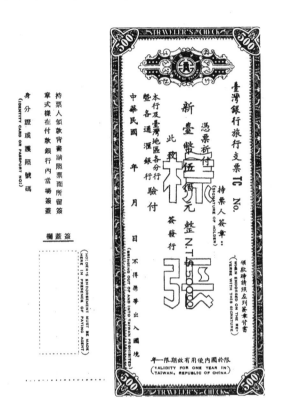

4. 匯款支票：金融業者辦理票匯時使用

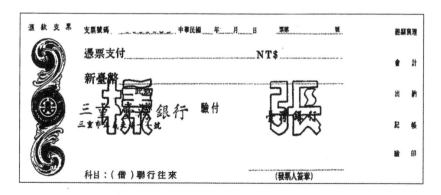

第三節　票據之性質

一、票據為要式證券

　　票據權利之發生及存在，須具備法定要件始發生，為使票據之信用維持及交易流通之安全，故以具備一定形式為必要，若欠缺法定應行記載事項，除本法另有規定者外，即屬無效（詳見第二章第二節票據行為之要式性）。

二、票據為文義證券

　　票據權利之內容及範圍，應以票據上所記載之文義為決定。在票據上簽名者，依票上所載文義負責。二人以共同簽名時，應連帶負責（票§5），禁止當事人提出票據以外之證明而變更或補充票據文義之效力。例如本法第7條規定，票據上記載金額之文字與號碼不符時，以文字為準；與民法第4條規定，應先由法院探究當事人原意，如法院不能決定何者為當事人之原意，始以文字作為認定之標準有所不同，藉以保護善意執票人之權利，俾利交易安全之維護。至票據權利之範圍係指本法規定範圍之事項而言，因之本法第12條規定，票據上記載本法所不規定之事項者，不生票據上之效力。另以支票為例，支票為文義證券，不以發票人與付款人間有付款委託及向付款人領用支票為要件[6]。

三、票據為無因證券

　　票據債權人對於票據債務人行使票據上之權利，其取得票據原因行為之有無及適法與否在所不問，不負舉證之責。縱令為發票行為時之對價關係，在法律上為無效或有瑕疵，票據債務人仍應依照票據文義負擔保票據債務之責任，故票據為無因證券。惟在直接當事人間，仍得以其原來之對

6　最高法院69台上725號判決。

價關係而為對抗，非為直接當事人，如以惡意或重大過失取得票據者，票據債務人亦得以之抗辯（票§13、14），不過就取得票據原因之證明責任有所轉換[7]。

四、票據為有價證券

所稱「有價證券」，依法律性質而言，乃表彰具有財產價值之私權證券。有價證券有完全有價證券與不完全有價證券之區分，在完全有價證券，其權利之「發生」必須作成證券，權利之「移轉」必須交付證券，權利之「行使」必須提示證券，故證券與權利有不可分離之關係，且證券上權利之行使，皆須占有證券為必要，學者間有以證券以外別無權利之理論，說明完全有價證券之性質，依民法發行之指示證券及依公司法發行之公司債及無記名股票等皆屬之。票據為表彰一定金額之證券，票據權利之「發生」必須做成票據，票據權利之「移轉」必須交付票據，票據權利之「行使」必須提示票據，故票據亦為完全有價證券[8]，此與公司記名股票在對公司行使股東權時，有時得不提示股票之不完全有價證券情形不同。

第四節　票據之經濟效用

現代係貨幣經濟社會，任何一種商品或勞務，從生產、分配至消費之連鎖過程中，皆無法脫離貨幣，如無貨幣，人類勢將停留於閉鎖之經濟時代，無法分工合作，享受不到大量生產之福祉，更無法造就暢通之運銷網

7　查支票乃文義證券及無因證券，故支票上之權利義務，悉依票上所載文義定之，與其基礎之原因關係各自獨立。支票上權利之行使，不以其原因關係存在為前提，從而執票人行使支票上權利時，就其基礎之原因關係確係有效存在，並不負舉證責任。反之，若票據債務人以自己與執票人間所存抗辯之事由，對抗執票人，依票據法第13條規定意旨觀之，固非法所不許，惟應由票據債務人就該抗辯事由負舉證之責任。（71台上3439號判決）

8　最高法院28滬上53號判例：「有價證券係以實行券面所表示之權利時必須占有該券為特質，銀行支票在市面上並非不可自由流通，且祇須持有該票即能行使票面所載權利，自係屬於有價證券之一種。」

路，使消費者之消費內容貧乏無比，更無選擇之餘地。論及現代之貨幣，
不可單指中央銀行所發行之鈔票與硬輔幣，在現代化銀行制度下，任何可
隨時提取之活期存款皆可稱為貨幣，且現代銀行利用其信用擴充功能，將
其帳面數字頻繁流傳，擴充至一可觀之程度，而此等活期存款之帳面數
字，如何被利用、流通及擴大，主要係靠各類票據之流通，亦即客戶間
開發各類票據、移轉票據及收受票據等行為，引起各類存款帳戶數字之波
動，茲將本法所定三種票據之效用分別簡述如下：

一、匯票之效用

　　匯票為信用證券，其主要效用原以匯兌為主，隔地交易，如輸送現
金，不僅獨攜帶不便且不安全，國際貿易頻繁，各國貨幣不同，更有依國
家之經濟政策禁止某項貨幣任意攜帶出入國境者，若以匯票代替現金之運
送自屬簡便安全，惟目前匯款方法已有以電匯或劃撥儲金之方式，而不以
發行匯票為必要者，但在國際貿易上匯票之效用仍未減色，匯票除匯兌之
效用外，尚有信用之利用與通貨之節省，例如某甲簽發信用昭著之某乙為
付款人之匯票乙紙，交付某丙作為貸款，某丙特向付款人某乙承兌後，在
到期日前，不僅可將匯票背書轉讓發生證券流通之作用，且可以利用承兌
人之信用向銀行貼現換取資金，如此甲丙兩人均得就將來之金錢作現在之
金錢利用，此即為匯票之信用利用與代替貨幣之功能。

二、本票之效用

　　本票亦有前述匯票關於信用利用與通貨節省之效用，其主要作用在於
票據之流通與貼現，我國貨幣市場所發行及流通之商業本票，分為基於合
法交易行為所產生之本票，與為籌集短期資金而發行之本票二大類，以上
二者純係為融通短期資金而發行。以往一般交易行為以本票流通者尚不普
及，蓋因以往支票具有刑罰規定，為一般人所樂於接受，然自民國76年6
月支票刑罰取消後，支票之使用已無較本票更為有利之處，反觀本票，由
於本法第123條規定執票人向本票發票人行使追索權時，得聲請法院裁定

後強制執行，故對債權人而言，收受本票實較收受支票更有保障，因之，目前使用以金融業為擔當付款人之本票有取代以往使用支票之趨勢。

三、支票之效用

支票在本質上為支付證券，並非信用證券，簽發支票之目的，就支票本質言，應係作為支付之工具，並非作為信用之利用，其功能在避免支付現金之煩及避免通貨計算之錯誤，然我國商場使用支票之事實卻與上述理論本質背道而馳，國人習慣上，支票之授受，雙方多係透過私下之約定，將支票之發票日填遲，而本法也承認此習慣，規定支票在票面所載發票日屆至之前不得提示兌現，因而產生大量所謂遠期支票，其代表無數個人與個人間之「信用默契」，等於是一種延期付款之憑證；然而，發票人存留於銀行之存款並非一成不變，如日後發票人之信用產生變化，持票人或將遭致退票，因之，支票之支付功能便成為附屬作用，民國49年本法修正時，雖規定執票人於票載日期前提示付款時應即付款；另就不兌現支票增設徒刑、拘役之處罰，希望藉以減少所謂遠期支票之簽發，惟實施以來效果不彰，62年本法修正時，乃一反前例規定支票在票載發票日前，執票人不得為付款之提示（票§128），此項修正在形式上雖因本法第4條及第128條有關見票即付之規定未予刪除，仍維持支票為支付證券之形式，但在實質上似已承認所謂遠期支票之存在，支票實已兼具信用證券之功能。

第五節　我國票據法制定及修正沿革

我國票據法正式編纂開始於清光緒32年7月，清憲政編查館聘日本學者志田鉀太郎起草之票據法為始，其所擬之票據法草案脫稿於民國元年，稱為票據法第一案，繼之而有北洋政府修訂法律館之共同案及其第二案至第五案，再次而有國民政府工商法規委員會提出之草案及財政部金融管理局案，最後由立法院依據民國18年中央政治會議通過之票據法立法原則19

條制定第一次票據法[9]，於民國18年10月30日由國民政府公布施行，歷經
抗戰復員戡亂而至中樞遷台初期皆未變動，其間曾有兩次提議修正均未獲
通過，一為對匯票增加平行線制度，乃中中交農四聯總處建議藉以保障匯
票執票人持有票據之安全，終以匯票非如支票為支付證券，為發展匯票信
用證券之作用，不宜採此制度，遂未通過。另一為將信用合作社列為支票
付款人，藉以發展信用合作社的營業，惟當時大陸各地信用合作社濫設成
習，如允其擔任支票付款責任，將過於浮濫，有破壞金融秩序之虞，故亦
未採納修正。茲將政府遷台後歷次票據法修正情形分述如下：

一、第一次修正（43年5月14日）

中樞遷台後，本地合作社事業極為發達，信用合作社之組織也較大陸
健全，紛紛建議將合作社列為支票付款人，本次修正即將舊票據法第123
條增列信用合作社為支票之付款人。

---

9 （一）本法所稱票據，為匯票、本票及支票。
　（二）票據依所載文義，由簽名人負責。
　（三）票據上應記載之事項，不得缺略。
　（四）以善意或無重大過失而取得票據者，享有票據上之權利。
　（五）受票據上之請求者，對於善意之執票人，不得以自己與請求人之前手間所存抗
　　　　辯，向之對抗。
　（六）匯票之發票人，應按照文義，擔保承兌及付款。
　（七）無記名式匯票，因交付而轉讓，無須背書。
　（八）記名式匯票，除禁止轉讓者外，得依背書而轉讓之。
　（九）執票人於期日前，不論何時，得向付款人為承兌之提示；付款人於承兌時，應記
　　　　載承兌或其他同義字樣。
　（十）付款人於承兌後，應負付款之責。
　（十一）執票人於到期日前，行使追索權時，得請求預備付款人為參加承兌。
　（十二）票據債務人以外，不論何人，經執票人同意，均得參加承兌。
　（十三）匯票不獲付款時，參加承兌人應負付款之責。
　（十四）票據之保證人，與被保證人應負付款之責。
　（十五）參加付款，不論何人均得為之，但有參加承兌人，或預備付款人時，執票人應
　　　　　先向之為付款之提示。
　（十六）匯票到期不獲付款時，執票人對於發票人、所有背書人及其他負責人，得行使
　　　　　追索權。
　（十七）本票除關於承兌、參加承兌及複本等各節外，均準用匯票之規定。
　（十八）支票之付款人，以銀行業者為限。
　（十九）支票限於見票即付。

二、第二次修正（43年5月14日）

本次修正增列條文6條，部分修正者亦達二十餘條，修正後全文共145條，原票據法以外，票據法施行法19條亦經修正為12條，於民國49年3月31日同日公布施行。本次修正重點如下：

（一）明定各種票據之意義，舊法雖與本次修正案第1條同有本法所稱票據為匯票、本票及支票，此乃票據範圍之規定，並無各種票據意義之說明，本次修正乃於第2條至第4條分別明定各種票據之意義。

（二）加重本票之發票責任，此因防止本票濫發，損害執票人權益，原擬規定執票人於行使追索權時，得聲請法院強制執行，以增強本票信用，然對於任何私人所簽發之票據，遽視為具有執行名義文書實嫌未合，遂修正為執票人向本票發票人行使追索權時，得聲請法院裁定後強制執行（票§123）。

（三）加重空頭支票之處罰，舊法對空頭支票僅為罰金之處罰，且不得超過票據金額，玩法者眾，顯然無由遏止頹風，遂修正改處一年以下有期徒刑、拘役或科或併科該支票面額以下之罰金（票§141）；且此項案件不適用刑法第56條之規定（票§142），即加重處罰空頭支票之刑罰，並排除刑法上「連續數行為而犯同一之罪名者，以一罪論」連續犯之規定。

（四）修正規定執票人於票載日期前提示付款時，應即付款，此為遏阻空頭支票而設之規定，係仿照1931年日內瓦統一支票法第28條第2項執票人於票載日期前提示付款時應即付款之規定而來。

三、第三次修正（62年5月28日）

第二次票據法雖經修正施行，但實際上許多問題仍難解決，當時立法方面即已認定遏止空頭支票必須銀錢業者及信用合作社應慎重於開立支票戶頭之始，此在本法礙於體例未便明訂，乃有待行政院加強對於銀錢業者及信用合作社之管理，妥定辦法嚴格執行，從而財政部於54年10月2日通令各行社票據交換所銀行公會遵照實施「銀行業及信用合作社甲種活期存

款戶處理辦法」，即係其中之一，然自49年以來，由於社會情況之變遷，我國工商業快速成長，國際貿易頻繁，票據之使用大增，原有票據法對於遠期支票之使用並未因有加重刑事處罰之規定而發生預期之阻遏效果，法規嚴而弊不止，條文詳而時有變，第二次票據法漸又感於不足應付現局，因之財政部特設修正票據法小組研究，提出第三次票據法草案，此次修正將原票據法施行法大部分規定納入本法，而將施行法廢止，另由行政院頒布「票據法施行細則」17條。

本次修正重點如下：

（一）增訂空白票據授權記載之規定，使發票人預行簽名於票據，而他項記載之事項（如金額、發票日等）授權他人得於日後補充之。

（二）准許定日付款之匯票與本票得以分期付款。

（三）對於遠期支票重行規定，增列第128條第2項「支票在票載發票日前，執票人不得為付款之提示」，並准許支票發票人，於票載發票日前撤銷其付款之委託，其撤銷不負本法舊有第141條之刑責。

（四）原本法舊有第141條就發票行為加以處罰，經修正為就不能兌現之結果加以處罰；另刑罰之刑度亦由一年增為二年，並增列在辯論終結前清償支票之一部或全部者，減輕或免除其刑。

四、第四次修正（66年7月23日）

票據法雖經三度修正，支票刑罰規定亦逐次加重，然退票率非但未隨之減低，反更有提高之趨勢，且部分債務人藉本法有關規定拖延訴訟，影響交易秩序甚鉅。

另由於農會支票為地方民眾使用已久，但仍未被本法視為支票，對農會支票之執票人保障欠周，財政部因而再次提出本法修正案。茲將本次修正主要內容列述如下：

（一）對支票因存款不足等法定原因退票，有期徒刑最高由二年提高為三年，以遏止空頭支票之氾濫。

（二）舊票據法規定，在辯論終結前清償支票金額之一部或全部

者，減輕或免除其刑；換言之，在第一審辯論終結前，發票人如能贖回支票向法院提出，依舊票據法規定，必可減輕或免除其刑，發票人若第一審不及贖回支票，於第二審開庭前贖回支票，俟第二審開庭時向法院提出，高院仍得減輕或免除其刑，以往依法院慣例，對於小額支票能贖回則免刑；不能贖回則判票面金額三成罰金，新法刪除「辯論終結前清償支票金額之一部或全部者，減輕或免除其刑」之條文，以杜絕債務人藉以拖延訴訟。

（三）農會支票以往被實務界認定非票據法上之支票，而係民法上之指示證券，造成農會支票雖掛「支票」之名，卻無票據法上地位；執票人知則不敢接受，不知而接受將來索債困難重重，發票人不受票據法之處罰，此不正常現象，已於本次修正時加以考慮，將農會支票列入票據法管理，於本法第127條明定將支票之付款人包括經財政部核准辦理支票存款業務之農會在內。

五、第五次修正（75年6月29日）

本法自民國18年公布施行以來，曾歷經多次修正，而自49年以來之歷次修正，皆與支票刑罰規定有關，先由罰金改為徒刑，再由一年徒刑提高為二年甚至三年徒刑，刑度雖一再加重，退票率非但未隨之減低，反更有提高之現象，使得票據犯人數亦逐年增加。依據法務部對台灣地區違反票據法判刑確定案件統計，71年較70年增加35%，72年比71年增加30%，73年比72年增加5%，74年比73年增加2%，逐年都在增加。

依據上述資料顯示，票據刑罰加重，非但未能有效及時遏阻空頭支票之簽發，反更使收受支票者基於刑罰之心理保障，忽視其對發票人之信用認識，久而久之，刑罰淪為討債工具，法庭成為討債機構，尤有進者，從一再退票之惡性循環中，製造出若干「經濟犯罪」及「人頭支票」，使若干知識水準較低之老人及婦女成為代罪羔羊，而對實際發票人卻未構成威脅，聽任逍遙，公平正義盡失。

支票刑罰既已暴露出不具遏阻空頭支票之效力，並產生若干缺失，且

在刑法理論上又欠缺強有力之基礎,因之,惟有將支票刑罰規定從票據法
中刪除,始可使民、刑事責任能有明確之劃分。

　　為澈底解決日益嚴重之票據法問題,早在69年2月前司法行政部依據
行政院所頒「經濟犯罪之長期性預防措施」,即邀集財政部等有關單位會
商研擬修正本法。當時決定基本原則為:一、符合刑法理論。二、減少經
濟犯罪及防止簽發支票為詐欺工具。三、不影響經濟發展及工商業營運。
會中雖提出多項修正構想,惟均未獲致結論。

　　70年4月財政部首度提出票據法修正案,建議刪除本法第141條及第
142條有關不獲支付支票處以刑罰之規定。但行政院以本案對票據權利人
之權益及票據之功能關係重大,認為宜有其他配合措施,並應先行宣導民
眾正確使用票據之觀念。財政部遂於71年5月起開始推動對工商民眾票據
常識之宣導工作,同時採取各項配合措施,例如修訂「支票存款戶處理辦
法」放寬開戶條件、推廣限額保證支票與簽帳卡,廢止有關客票融資辦法
而將之暫時納入「銀行對企業授信規範」,並更名為執付國內票款。

　　72年間財政部兩度邀集學者、專家及工商界代表舉行座談會,從各
種不同角度作廣泛而深入之探討,藉收集思廣益之效,根據共同討論與輿
論反應結果,作成改進方案,並經專家學者再三衡酌,對於困擾多年之兩
項票據法問題獲致最後結論,亦即:

　　(一)遠期支票問題方面,輿論對於本法第128條第2項規定之存
廢,有正反相對之主張。雖然遠期支票之盛行與空頭支票日增有其關連,
在政策上自不應鼓勵其流通。惟因其由來於商場長年之習慣,本屬經濟制
度問題,非法律所得強制禁絕。從法律觀點,並無非廢止不可之充分理
由;從經濟觀點,更不宜輕言變更。因此與其恢復舊制,使法律與社會現
實脫節導出更多問題,毋寧以經濟手段,在其他行政措施上減弱遠期支票
使用上之有利條件,使民眾衡酌利弊,樂於收匯票、本票,因勢利導以創
造一個取代遠期支票之環境,俾使票據使用早日步入正軌。

　　(二)支票刑罰規定之存廢問題,主張尚應加重處罰者認為支票刑
罰雖未能產生顯著效果,若非屢次提高刑度,則違反票據法案件必將數倍
於現有數字。此項論調之推測並無統計上之依據,誠不足採。主張維持現

制論者，主要是以目前信用體制尚未建立，缺乏社會制裁力量為由，唯恐一旦廢除刑罰規定，或將影響社會與交易秩序之安寧，實質上並非全然反對。至於贊成刪除刑罰論者，認為現行制度行之數十年，驟然改變，可能造成經濟社會重大衝擊，建議採緩進措施。比較雙方見解，主要爭議似不在於刑罰應否廢除，而係在適當之修正時機。

由於信用制度與社會制裁之建立並非短期即可完成，仍待政府與民眾長期多方配合。另則在現行票據制度下，一般人迷惑於刑罰制裁，而忽略債務人信用，如不廢除現行制度，將無從建立良好之信用體制。因此有關支票刑罰規定允宜先行修正，並訂定緩衝期間，使工商社會得以從容因應，同時配合修訂有關行政規章，調整銀行授信功能，加強信用制度並繼續促使民眾正確使用票據等各項措施，皆事所必需。

依據上述結論，財政部於會商法務部及中央銀行後，在73年7月再次提出票據法修正案，經行政院核轉立法院審議。於審議過程中雖曾因意見紛紜，景氣低迷，而延擱一時，終經各方協調並聽取學者專家意見後，於75年6月三讀通過，並經總統於6月29日明令公布[10]。

本次票據法修正主要目的，在減少大量違反票據法案件對社會經濟所造成之不良影響，同時兼顧工商業之營運與資金調度。經多方研商與審酌實情，將有關未獲支付支票科處刑罰規定予以廢除，期能正本清源，釐清民刑事責任；至有詐欺犯意者，則應按刑法規定論罪科刑。同時為減輕此次修正票據法對工商界之衝擊，另採行適當緩衝措施以為因應。茲將此次修正主要內容列述如下：

（一）廢除不獲支付支票科處刑罰的規定

支票發票人簽發支票不獲支付，在本質上非當然具有可罰性。本法第141條及第142條規定，原係國家為防止發票人濫發空頭支票所設之特別刑罰，與殺人、強盜等自然犯在本質上已含有可罰性情形不同。本法有關刑罰制裁規定既不能達到遏阻發票人簽發空頭支票之目的，反導致匯票、

---

10 立法院秘書處編印，法律案專輯第97期「票據法修正案」，75年9月初版。

本票制度形同虛設,刑罰規定自以廢除為宜。如此,始符合刑事政策之要求,亦與世界各國立法例一致,並且對票據正確使用有正本清源之效。

(二)訂定緩衝措施

1. 明定75年12月31日為票據法第141條、第142條之施行屆滿日期

由於支票刑罰規定施行數十年,驟然廢除,可能引起商業習慣上的衝擊。尤其當時支票之流通,多係建立在刑罰對發票人之無形約束,給予執票人心理上之安全感,因此暫不刪除第141條及第142條之規定,而在附則中增列第144-1條,明定此二條文之施行屆滿日期為民國75年12月31日,俾使國人有相當時間得以從容因應。同時,在行政上採取各種配合措施,如修訂票據法施行細則、支票存款戶處理辦法、開放票據退票資料查詢、加強正確使用票據宣導等。

2. 排除刑法第2條規定的適用

按刑法總則規定原則上亦適用在其他有關刑罰規定之法令。本次票據法修正對於生效日前有關違反票據法案件,本可適用刑法第2條有關從新從輕原則規定;但為避免過渡期間因預期心理而生取巧現象,特於附則中作特別除外規定。使75年底前簽發空頭支票者,仍依行為時法律追訴處罰,預為防範以杜僥倖。

3. 增列減刑或免刑規定

為鼓勵發票人履行債務,並藉以保護執票人,在修正條文中增列「發票人於辯論終結前清償支票金額之一部或全部者,減輕或免除其刑」之規定,期能調和新舊法間急遽變動所產生之扞格。此外,法務部也同時採取相關配合措施,例如從寬辦理違反票據法受刑人之假釋,將繳納罰金期數放寬為二十期。對退票金額較少或已清償票款之一部全部,或犯罪情節輕微,以不起訴為適當者,檢察官可依刑事訴訟法「微罪不舉」原則,予以不起訴或撤回起訴處分。

（三）將漁會信用部支票納入票據法管理

　　財政部依據70年7月修正通過漁會法規定，已先後核准十餘地區漁會設立信用部，辦理漁會會員存放款業務。由於漁民購置漁用資材及日常生活對使用支票有迫切需要；為配合漁會信用部業務發展及漁民使用支票之需求，比照農會辦理存款業務之往例，將漁會支票納入本法管理，以資因應。

（四）通稱支票付款人為金融業者

　　本法原規定支票付款人以銀錢業者為限，嗣後陸續增列信用合作社及經財政部核准辦理支票存款業務的農會，致使第139條有關平行線支票規定之文字甚為冗贅。此次修正以增列漁會為契機，在條文文字上配合作了技術性修正，將支票付款人通稱為金融業者，使得上開法條含意能涵括，而文字則為之精簡。

六、第六次修正（76年6月22日）

　　本法第144-1條規定「第141條、第142條之施行期限（刑罰）至中華民國75年12月31日屆滿。在施行期限內之犯罪，仍依行為時法律追訴處罰，不適用刑法第2條之規定。但發票人於辯論終結前清償支票金額之一部或全部者，得減輕或免除其刑。」75年票據法修正時增列此項規定，主要係顧慮驟然取消支票刑罰恐將造成預期心理，而產生投機取巧之弊端，故為善不卒地增列第144-1條，明訂本法有關刑罰制裁部分不適用刑法第2條「從新從輕」原則。惟自票據法刑罰屆時一年以來，各界反應正面之意義較反面意義為強，顯見本法75年第五次修正時，部分持法律觀點，主張適用「從新從輕」原則將造成社會不公平，對債權人無法交代之論見，誠屬多慮。因之，立法院於76年6月22日三讀通過刪除本法新增訂之第144-1條，如此，單純違反本法者免追訴，裁判確定者免予執行，澈底解決支票

刑罰問題[11]。

七、第七次修正（101年6月25日）

101年6月25日行政院公告第4條第2項所列屬「財政部」之權責事項，經行政院公告自93年7月1日起變更為「行政院金融監督管理委員會」管轄，自101年7月1日起改由「金融監督管理委員會」管轄。

---

11 76年6月23日立法院新聞稿。

第二章 票據行為（票§24-64）

第一節 票據行為之意義與種類

一、意義——票據行為者，乃票據之法律行為，亦即以負擔票據上債務為目的所為之要式法律行為。

二、種類——票據行為之種類有發票、背書、承兌、參加承兌及保證五項。又票據行為有主票據行為與從票據行為之分，發票為創造票據之原始行為，稱為主票據行為；其餘背書等行為，稱為從票據行為。見圖2-1。

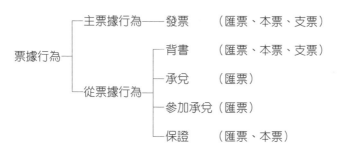

圖2-1　票據行為

票據上權利義務之成立必基於票據行為，然票據行為究係票據行為簽名者之單獨行為，抑或當事人間之契約行為，學說不一致，主契約說者，謂票據債務之成立，乃票據債務人與權利人間締結契約所致，且必由票據債務人將票據交付於債權人，而債權人又須受領其票據，始生票據上之法律關係；主單獨行為說者，謂票據上之債務，由債務人一方之行為而成立，故票據之發票人、背書人、承兌人、參加承兌人及保證人皆因簽名於票據之行為，而對執票人負票據上之義務。本法採單獨行為說，明定在票據上簽名者，依票據上所載文義負責，二人以上共同簽名時，應連帶負

責；另法院裁判亦多認為票據行為係單獨行為[1]。

第二節　票據行為之特性

一、要式性

　　一般法律行為多採方式自由原則，然票據為易於辨認及轉讓，俾促使
票據流通，票據行為除意思表示外，尚須履行一定方式，其要式性可分為
下列三項：

　　（一）**書面**：票據為完全之有價證券，其權利之發生、移轉與行使必
須提示證券，其權利與證券有不可分離之關係，前述之五種票據行為，或
於票據正面為之（如發票、承兌、參加承兌）、或於票據之背面為之（如
背書、保證），均不得脫離書面而另為之。

　　（二）**款式**：票據權利之發生及存在，應以票據上所記載之事項為
依據，若欠缺依法應行記載之事項，則票據性質不明，為維持票據之信用
及流通，本法第11條第1項規定：「欠缺本法所規定票據上應記載事項之
一者，其票據無效。」即明示票據行為之要式性。票據上應記載之事項依
各種不同票據分別規定於本法第24條第1項、第120條第1項、第125條第1
項。（詳見第三章）

　　（三）**簽名**：所謂簽名，乃指行為人於票據上親自書寫自己姓名。
以表示票據行為人已確認票據文義之內容，並願意負擔票據責任之意思。
各種票據行為，其應記載之事項雖不相同，但行為人之簽名則為共同之要
件，且票據行為有僅簽名即可成立者，例如空白背書及略式承兌，簽名係
負責之表示，任何具有票據行為能力之人，在票據上簽名者即應依票上所
載文義負責，而不問其是否為實際受益之人，且與付款人處是否設立帳
戶無關[2]。至於無票據行為能力之人，其簽名於票據自不生效，惟其不生

1　最高法院52台上2436號判決。
2　最高法院50台上2683號判決：「發票人應否擔保支票文義之支付，不以發票人在付款人

效，並不影響其他簽名者之效力，又所謂依票據上所載文義負責，係指票據上所載票據法規定之事項始有適用，如於票據上記載票據法所不規定之事項者，依本法第12條規定，既不生票據上之效力，則就此種事項為簽名，亦不負任何票據法上之責任。

至票據上之簽名，如未簽全名者（如僅簽姓，或僅簽名），是否生簽名之效力，有下列兩說：

甲說：票據乃無因證券，在票據上簽名者，即應依票據上所載文義負責，故執票人僅憑簽署於票據之文字，而知其人姓名（不須另憑其他證據即可證明者），得對之請求負責者，始能謂為票據上之簽名，如僅寫姓或僅寫名，而不能憑票證明其為何人之姓名者，自不能認為已備簽名之程式，不生簽名之效力。

乙說：所謂簽名，法律上並未規定必須簽其全名，且62年票據法修正前第6條更規定，票據上之簽名得以畫押代之，僅簽姓或名，較畫押慎重，足見票據上之簽名，不限於簽全名，如僅簽姓或名者，亦生簽名之效力。至於所簽之姓或名，是否確係該人所簽，發生爭執者，應屬舉證責任問題，此與簽全名，而就其真正與否發生爭執者，並無差異。

依最高法院64年7月8日第五次民庭庭推總會議決議採前述乙說，其理由係依台北市銀行商業公會（64.2.27）會業字第0138號復函，關於票據上之簽名，雖非簽全名，而能證明確係出於本人之意思表示者，仍承認其效力，故當解為票據上之簽名，不以簽全名為限，即可生簽名之效力。

國人多習慣以蓋章代替簽名，本法第6條規定：「票據上之簽名，得以蓋章代之。」故票據行為人簽名與蓋章並用固可，即僅簽名而不蓋章，或僅蓋章而不簽名，亦無不可。62年本法未修正前，尚可以畫押代替簽名，現行本法以畫押辨別困難，易生糾紛，就票據行為應力求明確之原則，自不宜以畫押代替簽名，且蓋章既可代替簽名，實際上足以解決不會簽名者之困難，乃將畫押之規定刪除，又民法第3條第3項規定指印、十字

處預先開設戶頭為準，苟已在支票發名，表示其為發票人，縱未在付款人處預為立戶，仍應擔保支票之支付。」

或其他符號亦得代替簽名之用，惟十字或其他符號與畫押之情形相當，本法既已刪除畫押之規定，票據行為當不能再以十字或其他符號代替簽名，至於按指印代替簽名，原係在教育不普及時代不得已之規定，指印之鑑別藉儀器及特別技能，一般肉眼難以鑑別，違反票據流通之原則，現行本法既規定票據上之簽名僅得以印章代之，則捺指印自不生簽名之效力，實務上亦採此見解[3]。

目前金融機構均以蓋章為原則，簽名為例外，如支票存款，存戶（發票人）除出具往來約定書外並應繳交印鑑卡，其開發支票時所簽蓋於支票上之印章，須與留存於付款行庫之印鑑相符，否則付款行庫得依其與發票人間之契約，以簽章不符而不付款，然如支票上之印章確為真正，發票人仍不能以簽章不符而免除支票上之責任。

一般自然人署名方式皆親自以簽名、蓋章方式為之較無爭議，而法人因非自然人，不得自行簽名、蓋章，必經其授權之代表為之，一般情形，係由其代表人先記明法人名稱並蓋其印章，而再由代表人復為簽署與蓋章，並附記職銜或附註代理、代表字樣，以支票而言，支票依本法第125條規定須有發票人簽名始得成立，因此公司發票人而簽發支票時，自應由公司負責人或經其授權之個人代理為之，方屬適法。依台北市銀行公會68.9.10會業字第1341號函規定：以公司名義申請開立支票存款戶，應遵照財政部訂頒之支票存款戶處理法規定辦理；如發票人僅留蓋「○○公司」圖記或僅蓋不具人名之「○○公司董事長」或「○○公司總經理」等職銜章，而未更由其負責人或被授權個人簽名所簽發支票，與規定不合，銀行不予受理，因此公司支票於銀行處理實務上，應加蓋公司有關人員之印鑑章方得兌現。

在此筆者擬就法律觀點探討本問題，如票據發票時，法人代表人僅書寫法人名稱並蓋用法人印章，代表人卻不為簽章時，其法人之署名是否有效？本問題向為學術界與實務界爭論之問題，因見解不同，關係票據效力至鉅，如認為無效，票據欠缺法定要件而無效，執票人不得向該法人行使

---

3 最高法院54台上1198號判決。

票據權利，反之若認為有效，則該法人即須負票據債務，關於本問題是否有效，向有正反二種不同見解，肯定說學者稱為「機關方式說」，否定說稱為「代理方式說」，茲分述如下：

一、「機關方式說」係贊同票據簽名可委請他人代行，因自然人簽名可委由他人代行，在「法人實在說」理論下，法人與自然人相同，自無否認法人簽名可代簽之理。

二、「代理方式說」則認為代表關係在法律上雖無明文規定，但在法理及實務上均準用代理之規定，依本法第9條規定，代理人須載明為本人代理之旨，則代表人亦應比照辦理，必須表明代表之旨，否則代表法人而為票據行為之人，究係何人，又有無代表權限，均應表示於票面，始可分明其責任，否則易滋紛擾，因之為助長票據流通，代表法人在票據上為其簽署之自然人，應另行附帶簽其本身姓名或蓋其本身印章[4]。

關於票據「背書」，最高法院多採肯定之「機關方式說」，認為法人之背書縱無其代表人之簽章，亦屬有效。司法院亦核示公司或商號名稱，既足以表彰營業之主體，則在支票背面加蓋公司或商號印章者，即足生背書之效力，殊不以另經公司或商號負責人簽名或蓋章為必要。除商號能證明該印章係出於偽刻或被盜用者外，要不能遽認未經商號負責人簽名或蓋章之背書為無效[5]。另有多起法院判決亦曾認為背書未經上訴人公司之法定代理人簽名蓋章亦生背書之效力[6]。

---

4 一、最高法院53台上2079號判決要旨：「本件系爭支票既係以東興有限公司名義蓋該公司印章所簽發，雖經上訴人於公司印章之下加蓋自己之印章，然原審既認上訴人為該公司之董事長對外有代表公司之權限，縱未載有代理人代理關係存在者，能否謂其未為本人代理之旨之載明，即認為有票據法第9條之適用非無審究餘地。」
二、最高法院71台上3641號判決要旨：「本院41台上764號判例所謂：『代理人於其代理權限內，以本人名義蓋本人名章，並自行簽名於票據者，縱未載有代理人字樣，而由票據全體記載之旨趣觀之，如依社會觀念，足認有為本人之代理關係存在者，仍難謂非已有為本人代理之旨之載明。』云云。必須簽名於票據者有代理本人為票據行為之權限者始足為之，如簽名於票據者並無代理本人之權限，其簽名對於本人不生效力，並應依票據法第5條規定自負其責。」
5 司法院72年1月29日廳民三字0078號函。
6 最高法院59台上3260號判決：「系爭支票曾經蓋用上訴人之印章為背書，既為不爭之事實，則上訴人之○○造船廠足以表示營業之主體，既足生背書之效力，殊不以另經上訴人之法定代理人簽章為必要。」最高法院72台上1157號判決：「該背書印章係上訴人交

關於法人之「發票」行為，最高法院向採「代理方式說」，認為僅書
寫法人名稱並蓋用法人印章，但無代表人之簽名或蓋章時，該法人之簽名
並非有效[7]。惟最高法院於76年6月判決時已改採「機關方式說」，認為商
號名稱，既足以表彰營業之主體，則在票據正面蓋商號印章，而為發票之
行為，已足生簽發票據之效力[8]。

依筆者淺見認為，關於法人簽名方式，在顧及票據流通與安全之範圍
內為合理之解釋前提下，本系爭論問題，筆者認為肯定之「機關方式說」
弊端較少，似較可採，畢竟**票據法係一重技術規定甚於理論規定之法律，
因之在法條之解釋上，尤應重視適用在所處環境上之妥當性，而不可偏廢
於純理論，亦即票據法之解釋，寧重實用性而得犧牲理論之完整。**

在此又有另一衍生問題待探討，假設某股份有限公司在金融機關開設
支票帳戶，領支票簿使用，約定戶名為某公司，印鑑除公司印章及董事長
私章外，下再加一監察人私章（目的在防董事長濫發支票），如支票上，
有一印章不符，即應退票。嗣公司即以上述三印章簽發支票，歷有年餘，
後該公司倒閉，支票不獲兌現，執票人認為監察人為共同發票人，對之訴
請清償票款，有無理由？一般有下列三說：

甲說：股份有限公司之董事長，依法固為公司之代表人，有當然代理
公司簽發支票之權，但監察人並非當然享有此代理權。本件監察人於發票
內部約定監察人加蓋印章，在防董事長濫發支票，乃其內部問題，非第三
人所能知悉，故本件原告之訴應認為有理由（最高法院66台上160號、66

其會計許○○保管使用，經許○○證述屬實，許○○既為上訴人會計，而有使用該印章
之權，則其用以在訟爭支票上背書，雖該背書未另經上訴人公司之法定代理人簽名蓋
章，亦生背書之效力。

7 最高法院59台上1036號判決：「法人或非法人團體及合夥，其本身在私法上並無行為能
力，須其機關之代表人代其為一切之法律行為，票據行為亦同，故為票據行為時，若僅
記明公司法人、其他非法人團體或合夥等名稱或押蓋其印章，而無其代表人之簽名或蓋
章，無從識別是否為其代表人所為，不足以表示其行為為有效，應認其欠缺要式行為而
無效。」

8 最高法院76年1月15日76台上68號判決：「商號名稱（不問商號是否法人組織），既足
以表彰營業之主體，則在票據正面加蓋商號印章，而為發票之行為者，已足生簽發票據
之效力，殊不以另經商號負責人簽名蓋章必要。……倘系爭支票上之被上訴人印章係屬
真正，又無被盜用之情形，則被上訴人是否仍不負發票人之責任，即非無疑。」

台上1688號、66台上3286號判決）。

乙說：機關團體在金融機關設立存戶，其留存印鑑，除機關團體印章及首長私章之外，下加會計、出納、或監察人印章，發票時亦不標明此等職銜者，習所常有，其戶名既是機關團體，並非某私人。發票時須使用此數印章，始構成整體發票手續，故謹能認此機關團體為發票人，其下加蓋私章者，非共同發票人，公司為支票發票人時，事同一理，本件原告之訴，為無理由。

丙說：由票據全體記載之形式及旨趣觀之，如依一般社會觀念，足認該監察人之簽名，係為公司為發票行為者，則不能認該監察人為共同發票人。

依最高法院67年7月11日第七次民事庭庭推總會議決議採前述丙說，認為如監察人之簽名，係為公司為發票行為者，則不能認為該監察人為共同發票人。

二、獨立性

票據於交易上輾轉流通，其各項票據行為各別獨立，因之，如票據上有數票據行為時，其中一項票據行為無效或被撤銷，而其他票據行為不受其影響，此謂票據行為之獨立性。換言之，凡簽名於款式完備之票據上者，對於善意執票人，應獨立負擔票據上之債務，不因他票據行為之無效或撤銷而受影響。

票據行為獨立原則，係為保護票據權利人，以加強票據流通之一種措施，蓋法律行為一部分無效，則全部皆為無效，乃民法之基本原則，但同一票據上之票據行為一部分無效，不影響其他部分行為之效力，係屬於民法之例外規定。此一特性可於下列各情形顯示之：

（一）**不完全行為能力人之簽名**：本法第8條規定：「票據上雖有無行為能力人或限制行為能力之簽名，不影響其他簽名者之權利義務。」故發票行為雖因發票人為無行為能力人或限制行為能力人而歸於無效，若該票據已經背書、承兌，則該背書、承兌者仍應負擔票據債務。

　　（二）**票據之偽造**：本法第15條規定：「票據之偽造，或票上簽名
之偽造，不影響於真正簽名之效力。」此即票據行為獨立原則之表現。

　　（三）**票據之保證**：本法第61條第2項規定：「被保證人之債務縱為
無效，保證人仍負擔其債務。」此亦票據行為獨立原則之表現。

三、無因性（抽象性）

　　票據行為之成立基礎通常多係基於買賣、借貸、贈與及清償等原因關
係，然票據行為一旦成立，其票據關係即與其原因關係分別獨立，縱使其
原因關係無效或不成立，亦不影響票據行為之效力，此稱為票據行為之無
因性。亦即票據行為為不要因行為，不以給付之原因為要素而得成立之行
為，凡簽名於票據之人，不問原因如何，均須依票據上所載文義負責，除
執票人取得票據係出於惡意者外，發票人不得以自己與執票人前手所存抗
辯事由，對抗執票人[9]，票據上權利依票據文義而生，與其基礎之原因關
係各自獨立，故原因關係不存在或無效時，執票人仍得依票據文義行使權
利[10]。因此執票人不負證明關於給付之原因責任，如票據債務人主張執票
人取得票據出於惡意，應負舉證責任[11]。又票據行為為不要因行為，不以
給付原因為成立要素，不得以曾在票據上背書或領款，推斷有借款同額之
事實[12]。

四、文義性

　　本法第5條第1項規定：「在票據上簽名者，依票據上所載文義負
責。」所謂依票據上之文義負責者，票據當事人依票據上所記載，享受權
利或負擔義務，縱該記載與實質原因關係不符，亦不許當事人以票據以外
之他項證據補充或變更記載內容，俾維持票據信用，保障交易安全，本特

9　49台上678號判決。
10 49台上343號判決。
11 64台上1540號判決。
12 70台上560號判決。

性與民法第98條：「解釋意思表示，應探求當事人之真意，不得拘泥於所用之辭句。」相較，可謂係該條之例外規定，其目的在保障善意執票人，以助長票據之流通。但本法對於票據行為文義之解釋原則未有明文規定，票據行為固應依票載文義為客觀之判斷，不得以票據以外之證據補充或變更文義內容，然依客觀解釋原則，其並非須嚴格拘泥於所載文字，其於一般情理、習慣及誠信原則等仍具相當之支配力，解釋上應儘量以助長票據流通與保護交易安全為最高原則。在此可以美國統一商法第三章第一節第118條為參考之依據，該條係對票據涵義不明之條款及規定解釋原則（Ambigurous Terms & Rules of Construction），其以列舉式為之，適用於所有票據[13]。

---

[13] 美國統一商法第3-118條係對涵義不明之條款及解釋原則規定，下列準則適用於所有票據：

　　（一）對票據為匯票或本票存有疑問時，執票人得視之為任何一種。匯票以發票人為付款人者，與本票有同一效力。

　　（二）手寫之條款與打字或印刷者有牴觸時，以手寫者為準，打字者與印刷者有牴觸時，以打字者為準。

　　（三）文字與號碼有牴觸時，以文字為準，但文字涵義不明時，得以號碼為準。

　　（四）除另有規定者外，關於利息之約定，係指自票據發票日起，未載發票日者，自實際發票日起計算，按付款地法院判決利率支付。

　　（五）除票據另有特別規定者外，二人以上簽名為發票人、承兌人或背書人，並為同一行為之一部分者應共同連帶負責，縱票據上有「本人承諾付款」等字樣者亦同。

　　（六）除另有特別約定者外，同意展延，僅授權展延一次，其期間不得較原期間為長。在票據上載明同意展延者，次債務人及授與信用發票人均應受其拘束。執票人遇本票發票人或承兌人或其他當事人依照本法第3-604條規定，於票據到期日，願為全部票據金額之清償，而反對展延時，不得行使展延票據期限之任意選擇權。

第三章 票據權利之創設（發票）
——票據行爲（一）

第一節 票據發票之意義

票據之「發票」，乃發票人依照法定款式作成票據，並以之發行之基本票據行爲。因票據係完全之有價證券，其權利之發生必須作成證券，否則有失票據有價證券之特性；且票據為要式證券，其應記載之法定事項缺一無效；另依法作成之票據，如不交付與受款人，尚無法稱完成發票之行為，該項票據仍屬無效，故票據之發票，乃由票據之作成及交付兩者合併構成之單獨行為，即作成票據並加以簽名後，應將票據交付於受款人或執票人，始發生發票效力。

第二節 票據發票之款式（記載事項）

票據為要式證券，其發票應具備一定之款式，其記載事項依本法第24條、第120條及第125條規定，除必須簽名外[1]，可分為必要記載事項與任意記載事項，必要記載事項又可分為絕對必要記載事項與相對必要記載事項，絕對必要記載事項如未記載，其票據為無效，相對必要記載事項如未記載，法律上另有補充規定，其票據並不因之無效。至任意記載事項記載與否，悉依票據行為人之自由，如未記載，不影響票據之效力，若已記載，仍發生票據上之效力，茲將各記載事項分別說明如下：

---

[1] 最高法院53台上2159號判決：「按票據行為之成立，以簽名為要件，必須在票據上簽名，始依票載文義負責，故票據之偽造或票上簽名之偽造，因未經真正簽名為票據行為，自不負票據上之責任，此項抗辯事由，得對抗一切執票人，縱取得票據者並非出於惡意或詐欺或重大過失，亦不得對該被偽造簽名之人，行使票據上之權利。」

一、必要記載事項

（一）絕對必要記載事項

1. 表明其為各類票據之文字（匯、本、支票）

此即學者稱之票據文句，票據上之權利義務因票據種類不同各異，票據上以文字表明其為何種票據，俾確定發票人之責任及其他票據行為應具備之要件，至應記載於何處，本法無明定，一般皆位於票面正上方處。

2. 一定之金額（匯、本、支票）

票據為金錢證券，故票據債權之標的應以金錢為限，所謂一定之金額，即其金額必須確定，例如不能記載十萬元以上或以下，而必須記載十萬二千元或九千元。其記載金額之方法，以文字、號碼或二者兼用或用其一均非法所不許，通常以文字記載外，再用號碼予以記載，另票據上之金額如以號碼代文字記載，經使用機械辦法防止塗銷者，視同文字記載[2]。票面記載之號碼與記載之文字不符時，則以文字為準，此規定排除民法第4條「關於一定數量，同時以文字及號碼表示者，其文字與號碼有不符合時，如法院不能決定何者為當事人之原意，應以文字為準。」之適用。另可參考60年最高法院台上字第2925號判決：「按票據法第7條規定：『票據上記載金額之文字與號碼不符時，以文字為準。』此為與民法第4條規定不同所在，至於當事人原意如何，要非所問，且依此規定結果，尚不許當事人提出反證證明以號碼為準，故號碼金額祇應解為非法定應載事項，雖然記載號碼金額，亦不影響票據之效力。」目前銀行實務對阿拉伯數字所載金額並不認為係必須記載事項，填與不填皆不影響銀行付款之義務。

另票據上之金額填寫後不得變更改寫，旨在防止變造，至金額上所定之貨幣，應以本國貨幣為準，但載明以外國貨幣給付時亦為有效。

關於票據一定金額之書寫，一般簽發票據者宜注意下列各點，以避免簽發之票據無效：

2　參閱票據法施行細則第3條；財政部51年3月7日(51)台財庫發第01393號函。

(1) 大寫金額及小寫金額均宜書寫，其數額並應相符。

(2) 大寫金額宜以研磨之墨汁書寫或使用以機械辦法防止塗銷之號碼機記載。

(3) 金額文字務須在金額欄內緊接「新臺幣」以通用楷書密接大寫，並於數尾加「整」字。至於漏列整字，純就法理而言，尚亦應不構成金額文字不清，不宜逕予退票。

(4) 大寫金額勿漏記貨幣單位，如「元」字。關於票據金額文字漏寫「元」字乙點，法院實務上有認為有效者[3]，亦有認為無效者[4]。惟中央銀行業務局曾於69年7月25日以（69）台央業字第0932號函「說明」二之（二）釋示：支票大寫金額填寫「壹拾萬正」漏填元字，經提交換而存款不敷時，如其數字所記載之金額，未表

3　實務上認為有效者，有下列判決：

一、最高法院58台上1599號判決：「按在票據上簽名者，依票上所載文義負責。查付款人之退票理由，雖因金額漏填『元』字為不合，然票面同時記載21370之數字相符，且票面中文記載『新臺幣二萬一千三百七十正』，對被上訴人之得行使追索權無礙。」

二、最高法院58台上2304號判決：「本件被上訴人執有上訴人簽發華南商業銀行新興分行為付款人之56年12月22日之支票一紙，其金額欄已經載明『新臺幣貳萬正』等字樣，並用阿拉伯數字表明『NT$20,000』（即新臺幣二萬元之意），其已備票據法第125條第1項第2款『一定之金額』之記載，殊為明顯，故不但從上訴人之手受支票交付之徐聯銓認為上訴人簽發本件支票之面額為新臺幣二萬元，即華南商業銀行新興分行之退票理由單上之票面金額亦載明『NT$20,000』等字樣，上訴人以其簽發之本件支票金額欄內僅載『二萬』而無『圓』字，係欠缺必要記載事項而無效，殊不足採。」

4　實務上認為無效者，有下列判決：

一、最高法院60台上805號判決：「原審為上訴人敗訴之判決，係以系爭支票四紙，雖記載新臺幣之數額，而無『元』或『圓』之記載，但『元』或『圓』為新臺幣之單位幣值，殊無使人誤以為『角』或『分』之可能，從其中支票三紙金額之記載，文字與號碼之表示不符，亦不影響支票之效力云云存論據。第查票據為要式證券，票據法第125條第1項第2款既明定支票應記載一定之金額，而新臺幣之幣值，又有圓、角、分三種，參以退票理由亦載為金額文字不清各情，系爭支票能否謂未欠缺法定要式，而應認為有效，即非無斟酌之餘地。」

二、最高法院60台上2925號判決：「票據法第7條規定：『票據上記載金額之文字與號碼不符時，以文字為準。』此為與民法第4條規定不同所在，至於當事人原意如何，要非所問，且依此規定結果，尚不許當事人提出反證立證以號碼為準，故號碼金額祇應解為非法定應記載事項，雖無記載號碼金額，仍不影響票據之效力。文字金額既定應記載事項，同時又必須有金額之表示，則遇僅記載數字而無『元』或『圓』之記載者，即足影響及於票據之效力。」

明「NT$100,000.00」者，因欠缺法定記載事項，付款行應用三聯單以「法定要項不全」或「金額文字不清」理由退票。如其數字所記載之金額已表明「NT$100,000.00」者，因其法定應載事項尚無欠缺，付款行應用五聯單以「存款不足」及「金額文字不清」雙重理由退票。姑不論央行業務局上述見解在法理上是否值得商榷，因其為金融主管機關，故仍同意其意見。

(5) 金額位數連續有數個「零」時，應僅書寫一個「零」字。如金額為「$100,006.\frac{00}{\times\times}$」時，宜記載「新臺幣壹拾萬零陸元整」；不宜記載「新臺幣壹拾萬零零零陸元整」。

(6) 金額為新臺幣十萬元時，宜記載「壹拾萬元整」，不宜記載「拾萬元整」。

(7) 大寫金額書寫完成後，宜使用油質印泥加蓋數目章或私章，以防變造。

3. 無條件支付之委託（匯、本、支票）

票據為流通證券，為保護交易之安全，票據上表彰之權利自應確定，故付款之委託不得附有任何條件，如附有條件，不問其為限定支付資金之條件，或限定支付方法之條件，或限定其他條件之成就，票據均屬無效，至無條件支付之委託應如何記載，本法無規定，通常以「憑票請付」、「憑票支付」等文義表示之。

4. 發票年月日（匯、本、支票）

發票之年月日，即票據發行時，形式上所記載之年月日，其必須記載之理由有下列五項：(1) 發票人於發票時，有無行為能力。(2) 法人於發票時，是否已合法設立。(3) 為定發票日後定期付款之匯本票，其到期日之起算日。(4) 為決定見票後定期付款之匯票，提示承兌期間之計算。(5) 有時或為利息起算日或為保證成立日。

發票年月日之記載，須係曆法上所具備之日，若係2月30日或4月31日等，曆法上所無之日期時，其發票日如何計算，尚未見有關判解，在解

釋上似可解為以該月之末日為發票日，俾符合當事人之真意[5]。

　　按票據除本法別有規定外，欠缺本法所規定票據上應記載事項之一者，其票據無效，本法第11條定有明文，因之所簽發之票據如未依票據法之規定記載發票之年、月、日，該票據應屬無效，發票人不負票據上之責任。

5. 付款人之商號（支票）

　　支票付款人之資格，本法規定以金融業為限，所稱金融業者，係指經財政部核准辦理支票存款業務之銀行、信用合作社、農會及漁會。

　　支票付款人之商號為支票之重要當事人，故必應記載之，如有欠缺，該支票即屬無效。實務上金融機構發給客戶之支票都已印妥其名稱。

6. 付款地（支票）

　　支票之付款提示期間，取決於發票地付款地不同而相異，本法第130條規定支票之執票人應於下列期限內為付款之提示：

(1) 發票地與付款地在同一省（市）區內者，發票日後七日內。

(2) 發票地與付款地不在同一省（市）區內者，發票日後十五日內。

(3) 發票地在國外，付款地在國內者，發票日後二個月內。

　　故付款地亦為絕對必要記載事項，否則無法確定付款之提示期間。實務處理上，金融機構發給客戶之支票都已印妥金融機構之地址。

（二）相對必要記載事項

1. 受款人之姓名或商號（匯、本、支票）

　　票據受款人乃票據最初之債權人，故其姓名應記載於票據上，受款人為商業主體時，應記載其商號，受款人如未經記載，則以執票人為受款

5　前司法行政部51年10月11日台(51)函民字第5047號函：「查銀行客戶簽發支票所記載之發票年月日，須係曆法上所具有之日，若係2月30日或4月31日等曆法上所無之日期，其發票日如何計算一節，尚未見有關判解，在解釋上似可解為以該月之末日為發票日，俾符當事人之真意。」

人,票據未載受款人者,執票人得於無記名票據之受款人欄內記載自己或他人為受款人,變更為記名票據,此為執票人之補充權,本法第33條對於空白背書已承認執票人得於空白欄內填載自己或他人姓名,變更為記名背書,未載受款人之票據,自亦應允許執票人有此權限,故民國62年本法修正時特予增列。

2. 發票地(匯、本、支票)

發票地為發票人發行票據之處所,發票地之記載,於涉外法律行為時,為適用行為地法律之準據,故為必要記載事項之一,但發票地之記載,為形式之記載,其記載縱與實際發票地不符,票據仍為有效,且票據未載有發票地者,票據亦不因之無效,即以發票人之營業所、住所、或其居所所在地為發票地。

3. 付款人之姓名或商號(匯票)

付款人即受發票人之委託,對匯票上之金額於到期日負付款責任之人,如未載付款人者,則以發票人為付款人,故為相對必要記載事項。

4. 付款地(匯、本票)

付款地為票據金額之支付地,亦為執票人請求付款及付款人拒絕付款時,應為拒絕證書作成之處所,票據未載有付款地者,即以付款人之營業所、住所、或居所所在地為付款地。

記載付款地之作用有三:(1) 本於票據有所請求因而涉訟者,得由付款地之法院管轄。(2) 票據上記載金額之貨幣如為付款地不適用者,得以付款地適用之貨幣支付之。(3) 執票人於法定期內不為付款之提示,票據債務人得將票據上所載金額提存於付款地之法定機關團體。

5. 到期日(匯、本票)

到期日為票據債權人行使權利及票據債務人履行義務之期日,故到期日為必須記載之事項,且須單純一定,若票上記載數個到期日,其匯票為無效,依本法第65條之規定,到期日分為四種:(1) 定日付款。(2) 發票日

後定期付款。(3) 見票即付。(4) 見票後定期付款。如票上未載到期日者，亦不影響票據之效力，概視為見票即付。匯票可否記載數個到期日或分期付款，各國立法例不盡相同，大陸法系多採否定說。而英美法系則均採肯定說。本法62年修正前之第65條第2項原亦以明文規定，分期付款之匯票無效，蓋亦從大陸法系之立法例，採否定說。62年本法修正時為配合社會需要，對匯票之到期日已改採英美立法例，於本法第65條第2項以明文規定匯票得為分期付款之記載[6]。

二、任意記載事項

（一）擔當付款人（匯、本票）

　　擔當付款人係付款人之代理人，代理付款人支付票據金額之第三人謂之。一般商號、公司企業組織每日皆需處理若干票據，如各項進出貨價之支付、收受及股息之發放者，如用匯、本票者，執票人均須向發票人或付款人提示票據請求付款，其將甚為不便，會計部門勢必作業繁複，因之本法第26條第1項規定得由發票人指定一人為擔當付款人，**一般均指定金融業為擔當付款人，俾得利用票據交換自動轉帳，求取便利，惟指定之人並不限於金融業，任何第三人皆可為之，僅金融業以外之第三人不得參加票據交換，一般使用較無實益，使用情形較少。**匯票除發票人得指定一人為擔當付款人外，如發票人未指定時，依本法第45條第1項規定，付款人於承兌時亦得指定擔當付款人。縱發票人已指定擔當付款人，依同條第2項規定，付款人於承兌時仍得予以塗銷或變更，因擔當付款人既係代理付款

6　參閱62年票據法部分條文修正草案重點說明（立法院司法委員會編印）：現行票據法第65條第2項規定，分期付款之匯票無效，本票亦準用此項規定。然近代工商業發展之結果，分期付款交易已成為經濟活動主要方式之一，而此種交易之付款又多賴票據為之，如仍嚴守舊日觀念，規定票據不許分期付款，其在事實上之不便，迨可想見。且可能形成交易之阻力，有礙經濟發展。茲為適應社會需要，擬仿英美立法例，修正本法第65條第2項，規定以定日付款之匯票為限，得許分期付款，惟其中任何一期到期不獲付款時，即視為全部均已到期。並規定提前視為到期之匯票金額中，所含之利息於清償時應依約定利率予以扣減（無約定利率者依法定利率），以免執票人藉此獲取不當利益，以利工商貿易之推展。

人支付票據金額，自應由付款人決定為宜。

匯票在未經承兌前，付款人之付款義務尚未確定，而擔當付款人僅係代理付款人辦理付款，故請求承兌仍應向付款人提示，不能向發票人指定之擔當付款人提示。反之，已承兌之匯票或本票記載有擔當付款人者，於請求付款時，則必須向擔當付款人提示，否則提示無效，如逾本法規定期限，仍應受本法第104條之限制，對前手喪失追索權。

擔當付款人一般用於本票者較多，61年財政部為遏止遠期支票之濫用，加強本票之使用及流通，鑒於以金融業為擔當付款人之本票，較易為商場所接受，特頒布「銀行受託為本票擔當付款人辦理要點」以供遵循[7]，其規定凡經各行庫局及信用合作社核准開戶之支票存款戶，均得委託各行社為其所發本票之擔當付款人，就其支票存款戶逕行代為付款。

本票上載有擔當付款人者，其付款之提示「應」向擔當付款人為之，本法第124條、第26條第1項、第69條第2項定有明文，條文中既曰「應」向擔當付款人為之，則為強制規定，本票執票人不向擔當付款人提示請求付款，而逕向發票人為之，自與法律規定不合，為維護本票之信用，避免當事人詐偽，應認不生於提示期限內合法提示之效力，則依本法第124條及第104條之規定，對於背書人喪失追索權[8]。

支票存款戶經依規定辦妥委託手續後，得隨時請求各行社發給以該行社為擔當付款人之空白本票，並得自行填發以該行社為擔當付款人之本票。

發票人委託各行社為擔當付款人者，應在本票到期日提示付款前，於其支票戶內存有足敷支付其本票金額之款項，倘因存款不足而退票，在記錄上應視同支票退票合併計算，退票達三次者應即拒絕往來。

支票與金融業為擔當付款人之本票重大差異有下列二項：

1. 支票於付款提示期間內不得撤銷付款委託；本票無時間之限制。

2. 支票係支付工具，僅能憑以向銀行申辦應收客票運轉金貸款，此

---

7 財政部61年2月10日台財錢第11038號函。

8 司法院第一廳73年5月11日(73)廳民一字第0368號復台高院函參照。

係短期無擔保放款，利息較高，且最多只能取得票面金額八成之貸款；本票係信用工具，可憑以向銀行申辦貼現。

（二）預備付款人（匯票）

預備付款人係匯票發票人在付款地指定付款人以外之一人，使其在付款人拒絕承兌或拒絕付款時，為參加承兌或參加付款之人謂之。預備付款人為主付款人以外之從付款人，亦稱第二付款人，原為堅固票據信用，防止追索權之行使而設。

匯票發票人簽發匯票之際，對於指定之付款人能否確於執票人提示時同意承兌與付款，如無確切把握，為保障其個人信用及避免因執票人行使追索權而產生他項費用，依本法第26條第2項規定，得記載在付款地之一人為預備付款人，背書人依本法第35條規定亦得記載在付款地之一人為預備付款人。

匯票上指定有預備付款人者，當執票人於向付款人請求承兌遭拒後，於到期日前行使追索權時，得轉請求其為參加承兌，匯票於到期日時，如付款人不於本法所定期限內為付款時，參加承兌人應負付款之責。另預備付款人縱未參加承兌，如匯票於到期日不獲付款時，執票人依本法第79條規定，仍應向預備付款人為付款之提示。

預備付款人制度之存在，主要由於過去交通與通訊均極不便，匯票執票人於提示請求承兌或付款而遭付款人拒絕時，如逕向發票人或背書人行使追索權，勢需費時甚久，增加費用與利息之支出，尤為重要者，執票人可能因資金運轉發生困難而影響其商業之經營，故發票人或背書人為使後手安心接受票據，乃有指定預備付款人之必要。惟現代交通發達，通訊方便，執票人於提示承兌或付款遭拒後，立即可通知發票人或背書人設法補救，實不再有指定預備付款人之必要。美國統一商法對參加承兌與參加付款之規定均已刪除，因之指定預備付款人於本法已亦無必要，實可予刪除，俾簡化票據法律關係。

（三）付款處所（匯票）

付款處所即發票人或付款人於付款地內指定之特定付款地點，付款處所與付款地不同，付款地通常指一行政區域而言如台中市或永和區等，付款處所則為明確之地點如台中市中山路1號，發票人因付款人不欲於營業所、住所或居所受付款之請求，法律特許其記載在付款地之付款處所（票§27）。

（四）利息及利率（匯、本票）

因匯、本票為信用證券，多為遠期付款，故有記載利息及利率之必要，發票人得記載對於票據金額支付利息及利率（票§28）。

（五）免除擔保承兌責任（匯票）

匯票發票人得依特約免除擔保承兌之責，發票人匯票到期日前，因資金尚未送達，或因與付款人間資金關係尚未洽妥，因而其擔保承兌之責任得以特約免除，當事人間為此項特約之最主要目的，乃使匯票債權人在付款人拒絕承兌時，不得於票據到期日前對發票人行使追索權。此項規定對於匯票受款人甚為不利，一般較難為後手接受。

第三節　票據發票之效力

一、對發票人之效力

依本法第29條規定，發票人應照匯票文義擔保承兌及付款，匯票發票人以委任他人付款為原則，本身不負付款之責任，但發票人為票據金額之最後償還義務人，原則上自應依照票據文義對票據權利人之承兌及付款負擔保責任；本票發票人所負擔保付款責任與匯票承兌人同；支票為委託他人支付一定金額，該發票人為最後償還義務人，其責任與匯票發票人同，故應照支票之文義擔保支票之支付，茲將發票人擔保責任分述如下：

（一）擔保承兌

所謂擔保承兌者，乃匯票於到期前，付款人拒絕承兌時，發票人即負償還責任謂之。縱使發票人已將票據資金交付與付款人，亦不得以此為理由對抗執票人而拒絕償還，惟此項擔保之責任為相對之責任，發票人得依特約免除之，有此項特約之記載者，執票人即不得於匯票到期日前，因不獲承兌而行使追索權。

（二）擔保付款

所謂擔保付款者，即匯票、本票及支票到期不獲付款，發票人應負償還之責任，此項擔保責任為絕對之責任，不得以特約免除，票據上如有免除擔保付款人記載者，其記載無效。又發票人應否擔保支票文義支付，不以發票人在付款人處預先開設支票存款戶為準，苟已在支票簽名表示其為發票人，縱未在付款人處預為立戶，仍應擔保支票之支付[9]。另發票人償還票款時，得請求執票人交出：1. 票據、2. 退票理由單、3. 收據及償還計算書（限於發票人償還利息及費用時）。

二、對受款人之效力

當發票人交付票據與受款人時，受款人即可取得該票據之付款請求權及追索權，但匯票上之請求權在未經承兌之前，僅為一種期待權而已。受款人於票據到期日未獲付款而具備法定要件時得行使追索權。

三、對付款人之效力

匯票之發票為發票人之單獨行為，發票人雖於匯票上記載有付款人，但付款人並非當然債務人，必須經其承兌始居於第一債務人之地位，

9　最高法院50台上2683號判決：「發票人應否擔保支票文義之支付，不以發票人在付款人處預先開設戶頭為準，苟已在支票簽名表示其為發票人，縱未在付款人處預為立戶，仍應擔保支票之支付。」另69台上725號判決相同意旨。

負付款之責任。支票付款人受發票人之委託而付款，必須與付款之金融機構有資金關係，若付款人於發票人之存款或信用契約之數足敷支付支票金額時，原則上應負支付之責，惟若收到發票人受破產宣告之通知者不在此限。

第四節　共同發票人之連帶責任

　　票據在現代經濟活動中，不僅是特定當事人間之一種支付手段，且能在一般公眾間輾轉流通，具有「通貨」之作用，對促進經濟發展及增進金融流通極其重要。由於票據具有此種特性，故本法為使票據易於辨認，以保護公益，乃嚴格規定票據之形式和內容，要求票據之作成應依一定方式（如簽名、書面），並以票據為文義證券，即凡在票據上簽名者，須依票據上所載文義負責，不許當事人更以票據外之證明方法，加以變更或補充。如有二人以上共同簽名時，則須連帶負責，亦即持有該票據者，可以向該共同發票人中之一人或數人或全體，同時或先後請求全部或一部之票款。支票是票據之一種，故亦具有此種特性[10]。一般實務上最易發生問題者，係公司簽發之票據，其發票人除有公司名稱外，尚有董事長或總經理個人簽章，如標示不清未加職銜，其簽章之董事長或總經理是否應負共同發票人之連帶責任？在股份有限公司中，董事會是法定必備業務執行機關，其選出有董事長時，可由該人對外代表公司，當其代表公司對外為執行業務行為及其附屬行為（如簽發票據）時，應以公司名義為之，故由董事長代表公司簽發支票時，即須於票上載明其所代表之公司名稱，並載明其與公司之代表關係。惟法律就「載明為法人之代表」一點，並未設有

---

10 民法第272條「數人負同一債務，明示對於債權人各負全部給付之責任者，為連帶債務。」
　　「無前項之明示時，連帶債務之成立，以法律有規定者為限。」
　　民法第273條「連帶債務之債權人，得對於債務人中之一人或數人或其全體，同時或先後請求全部或一部之給付。」
　　「連帶債務未全部履行前，全體債務人仍負連帶責任。」

特定方式，通常記載表示有代表職權之職銜如「董事長」、「負責人」等字樣，惟亦非絕對如此，縱未記載此等字樣，如由票據全體記載之旨趣觀察，依社會通念足認有法人之代表關係存在者，亦認其已有為法人代表之意，此時僅需由公司負票據上責任（如發票人責任）。否則，如依其情形無法認為該代表人僅係代表公司為票據行為（如發票）時，該代表人將可能被認為係共同發票人，應與公司共同對執票人負連帶責任。

目前最高法院就類此之問題所已表示之見解，前後並不一致，雖謂已經提示一可資遵循之明確而更具體之標準，值得進一步研討，涉訟時只好先由當事人主張及舉證，後由法院善用職權為妥適之認定與解釋。如果從事交易行為之當事人能於授受票據當時，互相就有關發票之權義與目的確認清楚，而後在僅代表公司簽發票據之場合，最好載明「代表」（但實務上亦習稱「代理」）之旨；如意欲共同發票，則載明「共同發票人」字樣，或在票據上「發票人」欄分別記明各為發票人，俾避免發生類似之無謂紛爭，且有助於票據之流通，足見法律知識不但有助於預防發生紛爭，而且可以直接保護自己之正當權益。

第五節　票據發票行為之代理

票據行為係法律行為之一種，故亦得委由代理人為之，因之發票亦得委任第三人代為發票，其代理關係除適用民法有關代理行為之規定外，本法另設特定規定，以促進票據之流通及保護交易之安全。在有權代理，代理人代理本人為票據行為時，應記載為本人代理之意旨，其票據行為始對本人直接發生效力，否則代理人未為此項記載而簽名於票據時，代理人應自負票據上之責任（票§9）。因票據在性質上屬文義證券，其曾在票據上簽名者，原則上均應依票據上所載文義負責，代理人原非票據當事人，其於代理權限內，以本人名義所為之意思表示，自應直接對於本人發生效力，故代理人代理本人為票據行為時，應於票據上載明為本人代理之意旨，例如某公司總經理甲代公司為發票，如僅於發票人欄內書明某某公司

字樣,並於其下加蓋甲私章而未載明總經理字樣,可認為甲係與該公司共
同發票而由甲與該公司負連帶發票之責,因甲與該公司係屬兩不同之權利
義務主體,而依其記載意旨又無從判定其有代理關係存在。惟由票據全體
記載旨趣觀之,如依社會觀念足認為有為公司代表關係存在者,仍難謂非
已有為公司代表之旨之載明[11]。

　　在無權代理行為方面,依民法第110及170條規定,無權代理人就其無
權代理之行為,僅於發生損害時,對善意相對人負賠償之責,而不直接負
擔履行契約當事人之義務,且其行為非經本人承認,對於本人亦不發生效
力;此項規定就票據關係而言,妨害票據之流通,因票據為流通證券,一
經流通之後,其後手甚難知悉前手授權情形,故本法上對有關票據行為代
理之效果另設特別規定,無代理權而以代理人名義簽名於票據者,應自負
票據上之責任。代理人逾越權限時,就其權限外之部分,亦應自負票據上
之責任(票§10)。如此就本人而言,方可避免因他人之行為而受牽累,
且可使票據權利人之票據權利不致落空。

---

11 最高法院65台上877號判決:「公司法定代理人為公司發行票據,未載明為公司代表之
　　旨,而簽名於票據者,應自負票據上責任,固為票據法第9條所明定。惟所謂載明為公
　　司代表之旨,票據法未就此設有特定方式,故代表人於其代表權內,以公司名義蓋公司
　　名章,並自行簽名或蓋章於票據者,縱未載有代表人字樣,而由票據全體記載旨趣觀
　　之,如依社會觀念足認有為公司代表關係存在者,仍難謂非已有為公司代表之旨之載
　　明。」

第四章　票據權利之轉讓（背書）
──票據行為（二）

第一節　票據背書之意義

　　票據背書乃執票人以移轉票據權利（付款請求權及追索權）或其他目的（如委任取款或設定質權）所為之附屬票據行為。茲分項說明如次：

　　一、**背書為票據執票人所為之票據行為**：背書須票據執票人始有權為之，所謂執票人指票據受款人或由背書人受讓票據之人（即被背書人），或償還債務或履行保證債務而收回票據之人而言。

　　二、**背書乃以移轉票據權利或其他目的所為之票據行為**：背書係以轉讓票據權利為目的，此與他種票據行為不同（如以創設票據權利為目的之發票及以負擔票據債務為目的之承兌），然背書中亦有以委任取款或設定質權為目的而為之者，此為特例非通常之背書。

　　三、**背書乃附屬之票據行為**：背書須於發票行為成立後方得為之，如發票行為欠缺法定方式致票據形式上無效時，背書行為亦因而無效；惟票據行為具獨立性，如已具備形式上之要件，縱使發票行為實質上無效，背書人仍負票據上之責任。

　　票據背書主要係以轉移票據權利為目的，其與民法一般債權讓與同為權利之轉讓，但性質及法律效果仍有下列各項差異：

　　一、票據背書係要式行為，必須於票據上為之。民法債權讓與係諾成行為，不以作成書面為必要。

　　二、票據背書之背書人對於票款之支付應負擔保之責任（票§39）。民法債權讓與人原則上對債務人之支付能力，除契約另有訂定外，不負擔保責任，且讓與人就債務人之支付能力負擔保責任者，推定其擔保債權移轉時債務人之支付能力（民§352）。

三、票據背書人不得脫離票據關係。民法債權讓與人因讓與而脫離原有債之關係。

四、票據背書人無須通知前手，當然對前手發生效力。民法債權讓與人非通知債務人，對債務人不生效力。

五、票據背書不得就一部分為之。民法債權得就一部分而為讓與。

六、票據背書不得附任何條件。民法債權讓與得附條件。

七、依票據背書而轉讓時，後手不繼承前手之瑕疵，即票據債務人不得以自己與背書人（讓與人）間所存抗辯事由對抗被背書人（受讓人），背書有切斷前手所存抗辯之效力。民法債權讓與債務人所得對抗讓與人之事由，仍得以之對抗受讓人，其抗辯權並不因讓與而受影響（民§299-1）。

第二節　票據背書之性質

一、背書為票據行為，具有一般票據行為之特性，如要式性、抽象性、文義性、獨立性等。

二、背書具有不可分性，本法第36條規定，就匯票金額之一部分所為之背書或將匯票金額分別轉讓於數人之背書，不生效力。

三、背書之單純性，本法第36條規定，背書如附條件，其條件視為無記載。一般認為背書與發票同為相對人之單獨行為而非契約，故僅由背書人簽名而未交付被背書人，其背書不生效力，背書之成立應具備簽名及交付兩行為。

第三節　票據背書之種類

一、**背書轉讓**：背書轉讓者乃以轉讓票據權利為目的所為之背書；票據為流通證券，其所以流通在於其能轉讓，故背書轉讓實為背書之主體，亦為一般背書之通行方式，其特徵在於以轉讓票據權利為目的；所謂票據

權利，主要係指付款請求權及追索權兩者而言，此兩項權利均以背書轉讓方式一併轉讓。

　　二、**非背書轉讓**：非背書轉讓之目的並非在轉讓票據權利，而係另有他項作用，其僅具背書之形式，一般可分為委任取款背書及設質背書，兩者均非以轉讓票據權利為目的（詳見本節五、六）。

　　三、**一般背書轉讓**：一般背書轉讓依其記載方式之不同，可分為完全背書與空白背書（詳見本節一、二）。

　　四、**特殊背書轉讓**：特殊背書轉讓係指具特殊情形之背書而言，所稱特殊情形者，不外為被背書人（受讓人）之特殊，或背書時期之特殊，可分為回頭背書及期後背書（詳見本節三、四）。

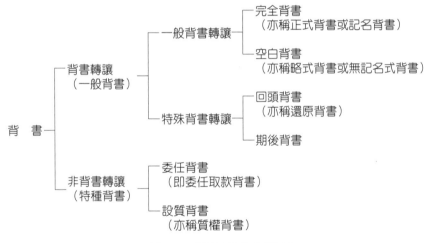

圖4-1　票據背書之種類

一、記名背書

（一）意義及形式

　　票據以背書轉讓時，如背書人記載受款人（被背書人）之姓名或商號，並由背書人簽名者，謂之記名背書（票§31-2），其形式如下：

1. 記名背書之一

票面金額讓與 丙○○先生	年　月　日
	（受款人） 乙○○簽名
票面金額讓與 丁○○先生	年　月　日
	（背書人） 丙○○簽名

2. 記名背書之二

被背書人	背書人 （簽名或蓋章）	年　　月　　日
丙	乙印	107.10.1
丁	丙印	107.10.10
戊	丁印	107.11.1

（二）記載事項

茲就票據記名背書應記載事項與得記載事項分述如後：

1. 應記載事項

(1) **被背書人之姓名或商號**：記名背書之背書人必須記載被背書人之姓名或商號。

(2) **背書人之簽名**：一般票據背書應記載事項之方式，大都採用支票

背書通則之有關規定[1]。

① 支票背書圖章之文字或簽名務與受款人抬頭完全相符，否則須由發票人將票面記載之受款人加以更正，並須於更正處簽名蓋章。

② 中文抬頭應為中文背書，英文抬頭應為英文背書，但以本國機關為抬頭人之英文支票，如意義相通，得以中文關防圖記等背書，外國機關之中文抬頭者，亦得以英文圖章背書。倘一般團體公司行號私人抬頭支票填寫中英文二種字體，或將其中一種加劃括弧者，如中英文意義相通，經確認無疑義，得酌情辦理，其有疑義者，仍應以中英文二種字體背書。

③ 支票以個人抬頭者，其背書應為與抬頭字樣相同之簽名或圖章。

④ 支票以公司行號機關團體等抬頭者，除抬頭人身分為本公司行號機關團體應以存戶原留印鑑背書外，其餘應以A.蓋有與抬頭字樣相同之圖章，或B.蓋有公司行號機關團體之名稱並附具個人職銜之戳記，再由該職員簽名或蓋章。其祇蓋第二式之戳記並無該職員之簽名或蓋章者，其背書無效。

　　背書簽字人之職銜如何及實際是否為該公司之負責人所簽，付款行莊不負認定之責。

⑤ 背書人所蓋圖章之質料或形式，均所不拘，但其所蓋圖章附有「書柬」「便章」「回單」「電信回單」「銀錢不憑」「號房之章」「款項不憑」「登帳不憑」「擔保無效」「啟事圖章」等類字樣者，其背書無效（附有上項字樣之圖章用於信匯電匯收據上者亦認無效）。

　　最高法院57年8月13日第二次民刑庭總會決議：「設付款行庫或信用合作社，遇有顧客持抬頭支票，其背書圖章內之名稱與抬頭（受款人）名稱相符，支票背書內加註『請領租金專用』

1　參閱49年8月1日修正「票據匯款收付處理辦法及支票背書辦法。」

等文字，固非票據法第36條所稱之背書附記條件，惟依同法第12條之規定，應認係票據法規定以外之記載，謹該項文字不生票據上之效力。抬頭人既已簽章背書，即應負責，其背書文字（即背書人之名稱）仍具有背書之效力。」最高法院66年11月15日第九次民庭庭推總會議補充決議：「如果支票背書所蓋圖章本身列明專用於某種用途（例如收件之章）之字樣而與票據之權利義務毫無關係者，則所蓋該項圖章，難認係同法第6條所規定為票據行為而代替票據上簽名之蓋章，即無同法第12條之適用。」

⑥ 銀錢同業之背書，除蓋行莊名稱之圖章外，並須由有權簽字之職員簽名或蓋章。

⑦ 客戶背書與抬頭略有參差而代收行莊自願負擔保背書無誤之責代為收款者，付款行莊亦得照付。

(3) 背書人簽名問題研究

問題

　　其丙執有某甲簽發，經乙公司背書之支票乙紙，因屆期不獲兌現，遂向法院訴請某甲及乙公司連帶給付票款。詎乙公司竟以該紙支票背面僅蓋有公司印章，而未經其負責人簽名或蓋章，應不生公司背書之效力，該公司應不負背書人之責任，資為抗辯，請問乙公司之抗辯有無理由？

研析意見

　　本案如該背書確係由乙公司之代表人押蓋公司印章者，則乙公司之抗辯應無理由。按最高法院55年台上字第2027號、56年台上字第822號、58年台上字第873號、64年台上字第40號等判決均認為票據背書僅由有代表權限之代表人押蓋公司印章者，即生公司背書之效力。其理由為公司或商號名稱，既足以表彰營業之主體，則在支票背面加蓋公司或商號印章者，即足生背書之效力，殊不以另經公司或商號負責人簽名或蓋章為必要。因之，票據上之公司印章若係正當之代表人所押蓋，僅因

欠缺該代表人本身之簽名或蓋章而絕對否認該法人之責任，是毫無根據的，惟此時若公司能證明該印章係由他人盜刻或盜蓋，則公司即無庸負責，自另當別論（司法院第一廳72年1月29日(72)廳民三字0078號復台高院函參照）。故本案中，乙公司之背書印章如確為該公司代表人所押蓋，即已生公司背書之效力，乙公司不得以其未經其代表人簽名或蓋章之理由而主張免責。

2. 得記載事項

　　得記載事項，即記名背書人可任意記載，其記載後亦發生效力之事項。

(1) 禁止背書轉讓

① **禁止背書轉讓之意義**：票據法第30條第1項規定：「匯票依背書及交付而轉讓。無記名匯票得僅依交付轉讓之。」此項規定本票與支票亦準用（票§124、144），因之票據法上各種票據均得依背書而轉讓，此即所謂票據之背書性。至於所謂禁止背書轉讓，乃屬票據背書性之剝奪，發票人禁止背書轉讓與背書人禁止背書轉讓效力有別。**發票人在票據上記載禁止背書轉讓者，該票據即喪失背書性，如受款人仍為背書時，不生票據法上背書應有之效力；至背書人於背書時記載禁止背書轉讓，該票據仍得再依背書及交付轉讓，惟為該禁止記載之背書人，僅對其直接後手之被背書人負責任，對於禁止後再由背書取得票據之人，則不負背書責任。**

② **禁止背書轉讓之法律依據**：匯票因有背書性之關係，故原則上均得依背書而轉讓，但亦有不得依背書而轉讓者，即禁止背書之匯票，學者稱為正面匯票。所謂禁止背書，乃背書性之剝奪，依本法第30條規定：「匯票依背書及交付而轉讓……。記名匯票發票人有禁止轉讓之記載者，不得轉讓。背書人於票上記載禁止轉讓者，仍得依背書而轉讓之。但禁止轉讓者，對於

禁止後再由背書取得匯票之人，不負責任。」依同去第124條及第144條之規定，本票和支票亦可準用。由此可知，票據禁止背書轉讓，限於記名式票據且只有發票人及背書人始有此權限，其法律依據即本法第30條、第124條及第144條。

③ **禁止背書轉讓記載之目的：**

A. **保留對直接後手之抗辯權**：票據若未為禁止背書轉讓之記載，將因票據行為無因性而有切斷發票人或背書人與其直接後手間抗辯之危險。因此票據經記載禁止背書轉讓後，唯有其直接後手能對之主張票據上權利，此時發票人或背書人即得以人的抗辯（即票據原因關係）對抗其直接後手。

B. **避免與直接後手以外之人發生票據關係**：票據若未為禁止背書轉讓之記載，發票人或背書人之直接後手即有可能將票據再為背書轉讓與他人，發票人或背書人將與更多之人發生票據關係，因而滋生困擾。

C. **防止追索金額之擴大**：票據若未為禁止背書轉讓之記載，票據輾轉流通多次，若遭提示不獲付款時，將發生依次向其前手追索情事，而每次向其前手追索之金額，必因費用及利息之累計而逐次增加，若有禁止背書轉讓之記載，即可避免此項顧慮。

④ **禁止背書轉讓之記載：**

A. **記載權人：**

(A) 發票人及背書人：依本法第30條第2項及第3項規定觀之，有權在票據上為禁止背書轉讓之記載者，只限於發票人及背書人，且均必須於將票據交付其直接後手之前為記載，若於交付後則無權為之，否則不生其應有之效力。

(B) 其他附屬票據行為人則無權為禁止背書轉讓之記載，如由保證人或由承兌人為之者，均不生其禁止之效力。尤其由承兌人為之者，即被視為附條件承兌，依本法第47條第2項規定，將視為承兌之拒絕。

B. 記載位置

(A) 票據法並未規定發票人為禁止背書轉讓記載之處所，通常發票人所作禁止轉讓之記載，於票面、票背均可，民國49年財政部規定應於是項記載文義緊接處簽蓋有效全部原留印鑑並記載年月日，如無另行記載日期應視為與發票日相同[2]。民國64年最高法院判決未採用前述規定，謂票據禁止轉讓之記載，並無一定之記載方式，祇須使人明瞭其意思為已足[3]。財政部遂於67年重行修正支票上禁止背書轉讓記載方式，不分支票存款或公庫存款，凡發票人在票面所禁止轉讓之記載者，可不加蓋原留印鑑，如於票據背面所作禁止轉讓之記載者，應於其緊接處加蓋原留印鑑[4]。

(B) 票據法未規定背書人為禁止背書轉讓記載之處所。惟禁止背書轉讓之記載，屬背書行為之一部分，依本法第31條第1項規定，自應於票據之背面或其黏單上為之（匯票、本票及支票均同）。如不記載於票據背面者，該項記載無效，背書人於票據背面所作禁止轉讓記載，應於文義緊接處簽蓋背書所用相同印鑑並記載年月日，如無另行記載日期，應以前背書人之背書日期為其記載日期，無前背書日期則視為與發票日相同[5]。但亦有學者認為無庸於背書人作禁止轉讓文句緊接處簽章[6]。

---

2 財政部49年3月台財錢發字第1282號令核釋支票禁止轉讓記載疑義。
3 最高法院64台上1593號民事判決：「查該支票已載受款人為黃冠雄，並發票人有禁止背書轉讓之記載，依票據法第144條準用第30條第2項之規定，即不得為票據之轉讓，違反此項禁止之規定，其轉讓行為應屬無效，上訴人自不得主張票據上之利益，其請求被上訴人給付票款及利息，應無從准許，至上訴人所稱被上訴人未在禁止背書轉讓下加蓋印章，其記載不能認為有效云云，按票據禁止轉讓之記載，並無一定記載之方式，祇須使人明瞭其意思為已足，上訴人上項主張，亦無足取。」
4 財政部(67)台財錢第20527號函。
5 同註2。
6 參閱陳世榮，再談票據禁止背書文句之記載及塗銷，司法週刊257期，75年4月2日。

C. 記載之文句

(A) 有關禁止背書轉讓應記載何種文句，本法並無規定，但必須為積極的記載，而使禁止轉讓之意思明瞭即可。目前金融界所使用之票據，最常見者為於票據上記載：「禁止背書轉讓」、「禁止背書」、「禁止轉讓」。此外如記載下列文句，一般亦認為可行：

- 「此票不准背書」或「此票不准轉讓」等文句。
- 「禁止讓與他人」或「交付或轉讓他人時無效」等文句。
- 在英文票據上記載「A/C PAYEE ONLY」文句，亦具有禁止轉讓之效力。
- 「謝拒往來」文句。
- 「禁止指示」文字。

(B) 僅將票據上受款人欄右側（或下方）之「或其指定人」或「或來人」等字樣塗銷，因其禁止轉讓之意思未臻明瞭，故不能認為係禁止轉讓之記載。

(C) 禁止背書轉讓之文句，無論是由記載人親筆書寫、打字、印刷體、戳記等皆無不可。

D. 記載之方式

關於禁止背書轉讓之記載方式，究應如何為之，68年最高法院判例曾明確表示在票據上記載禁止背書轉讓者，必由為此記載之債務人簽名或蓋章，始生禁止背書轉讓之效力，此就本法第30條第2項及第3項各規定觀之甚明，未經簽名或蓋章者，不知其係何人為禁止背書轉讓之記載，亦與票據為文義證券之意義不符，故支票背書雖有「禁止背書轉讓」之記載，但卻未經為此記載者簽名或蓋章，尚難謂之可生禁止背書轉讓之效力。且支票為文義證券（形式證券）不允債務人

以其他立證方法變更或補充其文義[7]。判例要旨並未分別就在票據上記載禁止背書轉讓者，係在票據正面記載或在票據背面記載，而為不同之論斷。是該項判例之意旨，自認為不論在票據正面或背面為禁止背書轉讓之記載，均須由為此記載之票據債務人於其記載下簽名或蓋章，始生禁止背書轉讓之效力，因之在適用上仍發生疑義。

最高法院於75年5月20日第九次民事庭會議中，依據前述判例作成決議如下：「本院68年台上字第3779號判例要旨，並未分別就在票據上記載禁止背書轉讓者，係在票據正面記載或票據背面記載，而為不同之論斷，是該項判例之意旨，自認為不問在票據正面或背面為禁止背書轉讓之記載，均須由為此記載之票據債務人於其記載下簽名或蓋章，始生禁止背書轉讓之效力。」即支票禁止背書轉讓一律須經票據債務人於「禁止背書轉讓」之下簽名或蓋章始生效力。其後中華民國銀行商業同業公會全國聯合會曾以上開決定函請財政部轉請最高院變更上開決定並釋示該疑義。經該院76年4月14日第七次民事庭會議決議「本問題不重付討論」，及第九次民事庭會議決定「十三點疑義，均屬具體案件，本院並未受理類似案件，本件不予討論」。該院並於75年7月28日將該決議回覆財政部。

77年10月27日中華民國銀行商業同業公會聯合會再次函請財政部轉司法院請求解釋在票據上為「禁止背書轉讓」之記載，如係以與發票人之印文連體刊刻或印刷體之方式為之，並足資認定係發票人所為時，可否毋須緊接該記載另行簽

7　最高法院68台上3779號判例要旨：「在票據上記載禁止背書轉讓者，必由為此記載之債務人簽名或蓋章，始生禁止背書轉讓之效力，此就票據法第30條第2項及第3項各規定觀之甚明（依同法第144條規定，各該項規定準用於支票），未經簽名或蓋章者，不知其係何人為禁止背書轉讓之記載，亦與票據為文義證券之意義不符。本件支票背面雖有『禁止背書轉讓』之記載，但卻未經為此記載者簽名或蓋章，尚難謂可生禁止背書轉讓之效力。支票為文義證券（形式證券），不允債務人以其他立證方法變更或補充其文義。」

章。案經最高法院77年12月27日第二十三次民事庭會議補充決定，票據正面記載禁止背書，該記載如依社會觀念足認由發票人於發票時為之者，亦發生禁止背書轉讓之效力。最高法院68年台上字第3779號判例未明示發票人在票面記載禁止背書轉讓時應行簽章始生效力，最高法院75年5月20日決定係指依社會觀念無從認定由發票人為之者而言，原決定應予補充[8]。因之，發票人在票據正面如以印文連體刊刻或

---

8 最高法院77年12月27日第二十三次民事庭會議：

主席提議：司法院77年11月23日院台廳一字第07889號函有關禁止背書轉讓問題，經劉庭長煥宇提出研究報告，應否重付討論請先決定。舉手表決結果：出席人數19人，贊成重付討論者12人，決定重付討論。

重付討論，作成補充決定如下：

票據正面記載禁止背書，該記載如依社會觀念足認由發票人於發票時為之者，亦發生禁止背書轉讓之效力。本院68台上3779號判例未明示發票人在票面記載禁止背書轉讓時應行簽章始生效力。本院75年5月20日決定係指依社會觀念無從認定由發票人為之者而言，原決定應予補充。

附錄

研究報告　劉煥宇

一、本院前奉司法院75.3.24 (75)院台廳一字第02582號函轉中央銀行研究本院68台上3779號判例真意如何，經於75.5.20開民事庭會議決定：「本院68台上3779號判例要旨，並未分別就在票據上記載禁止背書轉讓者，係在票據正面記載或票據背面記載，而為不同之論斷，是該項判例之意旨，自認為不問在票據正面或背面為禁止背書轉讓之記載，均須由為此記載之票據債務人於其記載下簽名或蓋章，始生禁止背書轉讓之效力」後。中華民國銀行商業同業公會全國聯合會以上開入定衍生十三點法律疑義，函請財政部以76.1.20台財融第7587408號函轉本院變更上開入定並釋示該疑義。經本院76.4.14第七次民事庭會議決議「本問題不重付討論」，及第九次民事庭會議決定「十三點疑義，均屬具體案件，本院並未受理類似案件，本件不予討論」。由本院以76.7.28以(76)台劍文字第0270號函將該決議，決定覆財政部在案。

二、謹查司法院77.11.23 (77)院台廳一字第07889號函轉財政部77.11.14台財融第770408563號函轉中華民國銀行商業同業公會聯合會77.10.27全會法字第1845號函略謂：在票據上為禁止背書轉讓之記載，如係以與發票人之印文連體刊刻或印刷體之方式為之，並足資認定係發票人所為時，可否毋須緊接該記載另行簽章，請專予提交貴院民事庭決議後報院云云。其請提會決議者，與前開十三點法律疑義內之第一點相同，僅文字稍有增加。

三、擬依來函將本件提交民事庭會議決議，並印發下列資料送與會者參考。

(1)76.2.24第四次民事庭會議紀錄。

(2)財政部76.1.20台財融第758408號函及附件。

(3)76.4.14第七次民事庭會議紀錄。

(4)76.6.16第九次民事庭會議紀錄。

主席　褚劍鴻

印刷體方式為禁止背書轉讓之記載，並足資認定係發票人所為時，可無需於緊接該記載處另行簽章，亦生禁止背書轉讓之效。嗣後各級法院就有關為禁止背書轉讓之記載，是否應於其緊接處（或記載下）簽名或蓋章，始生記載之效力，皆未違反此項原則。筆者建議為確保禁止背書轉讓記載人之票據權益，最佳之方法乃不怕麻煩填在禁止背書轉讓文字緊接處簽章，以避免爭議發生時常因法律解釋之不同而影響其效力。

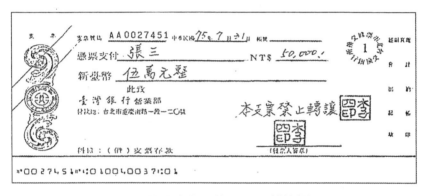

圖4-2　發票人在票據正面記載範例一

圖4-3　發票人在票據背面記載範例二

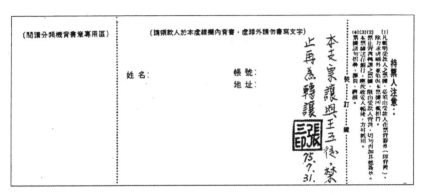

圖4-4　背書人在票據背面記載範例三

⑤ **禁止背書轉讓之效力**：依本法第30條規定禁止背書轉讓之記載，發票人及背書人均得為之，但其效力卻不相同，發票人為此項記載時，該票據即成為一般之指名證券，不得再依背書之方式為轉讓，若違反而再為背書轉讓，概不發生票據法上之效力，發票人對執票人不負擔保責任。即嗣後再做背書轉讓而受讓票據之執票人不能取得票據上權利，非但無善意取得規定（票§14）之適用，且亦無票據無因性規定（票§13）之適用，因此各票據債務人均可以該票據業經禁止轉讓事由對抗禁止後再由背書取得票據之人。

而背書人為此項記載時，該票據仍得依背書轉讓，但為此禁止轉讓者，對於禁止後再由背書取得票據之人，不負責任。換言之，記載禁止背書轉讓之背書人除對於自己直接之後手負責任外，對於背書取得票據之人，可拒絕其追索以保留對於直接後手之抗辯權。如自形式上觀之，發票人禁止背書轉讓之效力，似較背書人為禁止背書轉讓之記載效力為大，實則票據為有價證券，票據上之權利亦屬債權之一種，如依民法理論，票據上之權利雖因發票人或背書人有禁止轉讓之記載不得讓與第三人，但就其債權而言，則仍不妨依一般關於債權讓與之規定讓與其權利，本條條文於票據法修正時，行政院修正案即本於前

述之理論將發票人與背書人合併作同一規定，惟當時立法院未詳加審查，遽予變更。

綜言之，「禁止轉讓」文句記載，有保留抗辯權之實益，但與票據流通性基本主旨有違；故除支票作為支付證券之用，受款人因隨時可提示請求付款，應無轉讓流通之必要外，對作為信用證券使用之本票與匯票，若非真有加載此項文句之必要，仍應儘量避免記載，以維持票據流通之特性。

⑥ **禁止背書轉讓文句之塗銷**：票據上禁止背書轉讓文句之塗銷，本法雖未設規定，但亦未明文禁止之，且發票人於記載禁止轉讓後，又將其塗銷，既不妨害受款人之權利，更便利票據之流通，自無加以禁止之必要。目前學者及實務均採肯定說，殆無疑問。然關於塗銷方式，即應否應於塗銷處簽章，學者間見解相異[9]。實務上恐將亦不能免，為免學說及實務之論爭紛擾，宜於未來票據法修正時，對禁止背書轉讓記載及塗銷之若干問題予以明定及修正。

(2) **背書年月日**：背書人無論為記名背書或無記名背書均得記載年月日[10]。

(3) **預備付款人之記載**：本法第35條規定：「背書人得記載在付款地之一人為預備付款人」（詳見第三章第二節）。

(4) **住所之記載**：背書人得於票據上記載自己之住所，以使執票人行使追索權前，向其發拒絕事由之通知，若不記載時，該項通知對於該背書人之前手為之，亦即等於免除拒絕事由通知。

(5) **免除拒絕事由通知之記載**：背書人得免除執票人於追索前拒絕事由通知之記載。

9　參閱林德川，票據禁止背書文句之記載及塗銷若干觀點之商榷，司法通訊262期，75年5月7日。

10　最高法院47台上1929號判決：「本院43台上822號判例，係指支票背書人依票據法第138條準用同法第28條第1項規定所為之背書而言，至同條第2項之空白背書，既僅由背書人簽名為已足，則關於年月日之記載，即非必要。」

(6) **免作拒絕證書之記載**：背書人得免除作成拒絕證書之記載。

（三）記名背書票據之轉讓方式

記名背書後之票據再為轉讓時，執票人必須再以背書方式為之，至於記名背書或空白背書均無不可，惟不得如空白背書僅依交付轉讓，亦即必須以原被背書人為背書人，例如甲背書與乙，記載乙為被背書人，則乙若再轉讓與丙時，乙亦須背書，否則將構成背書不連續，至於是否記載丙為被背書人，則非所問。

關於記名（完全）背書之轉讓，可以下列二種方法為之：

1. 空白背書轉讓

被背書人	背書人	年　月　日
乙	甲　甲印	107.10.1
	乙　乙印	107.10.10

2. 記名背書轉讓

被背書人	背書人	年　月　日
乙	甲　甲印	107.10.1
丙	乙　乙印	107.10.10

（四）背書之位置

關於背書記載之處所，限於票據之背面，不得在正面為之，以免與承兌、保證等記載相混淆（票§31），至背書之次數本法無限制，如票據背面不敷使用，亦得於黏單上為之以濟其窮，本法施行細則第8條規定：「票據得於其背面或黏單上加印格式，以供背書人填寫。但背書非於票據

已無背書地位時，不得於其黏單上為之。」又背書亦得於謄本上為之。故一般而言，學者間多認為背書僅記載於票據之背面即可，並無一定之位置[11]，最高法院判例亦曾支持此見解[12]。但最高法院48年曾有判例認為票據之付款人付款時，依本法第71條第1項規定，得要求執票人記載收訖字樣簽名為證，故支票背面付款人所印「請收款人填寫姓名」等字樣，於法本非無據，如背書人對準收款人項下簽名而不在其他背面處所簽名，亦與背書之性質有間，票據債權人不得對此背書人行使追索權。此判例認背書之位置應有限制，即不得在收款人姓名欄下背書，否則不生效力[13]。筆者認為此判例似非完全恰當，有商榷之處，惟在判例未變更前，一般收受票據背書時允宜注意，以免造成背書無效，喪失對票據債務人之追索權。

二、空白背書

（一）意義及形式

空白背書亦稱略式背書或不完全背書，即背書人為背書時，僅簽名於票據背面或黏單上，而不記載被背書人之姓名商號。法律之所以承認空白背書之理由，一則在於謀票據讓與之自由以利流通，如執票人委託行紀人出賣票據時，則委託人僅以空白背書之票據交付行紀人即可，甚為便利。再則空白背書票據之執票人，於轉讓票據時得不負背書人之責任，三則拒絕付款時，行使追索權之範疇不致擴大。至於背書之文句與背書年月日之記載與否，任由背書人為之。其形式可分為下列各種：

---

11 參閱陳世榮，票據法實用，第71頁；施文森，票據法論，第76頁，鄭洋一，票據法之理論與實務，第158頁。
12 最高法院63台上771號判例：「上訴人於系爭本票背面簽名背書為其所不爭，揆諸票據法第124條準用同法第31條第1、3、4項規定，背書僅記載於本票背書即可，並無一定之位置，亦『得』不記載年、月、日。則上訴人辯其未按背書順序簽名，未載年、月、日，故不生背書之效力云云，洵無足採。」
13 最高法院48台上1784號判例。

空白背書之一

票面金額讓與
○○先生

張○○（簽名）

票面金額讓與
○○先生

王○○（簽名）

空白背書之二

張○
○印

王○
○印

空白背書之三

被背書人	背書人 （簽名或蓋章）	年　月　日
	乙　乙印	107.10.1
	丙　丙印	107.10.10
	丁　丁印	107.11.1

圖4-5　空白背書之形式

（二）空白背書票據之轉讓方式

1. 交付轉讓

空白背書之票據，得依票據之交付轉讓之（票§32、124、144）。即執票人得不加一字，亦不簽名，僅將該票據交付與受讓人，手續至為簡便，可見票據一經空白背書再為轉讓時，即與無記名式票據相同，執票人依此種方式轉讓票據，因未於背書處簽名，自不負票據背書人之責任，此即空白背書實益所在。

2. 空白背書轉讓

空白背書之票據，亦得再以空白背書轉讓之（票§32、124、144），例如乙依空白背書將票據轉讓於丙，丙亦可僅簽名於票據而為空白背書再轉讓之。

圖4-6　空白背書轉讓

3. 記名背書轉讓

空白背書之執票人再轉讓時，得依記名背書為之（票§32、124、144），例如甲依記名背書將票據轉讓與乙，乙依空白背書轉讓於丙，丙可依記名背書者，將丁之名記於被背書人欄而轉讓與丁。

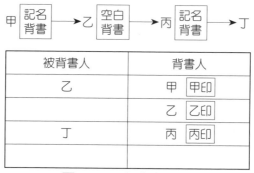

圖4-7 記名背書轉讓

4. 變更為記名背書轉讓

此為空白背書之補充權或變更權，票據之最後背書為空白背書時，其執票人得於空白被背書人欄內記載自己或他人為被背書人，變更為記名背書後再為轉讓（票§33、124、144）。此所謂最後背書為空白背書，指票據經多次背書，不論其前之背書均為完全背書或雜有空白背書，其最後之背書必須為空白背書，此時其執票人再轉讓時得依下列兩種方法之一為之：

(1) 於空白被背書人欄內記載自己為背書人再為轉讓，即將自己之姓名填入空白背書之被背書人欄內，使原空白背書先變為記名背書再為轉讓，惟原空白背書既變為記名背書，而執票人自己又為該記名背書之被背書人，其轉讓時必須再為記名背書或空白背書，而不得僅依交付而轉讓。例如：丁持有丙為最後空白背書之票據，得於空白被背書人欄內記載自己（丁）為被背書人，變成記名背書再轉讓給戊。

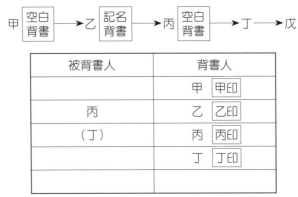

被背書人	背書人
	甲　甲印
丙	乙　乙印
（丁）	丙　丙印
	丁　丁印

圖4-8　變更為記名背書轉讓（空白被背書人欄記載自己為被背書人）

　　一般而言，執票人於最後空白被背書人欄內記載自己為被背書人之作用有二，一為再行轉讓，二為防止匯票遺失而記入自己姓名以資保障，故本法第33條所稱再為轉讓與事實似有不符，行政院原修正本法時無此項文字，現行法雖有此項規定，不可誤解謂於記載自己為被背書人後必須將匯票再行轉讓，而不可由自己保有。

(2) 於空白被背書人欄內記載他人為被背書人再為轉讓，即將票據受讓人之姓名記入空白背書之被背書人欄內，使原空白背書先變為記名背書，同時將該票據直接交付受讓人以完成轉讓手續，執票人自己無須背書，如此，該票據雖經由其手，但形式上未有背書，自可不負背書人之責任。例如丁持有丙為最後空白背書之票據，而欲將票據轉讓與戊，得於空白內先記載戊為被背書人，變成為記名背書，同時將該票據直接交付給戊，完成轉讓手續。

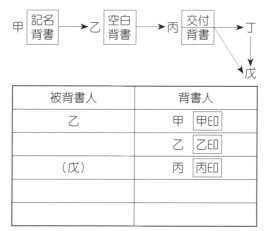

圖4-9　變更為記名背書轉讓（空白被背書人欄記載他人為被背書人）

三、回頭背書

（一）意義

　　回頭背書乃在背書之順序中發生以前手作爲被背書人之情況，換言之，即票據回到原發票人、背書人或其他票據債務人手中。此等以發票人、承兌人、背書人、付款人或其他票據債務人爲被背書人所爲之背書稱爲回頭背書，亦稱爲還原背書、回溯背書或逆背書者。例如甲發行票據一紙交付與乙，經乙背書後轉讓與丙，丙再背書轉讓與丁，此時丁若以背書回頭轉讓與甲，此即所稱回頭背書。本票之發票人與匯票承兌人乃負最終付款責任之人，故若渠等爲被背書人時，依民法第344條混同之法理，原應認該票據上之債權債務關係均歸於消滅，票據不能再爲轉讓，但本法第34條爲充分發揮票據之流通功能，特別規定「前項受讓人，於匯票到期日前，得再爲轉讓」。倘票據已到期，則本票發票人、匯票承兌人應即付款，當初發行票據融通資金之目的已遂，自不應再爲轉讓，至於票據之發票人、背書人或其他票據債務人因不負最終付款之責任，其爲被背書人時，並不發生民法上債權債務之混同問題，故其在到期日前得以背書再爲轉讓。

（二）回頭背書之效果

回頭背書為背書轉讓之一種，原則上具有一般背書轉讓之效力，但由於回頭背書之被背書人為票據之債務人，本法為避免循環追索，對於其所得行使之追索權範圍加以相當限制，茲分別說明如下：

1. 執票人為發票人時，對其前手無追索權，此前手係指發票人之後手，最後執票之被背書人之前手，蓋執票人對前手行使追索權，前手仍可對發票人行使，故執票人與發票人同為一人，此項追索權應即自行相互抵銷，至承兌人乃匯票之主債務人，發票人為被背書人時，仍得對承兌人行使追索權[14]。例如甲簽發匯票與乙，乙背書轉讓與丙，丙背書轉讓與丁，丁再背書轉讓與甲，此時甲對前手乙、丙、丁均無追索權，但對匯票承兌人戊仍得行使追索權，圖示如下：

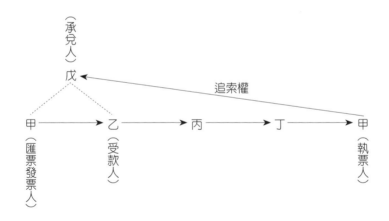

另如甲簽發無記名支票一紙，交乙收執，經乙為空白背書後返還於

---

14 67台上172號判決：「匯票依背書讓與發票人，學理上稱之為回頭背書，發票人因回頭背書受讓匯票為其執有時，雖具有發票人與執票人二重資格，但若其以執票人之資格，向以前之背書人請求償還票款，則以前之背書人，亦得以發票人之後手之資格，向其求償，如此循環追索，實屬毫無意義，是以執票人為發票人時，所得追索之對象，惟承兌人而已，對於其前手應無追索權可言，此在票據法第99條第1項於62年5月28日修正後之法文，因已明示，即細繹該項修正前之法文意旨，亦可作同一之解釋。」

甲，再由甲持以向丙借款，嗣該支票經提示不獲付款，執票人丙對於背書
人乙得否行使追索權[15]？一般而言，票據為文義證券，不允許債務人以其
他立證方法變更或補充其文義。乙僅於支票上為空白背書，即未記載發票
人甲為被背書人，即難謂係回頭背書，故執票人丙對於背書人乙自得行使
追索權。

2. 執票人為背書人時，對該背書之後手（中間背書人）無追索權。
例如甲簽發本票與乙，乙背書轉讓丙，丙背書轉讓與丁，丁背書轉讓與
戊，戊再背書轉讓與丙，此時丙對丁、戊無追索權，然對原有之前手甲、
乙則仍有追索權，換言之，即恢復丙第一次持有票據時之權利狀況（如
圖示），然此種效力應以原行為係屬有效為前提，否則不得適用，例如甲
為無行為能力人，乙騙其發票、承兌或背書票據，原均無效，若乙轉讓丙
後，丙以之清償對甲之債權，甲獲得此項回頭背書票據後，依本法第99條
規定，對乙、丙無法行使追索權，然此則與本法第8條之精神不符，故票
據對本法第99條之條文實應解為原行為係屬有效為前提。

---

15 最高法院77年4月19日第七次民事庭會議民四庭提案：
甲簽發無記名支票乙紙，交乙收執，經乙為空白背書後返還於甲，再由甲持以向丙借
款，嗣該支票經提示不獲付款，執票人丙對於背書人乙得否行使追索權，有子、丑兩
說：
子說：乙背書時，雖未指明其被背書人，但即已交付發票人甲，甲自屬其被背書人，依
票據法第144條、第99條第1項規定，甲對於其前手乙無追索權。又發票人為被背書人
時，於法對其前手即無追索之權，故發票人甲如再以此項票據轉給他人，除該發票人無可
免責外，至於其以前各背書人，自更無若何責任之可言（18上287號判例）。發票人甲
對於乙無追索權，已如前述，甲再以之轉給丙，丙對於乙自亦無追索權（74台上517號
判決）。
丑說：票據為文義證券（形式證券），不允債務人以其他立證方法變更或補充其文義。
乙僅於支票上為空白背書，即未記載發票人甲為被背書人，即難謂係回頭背書，故執票
人丙對於背書人乙自得行使追索權（60台上2949號及67台上3500號判決）。
決議：採丑說。

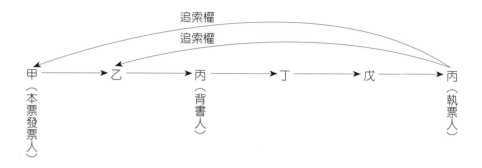

3. 保證人或參加承兌人為執票人時，對於被保證人或被參加承兌人之後手，不得行使票據上之權利。本法第64條規定：「保證人清償債務後，得行使執票人對承兌人、被保證人及其前手之追索權。」由此可知保證人對票據之關係實處於被保證人及其一切後手間。例如：甲簽發匯票與乙，乙背書轉讓與丙，丙請丁保證後，背書轉讓與戊，戊再背書轉讓與己。己復背書轉讓與丁，則丁為被背書人及保證人，對於被保證人丙及其前手甲、乙得行使追索權，至於戊與己，因丁原對之負保證責任，故不得行使追索權。另本例如丙為被參加承兌人，而丁為參加承兌人，其關係亦然，丁亦僅能對甲、乙、丙行使追索權而已，圖示如下：

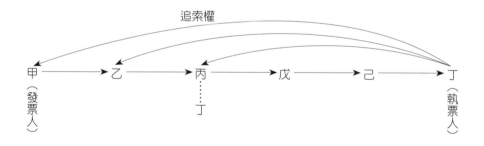

4. 承兌人為被背書人時，不得對發票人或其他任何前手行使票據上之權利，蓋以此時票據既已在主債務人手中，票據上之權利已歸消滅，自不再有追索權之問題。

5. 匯票未經承兌之付款人、擔當付款人或未經承兌之參加付款人及

支票之付款人均僅為票據關係人，而非票據債務人，如果為執票人時，自
得對代理人前手行使追索權。

四、期後背書

　　期後背書係指於票據到期日後所為之背書謂之。票據係流通證券，亦
為無因證券，按理票據債務人不得以自己與發票人或執票人的前手間所存
抗辯的事由對抗執票人（票§13前段）。然若執票人在票據到期後不即請
求付款，仍將票據流通，易致糾紛，且不合事理[16]，當然並無再予保護執
票人之必要。因之本法第41條規定：「到期日後之背書，僅有通常債權轉
讓之效力。」所謂通常債權轉讓之效力是指票據到期後，才受讓票據者，
其所取得票據上之權利，將不受前述本法第13條前段規定之保護，因此不
問受讓人是否知悉票據債務人與執票人前手間存有可抗辯之情形，票據債
務人都可以對抗背書人之事由，來對抗被背書人。亦即，票據債務人對於
各期後背書人所得抗辯之事由，均得以之對抗最後之被背書人或執票人。
於所有期後背書之背書人對於執票人均不負背書之權利擔保責任，故執票
人對於期後背書之背書人並無追索權，但對匯票承兌人或本票發票人之付
款請求權則不喪失[17]。又就同一票據，於到期日前簽名之票據債務人，對
執票人仍應連帶負票據上之責任。

　　前述本法第41條第1項規定「到期日後之背書，僅有通常債權轉讓之
效力」，最高法院判決對此規定於相同事件，有見解相異之甲、乙兩說：

　　甲說：匯票到期日後之背書，依票據法第41條第1項規定，僅有通
常債權轉讓之效力，此種背書人當不應負票據上背書人責任。而上開規
定，依本法第124條、第144條各規定，於本票及支票均準用之，是本票
在到期日後，支票在提示付款後或提示付款期限經過後所為之背書（票

---

16 參照票據法第41條第1項於62年5月28日修正理由。
17 作成拒絕付款證書後，或作成拒絕付款證書期限經過後所為之背書，謂為期限後背書，
　依票據法第41條但書規定，祇發生債務人得以對抗背書人之事由，轉而對抗被背書人之
　問題，非謂被背書人因此不得享有票據上權利。（最高法院52台上949號判決）

§130），其背書人自亦不應負票據上背書人責任。

　　乙說：支票、本票提示及到期日後之背書，所謂僅有通常債權轉讓之效力者，係指債務人因其法律關係所得對抗債權人（執票人）之事由，背書人亦得以之對抗債權人，並非謂不負票據責任。

　　最高法院73年4月10日第四次民事庭會議決議採前述之甲說，亦即到期日後之背書，因僅有通常債權轉讓之效力，其背書人自亦不負票據背書人之責任。

　　至於背書若未記明日期者，本法第31條規定，無論為記名背書或空白背書，均得不記載年月日，故同條第2項規定，背書未記明日期者，推定其作成於到期日前，亦即推定係在到期日前所為之背書，仍生票據背書之效力，惟既為推定，當可做反證推翻之。

五、設質背書

（一）意義

　　設質背書亦稱質權背書，簡稱質背書，乃執票人於票據權利上設定質權為目的所為之背書。此種背書僅能使被背書人取得質權，並非移轉權利，故與移轉性之一般背書不同，與委任背書亦異，此種背書本法並無規定，但民法第908、909條設有規定，解釋上自得適用之，惟依本法第12條規定：「票據上記載本法所不規定之事項者，不發生票據上之效力。」設質背書在本法既未規定，嚴格言之，自不發生票據上之效力，而僅有民法上之效力，但此種背書在商業習慣上既常見，自應以明文規定為宜。

（二）形式

　　設質背書本法既無規定，則如何記載，自乏依據，日內瓦國際統一票據法第19條規定，凡記明「因擔保」（Value In Security）、「因質入」（Value In Pledge）或其他設定質權之文句，均可發生設質背書之效

力[18]，故我國如欲為此項背書時，下圖記載方式可為參考：

```
┌─────────────────────────────────────────────┐
│      票面金額設定質權與                          │
│   乙○○先生                                    │
│                    受款人          ○年○月○日   │
│                  甲○○印                       │
└─────────────────────────────────────────────┘
```

又設質背書不限於完全背書，即空白背書亦無不可，不過背書人如
僅簽名於票據，而未記明設質之文句時，對於善意取得人應負背書轉讓之
責任，自不待言，其次應注意者，設質背書僅限於記名式票據或指示性票
據始有其用，若以無記名票據為質權標的物者，則僅因交付其證券於質權
人，即生設定質權之效力，而無須背書。

六、委任取款背書

（一）意義及形式

委任取款背書即執票人委任被背書人取款為目的所為之背書謂之
（票§40）。此種背書僅授與被背書人以代理取款之權，並非轉讓票據之
所有權，故與一般背書有別[19]，至於委任之意旨如何記載，法無明文，除
明白記載「本票據委任被背書人取款」或記載「因取款」、「因代理」等
字樣外，依英美慣例，凡票據背面載有「託收」、「入帳戶」等字樣，亦
有委任取款之效力，下圖為參考形式：

---

18 日內瓦國際統一票據法第19條：「凡背書包含『保值』、『押值』或其他含有質押意義
之記載者，執票人得行使匯票上之全部權利，但其所為背書則僅有代理人背書之效力。
除執票人取得票據時，明知其有害於債務人外，債務人反得以自己與背書人間所存抗辯
之事由對抗執票人。」

19 52台上2345號判決：「執票人以委任取款之目的而為背書時，應於支票上記載之，為票
據法第144條、第40條第1項所明定，本件經上訴人背書之支票，並未載有委任被上訴
人取款之文句，僅有簽名及蓋章，上訴人以委任取款為抗辯，自應由上訴人負舉證責
任。」

```
┌─────────────────────────────────────────────────────────┐
│        票面金額委託                                           │
│  乙○○代收                                                   │
│                    受款人                    ○年○月○日        │
│                            甲○○印                           │
└─────────────────────────────────────────────────────────┘
```

（二）效力

　　委任取款背書之存在，乃由於票據之付款提示，一般工商業因使用票據數量過多，通常均委託金融業者為之，尤其本法規定平行線支票僅得對金融業者支付之，委任取款更屬必要，本法對於此種背書乃明定其背書人與被背書人間之關係，委任取款背書既不轉讓票據權利，故背書人仍保留其對票據之所有權，僅委託被背書人代為行使票據權利而已，被背書人以代理人身分得行使「包括之代理權」，例如請求承兌、付款、作成拒絕證書及向前手追索與提起票據訴訟等權利，其行使權利之結果仍由背書人承受，與被背書人無涉，被背書人除取款外，並得以同一目的更為背書，即被背書人得更以委任取款為目的，而以背書移轉其代理權於第三人，至於以同一目的更為背書之規定，乃為託收外埠票據時所發生之現象，例如某甲以他人所交付之平行線支票，以委任取款背書存入其往來銀行帳戶後，如屬外埠票據，該銀行必再以委任取款背書予付款地之往來銀行託收，依此類推，其次之被背書人所得行使之權利與第一次委任取款背書之被背書人同，由於委任取款背書之被背書人，本身對票據並無任何權利，其行使票據權利純係受背書人之委託，因此，基於委任關係之結果，票據債務對於受任人所得提出之抗辯，以得對抗委任人者為限。例如某甲委託乙銀行代收票款，乙銀行再委託丙銀行代收，無論委任取款背書多少次，票據債務人對受任人所提出之抗辯，僅以得對抗最初委任人某甲，即票據權利所有者為限，此亦可謂係本法第13條：「票據債務人，不得以自己與發票人或執票人之前手間所存抗辯之事由，對抗執票人。」規定之例外，綜上所述，得知委任取款背書具有下列之效力：

　　1. 委任取款背書，其票據權利仍屬背書人所有，僅發生授與代理權

之效力。

2. 委任取款被背書人得行使票據上一切之權利。

3. 委任取款背書之被背書人得以同一之目的更為背書，其次之被背書人所得行使之權利與第一被背書人同。

4. 票據債務人對於受任人所得提出之抗辯，以得對抗委任人者為限。

第四節　票據背書之效力

一、權利移轉之效力

背書行為完成後，則票據上之權利如付款請求權、追索權及對票據保證人之權利等皆由背書人移轉於被背書人，被背書人即因此而成為票據權利人。

二、權利證明之效力

本法第37條第1項規定：「執票人應以背書之連續，證明其權利。」亦即背書之連續乃票據權利人資格之證明，背書連續之執票人無須提供他項證明，即可行使票據上各項權利。

三、免責之效力

票據債務人應對背書連續之執票人付款，而勿須另取證明，但付款人對於背書簽名之真偽及執票人是否票據權利人，不負認定之責，僅於渠付款有惡意或重大過失時始需負責，亦即票據付款人對執票人付款後，縱該執票人非為真正票據權利人，祇要其付款出於善意即可免責，但若對不連續之票據而付款者，付款人應自負其責。

四、權利擔保之效力

依本法第39條準用第29條規定，背書人應照匯票文義負擔保承兌及付款之責，亦即學說上所稱之背書人對於票據權利之擔保責任，背書人此擔保責任，不僅及於該背書人之直接後手，並及於其他全體後手。

前述擔保承兌責任得依特約免除，但應載明於匯票，至背書時如有免除擔保付款之記載者，其記載無效。

至非以背書轉讓之意思，而簽名於票據背面者，應否負背書人之責任？依本法第5條第1項規定，在票據上簽名者，依票上所載文義負責。因之只在票據背面或其黏單上簽名而形式上合於背書之規定者，即應負票據法上背書人之責任，縱今非以背書轉讓之意思而背書，其內心之意思，非一般人所能知或可得而知，為維護票據之流通性，仍不得解為免除背書人之責任[20]。

五、背書效力案例研究

問題一

　　銀行向授信客戶甲公司提示其簽發而經資力雄厚之乙公司背書（然其真意係在作保）之還款本票乙紙，屆期該本票不獲付款，該銀行向乙公司行使追索權時，乙公司得否以其係在票據上作保，依公司法第16條第1項公司不得作保之規定而主張免責？

研析意見

　　公司除依其他法律或公司章程規定得為保證者外，不得為任何保證人，為公司法第16條第1項所明定，故本題中如乙公司係在票據上載明作保者，依照上開規定，乙公司固當然可主張解免其保證責任。惟本題乙公司既係在票據背面簽名，形式上已合乎背書之規定，即應負票據上背書人之責任，縱令其非以背書轉讓之意思而背書，為維護票據之流

20 最高法院63年12月3日第六次民庭庭推總會決議。

通性，仍不得解免其背書人之責任[21]。

問題二

　　某甲於107年3月間簽發同年5月30日到期之支票乙紙向乙公司購貨。乙公司收受後，於其後背書，持向中山銀行申請客票融資。嗣該行屆期提示，因某甲已於同年4月10日死亡，故不獲兌現。中山銀行遂改向背書人乙公司追索。詎乙公司竟以發票人某甲已先於同年4月10日死亡，自無從為發票行為，該紙支票雖有票據之形式，實為無效之票據，乙公司縱於其後背書，然其背書應不生票據上背書之效力，其自無須負背書責任，資為抗辯。請問乙公司是否有理由？

研析意見

　　乙公司之抗辯應無理由。

　　按票據權利因發票行為而創設，發票者，乃發票人作成票據並以之發行之行為也。由於我國票據法承認遠期支票為有效（票§128），則發票行為之有無，應以實際之發票年月日決定之，發票行為一經完成，執票人即因而取得票據權利，不因發票人以後死亡而受影響。而最高法院67年6月6日，67年度第六次民事庭會議決議亦認為「支票發票人票據債務之成立，應以發票人交付支票於受款人完成發票行為之時日為準，至支票所載發票日期，僅係行使票據債權之限制（即未到票載發票日前，執票人不得為付款之提示），不能認係票據債務成立之時期」。故本案中，乙公司就已成立票據債務之支票背書，縱發票人某甲於票載發票日期前死亡，其仍應負票據上背書之責任[22]。

---

[21] 參考最高法院65台上1550號判例及司法院74年2月14日(74)廳民一字第0104號函復台高院。

[22] 司法院第一廳70年9月4日(70)廳民一字第0649號復台高院函參照。

第五節　票據背書之連續

一、意義

　　所謂背書之連續者，於記名票據之背書，在形式上除第一次之背書人為受款人外，第二次以下背書之背書人均為各該前背書之被背書人，而遞次銜接以至最後之執票人並無間斷謂之[23]。本法第37條規定：「執票人應以背書之連續證明其權利」，因此背書如不連續，執票人即不得主張票據權利，不能對背書人及發票人行使追索權[24]，易言之，票據之執票人與所有背書人均應為前背書之被背書人，第一次之背書人應為受款人，其背書之連續始無問題，背書之連續如未中斷，執票人即可提示票據請求承兌或付款，如經拒絕即可依本法規定對簽名於票據上之債務人行使追索權，無須另提任何證明，此乃票據特性之一，學者稱之為票據之證明力，因每一次背書本身即代表權利之轉讓行為，執票人經由此項行為即可證明享有票據本身所表彰之權利。

　　票據執票人固應以背書之連續，證明其權利，惟基於票據之流通性、無因性及交易之安全，背書是否連續，祇須依支票背面之記載，形式上得以判斷其連續即可。執票人無須證明支票各背書實質上均屬有效，故縱背書中有無權代理人所為之背書，或背書有偽造之情形，然於背書之連續並無影響[25]。

---

23 64年6月18日台64函民決字第5230號函：「執票人應以背書之連續證明其權利，背書之連續，乃自受款人至被背書人間各背書書寫相銜接無斷之謂也。本件被上訴人執有之系爭支票為記名式，受款人並未背書，自屬背書不連續，上訴人祇能於受款人地位對發票人行使票據權利，若於最後執票人地位請求其前手之背書人償還票款，則非法所許。」

24 付款人於承兌後應負付款之責，因為票據法第49條第1項所明定，然如執票人不能以背書之連續證明其權利，依同法第34條第1項之規定，仍不得請求付款，縱令該地方有與此項成文法相牴觸之習慣，亦不能認為有法之效力。（最高法院21上2037號判例）

25 74台上810號判決。

二、款式

茲就記名背書及空白背書分別說明之：

（一）均為記名背書時

背書均為記名背書時，則後背書之背書人皆係前一背書之被背書人，其背書為連續，否則為不連續，例如票據由受款人甲依次讓與乙、丙、丁，其記載如次：

背　書 序　次	被背書人	背書人	年　　月　　日
1	乙	甲　甲印	107.10.1
2	丙	乙　乙印	107.10.10
3	丁	丙　丙印	107.11.1

下列圖所示，為背書不連續之例：

背　書 序　次	被背書人	背書人	年　　月　　日
1	乙	甲　甲印	107.10.1
2	丙	乙　乙印	107.10.10
3	戊	丁　丁印	107.11.1

圖中第三次背書之背書人非第二次背書之被背書人，故背書為不連續。

（二）均為空白背書時

背書均為空白背書時，其次之背書人均視為前空白背書之被背書人（票§37I），其背書一定為連續，絕對不發生背書不連續的情形。一般使用票據背書轉讓，絕大多數皆以空白背書方式轉讓，因之亦不會發生背

書是否連續的問題，大部分票據使用者都不知道票據背書不連續的情事，
因為大家都是用空白背書轉讓之故。

　　下列圖示即背書均為空白背書之例：

背　書 序　次	被背書人	背書人	年　　月　　日
1	（辛）	丁　丁印	107.10.11
2	（乙）	辛　辛印	107.10.20
3	（庚）	乙　乙印	107.11.1
4		庚　庚印	107.12.1

（三）背書中有空白背書時

　　連續數背書中如有空白背書時，仍依本法第37條第1項規定，該次空
白背書後一背書之背書人視為該空白背書之被背書人，如此背書即為連
續，否則為背書之不連續。

　　空白背書連續之例：

背　書 序　次	被背書人	背書人	年　　月　　日
1	丙	甲　甲印	107.10.1
2	（丁）	丙　丙印	107.10.10
3	戊	丁　丁印	107.11.1
4	己	戊　戊印	107.12.1

空白背書不連續之例：

背　書序　次	被背書人	背書人	年　　月　　日
1	乙	甲　甲印	107.10.1
2	（丁）	丙　丙印	107.10.10
3	戊	丁　丁印	107.11.1
4	己	戊　戊印	107.12.1

第六節　票據背書之塗銷

　　背書之塗銷，乃執票人明知塗銷行為可發生被塗銷人免除責任之效果而故意抹去背書謂之（票§38）。背書之塗銷如係出於執票人之故意，因執票人係有權處分票據上權利之人，故其塗銷行為可認為對被塗銷之背書人有免除其責任之意思；若非由執票人故意為之者，則不影響票據上之效力（票§17），有效之塗銷依本法規定應發生下列之效果：

　　一、被塗銷之背書人（如圖中丙），因渠背書被執票人故意塗銷而免除責任，至原對被塗銷之背書人（丙）有追索權之後手，因背書之被塗銷而不能對之行使追索權。

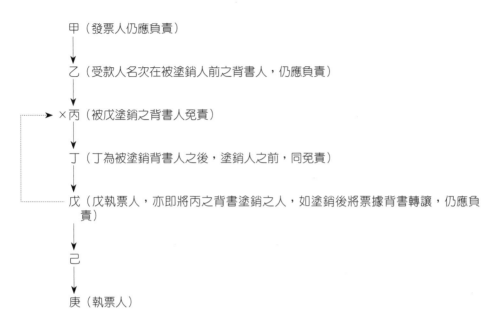

甲（發票人仍應負責）

乙（受款人名次在被塗銷人前之背書人，仍應負責）

×丙（被戊塗銷之背書人免責）

丁（丁為被塗銷背書人之後，塗銷人之前，同免責）

戊（戊執票人，亦即將丙之背書塗銷之人，如塗銷後將票據背書轉讓，仍應負責）

己

庚（執票人）

　　二、位在塗銷背書人名次之後，而於未塗銷以前為背書者（如圖中丁），免其責任，此等背書人對塗銷之背書人本享有追索權，而其前手（即被塗銷之背書人）之責任，已因背書之塗銷而免除，如不同時予以免除其責任，則彼將因執票人之塗銷其可向之追索之背書人，而受不能行使追索權之損害，故法律明定其與被塗銷之背書人，同免責任。

　　三、背書之名次，在被塗銷背書人之前者（如圖中乙），不因其後手之背書被塗銷，而免責任。

　　四、塗銷後再為背書者（如圖中戊、己），仍應負背書人之責任。

　　五、塗銷之背書，不影響背書之連續者，對於背書之連續，視為無記載，影響背書之連續者，對於背書之連續，視為未塗銷。

　　六、背書人清償後，亦可塗銷自己及後手之背書（票§100II）。

第五章　承兌──票據行爲（三）

第一節　承兌之意義

　　所謂承兌，乃指匯票執票人於匯票到期日前，向付款人提示匯票，經付款人表示承諾票據上之委託支付，負擔票面金額之義務，而成爲票據主債務人之附屬票據行爲謂之（票§42）。承兌之性質，與民法第711條指示證券之承擔類似，惟承擔屬於契約行爲，而承兌乃負擔一定金額支付義務之單獨行爲，二者不同。承兌制度僅匯票有之，因匯票通常具有發票、付款、受款三方面關係，付款人在未爲承兌之前並非匯票之債務人，雖發票人在匯票上有付款人之記載，被記載之人亦非當然有爲付款之義務，但付款人一經承兌，承兌人即爲匯票之主債務人，故執票人於匯票到期日前，爲確定被記載之付款人是否願負擔付款義務，得逕向其提示請求承兌。承兌爲匯票到期日前確保信用之方法，其主要作用在確定付款之責任。

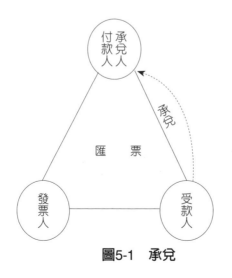

圖5-1　承兌

第二節　承兌之種類及款式

依本法第43條規定，承兌之種類可分為下列二種：

一、承兌之種類

（一）正式承兌

除於匯票正面簽名外，並記載承兌字樣，惟所謂承兌字樣並不以承兌二字為限，凡可認為承兌意義之文字如「兌」、「照兌」、「兌付」等均無不可。

（二）略式承兌

付款人僅在票面上簽名，而不記載承兌字樣者仍視為承兌，但此簽名必須於匯票正面為之，以免與空白背書相混，所謂視為承兌意即不論付款人簽名時之真意為何，概使之發生承兌之效力以杜爭執而加強票據之信用。

圖5-2　略式承兌

二、承兌其他各記載事項

至於承兌其他各記載事項（相對或任意）分述如下：

（一）承兌日期

承兌應否記載時間，本法並未明文規定，惟見票後定期付款或指定請求承兌期限之匯票，為確定其到期日之起算時間及預先了解執票人是否於期限內請求承兌，本法第46條規定應由付款人在承兌時記載日期。若付款人於承兌時，承兌日期未經記載，承兌仍屬有效，但執票人得請求作成拒絕證書，證明承兌日期，若未作成拒絕證書者，在見票後定期付款之匯票，以發票日起六個月承兌期限之末日為承兌日；在指定請求承兌期限之匯票，以發票人所指定之承兌期限之末日為承兌日。上述之規定主要在避免糾紛以利票據流通，確保執票人之權益。

（二）擔當付款人

擔當付款人係代匯票付款人支付票面金額之人，發票人與付款人事前協議指定某人為擔當付款人固可，惟總以付款人本人指定為宜，故本法第49條規定，付款人於承兌時得指定擔當付款人，發票人已指定擔當付款人者，付款人於承兌時得塗銷或變更之。

（三）付款處所

本法第24條規定，僅發票人得記載付款地，然付款處所係於付款地內之特定付款地點，承兌人為匯票之實際付款人，其為付款之便利，得於承兌時為付款處所之指定記載。

（四）一部承兌

本法第47條規定付款人承兌時，經執票人之同意，得就匯票金額之一部分為之。本法之規定係採英美立法例，旨在對執票人之保障[1]。大陸法系則規定執票人對於部分承兌並不得為反對之表示，側重在對發票人之保護。匯票之承兌與匯票之付款並不盡同，付款為現實的，匯票債務人因

---

[1] 日內瓦國際統一票據法第26條第1項但書規定：「付款人得就匯票金額之一部為承兌。」

付款而解除其對於匯票之責任，故雖為部分付款，依本法第73條規定，執票人不得拒絕。至於承兌不過為付款人負擔債務之承諾，尚非債務之履行，承兌人縱已為承兌，將來能否如約履行又係另一問題。故許匯票付款人得就匯票為一部承兌，有時對執票人並非全然無益，尤以付款人之財力較發票人為強時較顯著，故英美票據立法對此作較有彈性之立法，允許執票人就接受部分承兌與否有斟酌之權。

（五）附條件承兌

附條件承兌乃指付款人於承兌時，附以條件，變更匯票原記載效力，但其性質與本法第2條匯票之付款應無條件之規定不符，故本法第47條第2項規定，承兌附條件者，視為承兌之拒絕。既視為拒絕承兌，則執票人於付款人為附條件承兌之記載時，即可持以向匯票債務人行使追索權，無須再請求作成拒絕承兌證書，惟承兌人仍應依所附條件負其責任。

第三節　承兌之提示

一、提示之意義及效力

提示乃承兌之前提。所謂提示即執票人現實的出示票據，以行使或保全票據權利之行為。提示與民法上之請求相當，其不同者，民法上之請求，可依口頭或書面為之，而提示則必須現實的出示票據，否則不生提示之效力。所謂「承兌提示」，即匯票執票人於到期日前，向付款人出示匯票，請求承兌之謂。承兌提示僅見之於匯票，本票及支票則無承兌制度。提示之效力就積極方面言之，則為權利之行使，就消極方面言之，則為權利之保全，因提示得中斷付款請求權之時效，亦可保全追索權，故執票人是否為承兌之提示甚為重要，反之，匯票付款人因承兌之提示而確知其支付金額與日期，俾便於準備，尤其見票後定期付款之匯票，有待於執票人之提示始能確定其到期日，故承兌就付款人而言亦甚屬必要。

二、提示之對象

匯票之承兌提示應向付款人為之，付款人承兌後，即應負付款之責。

三、提示之期限

付款人未為承兌前，不負票據上之任何責任，而匯票到期是否付款殊難預料，故法律允許執票人於到期日前得向付款人為承兌之提示，承兌之提示為執票人之權利，故提示與否任其自由決定，但有下列各項限制：

（一）發票人所為之限制

1. 積極限制

除見票即付之匯票外，發票人得在匯票上為應請求承兌之記載，並得指定其期限。一般匯票發票人或背書人為期早日知悉付款人是否願為付款，俾使預謀救濟起見，得在匯票上為應請求承兌之記載，並得指定其期限，至於見票即付之匯票，原無庸請求承兌，自不得為此指定。匯票上有應為承兌之記載並指定承兌期限者，執票人至遲應於期限之末日為承兌之提示，否則對於其前手喪失追索權。

2. 消極限制

發票人得於一定日期前，禁止請求承兌之記載，因發票人或於一定日期前與付款人間之資金關係尚未接洽妥當，若於此期間請求承兌易遭拒絕，有礙票據發行之信用，故許發票人為提示之禁止，若執票人違反此項限制，於禁止期間內請求承兌，即不得請求作成拒絕證書行使追索權。

（二）背書人所為之限制

背書人除見票即付之匯票外，亦得在匯票為應請求承兌之記載，並得指定其期限，但背書人所定應請求承兌之期限，不得在發票人所定禁止期限之內，否則有違發票人所為消極限制之本意，又背書人與發票人情形不

同，其對承兌之指示僅得為積極限制，而無消極限制之必要，故本法未規
定背書人有消極限制之權利。

（三）法定限制

見票後定期付款之匯票，執票人應自發票日起六個月內為承兌之提
示；此項期限，發票人得以特約縮短或延長之，但延長之期限不得逾六個
月。該項特約應由發票人於發票時記載於票據上，惟如發票人於簽發票據
時未記載此項特約者，於背書轉讓後，縱發票人與執票人間作成此特約，
依本法第5條第1項「在票據上簽名者，依票上所載文義負責」之規定，此
項特約之效力應不及於背書人，惟執票人如依本法第66條第2項於發票日
起六個月提示請求付款而遭拒付時，背書人仍應負背書責任[2]。

另當執票人請求承兌時，為便利付款人得有充分時間考慮是否願承擔
付款之責任，本法從多數國家立法例，採考慮期限主義，於本法第48條規
定，付款人於執票人請求承兌時，得請其延期為之，但以三日為限。

四、逾期提示之效果

匯票上載明應為承兌提示，而執票人未為承兌提示，或匯票上載明應
為承兌提示，並指定其期限，而執票人未於期限內為承兌之提示，則對前
手喪失追索權。另上述期限如係背書人所指定，則僅對該背書人喪失追索
權。

第四節　承兌之效力

承兌之效力主要為承兌人之責任問題，因承兌之目的在確定付款人
之責任，蓋付款人承兌後便為承兌人，亦即匯票之主債務人，應負付款之
責，匯票一經承兌，非合法撤銷即不能拒絕付款。縱使發票人本無存款，

2　台北市銀行同業公會(63)會法字第1503號函。

亦不能據為抗辯理由，依本法第49條第2項規定，承兌人到期不付款者，執票人雖係原發票人，亦得就本法第94條及第95條所定之金額直接請求支付，可知匯票之承兌人一經承兌，即難辭其付款之責任[3]。

　　承兌人之義務與背書人及其他票據債務人之擔保付款責任不同，其為票據主債務人，執票人之權利稱為付款請求權，執票人當然於到期日得直接對承兌人請求付款，並非執票人先對其他債務人請求支付而未獲支付時渠始負責任，且縱令執票人不於提示期限內為付款人之提示，或不於法定期限內作成拒絕證書，承兌人仍不能免其責任，又承兌人到期不付款者，執票人縱係原發票人，亦得就本法第97條及第98條所定之金額直接請求支付，然承兌人與發票人間，如有得以抗辯之事由時，對於原發票人亦得抗辯之。例如承兌人因發票人未提供票據資金或其他法律關係存在為理由，而拒絕原發票人之請求。

　　依票據承兌貼現辦法第13條規定，票據到期匯票承兌人或本票發票人不能如期履行付款者，除依照票據法辦理外，應視其情節輕重，科以罰鍰，最高不得超過其票面金額，並得由主管官署予以停業解散處分。其因而觸犯其他法令者，從其規定，以確保匯票之信用，助長票據流通。

第五節　承兌之撤銷

　　本法第51條規定，付款人雖在匯票上簽名承兌，於未將匯票交還執票人以前，仍得撤銷其承兌，但已向執票人或匯票簽名人以書面通知承兌者，不在此限。因承兌為一種意思表示，意思表示非有錯誤或被詐欺脅迫等法定原因不得撤銷之，但於法律行為尚未生效前仍得撤回該意思表示，承兌係以交還匯票於執票人為承兌之生效要件，未交還前，承兌效力未發生，得許承兌人以塗銷之方式以撤銷其承兌之意思表示。惟票據雖尚未交還，然已向執票人或匯票簽名人以書面通知者，其承兌之意思表示業已到

3　參考最高法院18上2784號判決及前司法行政部51年6月26日台(51)函參字第3220號函釋。

達於相對人，承兌效力已發生，自不得再以塗銷方式而撤銷其承兌之意思表示。

　　本法第51條規定中之「撤銷」兩字，參照日本手形法第29條及日內瓦國際統一票據法第29條，應係「撤回」或「塗銷」較妥，因法律行為撤銷係對已發生效力之意思表示；撤回則係就未發生效力之意思表示，而匯票未返還執票人以前，其意思表示尚未通知到達，自不發生承兌之效力，無撤銷可言。

第六章 參加承兌——票據行爲（四）

第一節 參加承兌之意義及款式

所謂參加承兌，係指匯票有本法第85條第2項各款情形，即一、匯票不獲承兌。二、承兌人死亡、逃避或其他原因無從爲承兌。三、承兌人受破產宣告。而執票人得於期前行使追索權時，由預備付款人或票據債務人以外之第三人加入票據關係，以阻止追索權之行使爲其主要目的之附屬票據行爲。

參加承兌後，參加承兌人負有擔保之義務，於匯票不獲付款時，須對被參加人之後手負支付票據金額之責，爲愼重計，本法特規定參加承兌須於匯票正面記載下列各款，由參加承兌人簽名：

一、參加承兌之意旨

參加承兌必須表明參加之意思，俾利與他項票據行為有所區分，參加承兌不得以略式方式為之，必須於票據正面記載參加承兌之文義字樣，雖不限於「參加承兌」四字樣，但必使人瞭解爲參加承兌之意。

二、被參加人之姓名

參加承兌專爲特定債務人之利益，故需記載被參加人之姓名，以作爲將來行使償還請求權之依據。如未記載被參加人者，視爲發票人參加承兌，其係預備付款人爲參加承兌時，以指定預備付款人之人爲被參加人。

三、年月日

爲本項記載，可確定參加承兌生效之時間及行爲人當時有無行爲能力。

第二節　參加承兌之當事人

依本法第53條規定，得為參加承兌人之資格有下列二種：

一、預備付款人

預備付款人原為發票人或背書人為加強匯票信用，避免因付款人拒絕承兌或付款時，發生追索權而設，因此執票人如於到期日前，有得行使追索權之事由時，匯票上指定有預備付款人者，自得請求其參加承兌，此即學說上所謂之當然參加，惟此仍係任意規定，執票人於行使追索權或請求預備付款人參加承兌兩項，得由執票人任選，但執票人如於預備付款人參加承兌後，自不得於到期日前行使追索權。

二、票據債務人以外之第三人

依本法第53條第2項規定，亦得以票據債務人中之一人為被參加人而為參加承兌，但因其非發票人或背書人指定之人，故與預備付款人之得當然參加承兌者有所不同，因匯票上指定有預備付款人時，執票人雖得斟酌情形決定應否請其參加承兌，然如預備付款人自請參加承兌時，執票人即不得予以拒絕，因其於受讓匯票時即接受以預備付款人於他日得為參加承兌或付款之條件，而其他第三人既未經發票人或背書人事先指定，而各人之經濟及信用狀況亦有所不同，如許任何人均得出面參加承兌，則有損及執票人利益之可能，例如票據債務人與第三人串謀而使之參加承兌，延宕時日，使執票人不得行使追索權，屆時其參加承兌又不付款，徒使執票人蒙受損失，故本法規定票據債務人以外之第三人參加承兌，應經執票人之同意始得為之。至匯票上原有債務人，因其簽名於票據之故，依本法第5條規定已應負票據上之責任，如再以之為參加承兌，對於執票人亦無實益，故以明文排除之。

第三節　參加承兌之效力

一、對執票人之效力（消極效力）

　　執票人允許參加承兌後，不得於到期日前行使追索權（票§46）以免違參加承兌之旨。惟被參加人及其前手，仍得於參加承兌後，向執票人支付本法第97條所定金額，請其交出匯票及拒絕證書（票§46）。

二、對參加承兌人之效力（積極效力）

　　付款人或擔當付款人不於本法第69條所定到期日或其後二日內為付款，或本法第70條所定經執票人同意延期之三日恩惠期限內為付款時，參加承兌人應負支付本法第97條所定匯票金額、利息及其他必要費用之責（票§57）。

第四節　參加承兌與承兌之區別

一、參加承兌與承兌相異處

　　（一）目的不同：參加承兌之作用，在防止追索權之行使；而匯票承兌之作用，則在確定付款人之責任。

　　（二）本質不同：參加承兌人非票據之主債務人，僅於付款人拒絕付款時，始負支付之義務；而匯票之承兌人則為票據之主債務人，絕對負票款支付之義務。

　　（三）責任不同：參加承兌人僅對於被參加人及其後手負其義務；而承兌人對於全體票據債權人皆負支付之義務。

　　（四）效力不同：參加承兌人因參加承兌而付款後，對於被參加人及其前手仍取得執票人之權利，票據關係僅一部消滅；而承兌人為票據之主債務人，一經付款，票據上之權利則因之消滅。

二、參加承兌與承兌相同處

（一）均須於匯票到期日前為之。

（二）均須記載於匯票正面。

（三）均以負擔票據上債務為目的之附屬票據行為。

（四）均係匯票所特有之制度。

第五節　參加承兌存廢之檢討

參加承兌為參加之一種（另一為參加付款），依銀行實務界表示，此票據行為之運用，凡乎未曾一見。參加承兌之緣起係發生於以往交通及電訊尚未發達之時代，在國際貿易行為中，發票人如接到不獲承兌之通告，而欲採取保護其信用之措施前，由於異地相隔，通訊不便，耗時可能達數月之久，實有第三者介入以代發票人保護信用之必要，然此現象已因近代電報、電話、傳真、信用狀及他項電訊發明已不復存在，匯票發票人對其不獲承兌之匯票，可經由電報、電話等立即獲得解決，無需在異地之第三人介入，本項票據行為已失其一世紀前創立之本意，美國統一商法早已廢止，目前我國之通信交通發展與美國並無不同，本法修正時宜應加以檢討廢止，以簡化匯票之法律關係。

第七章　票據保證——票據行為（五）

第一節　票據保證之意義

　　票據保證者，乃票據債務人以外之第三人，以擔保票據債務一部或全部之履行為目的，所為之附屬票據行為，票據保證在性質上為附屬票據行為之一種，故必須先有主票據行為，即發票行為存在，始可為保證。

　　就一般債務而言，主債務無效或撤銷時，保證債務亦為無效（民§743、744）。但在票據保證，則結果有所不同，因票據為流通證券，如果發票行為無效，則將影響其他票據行為，持票人往往須先調查發票行為是否有效，始決定是否收受票據，如此非但妨礙票據之流通，亦無法充分維護交易安全。是故本法第61條第1項及第2項特別規定：「保證人與被保證人，負同一責任。被保證人之債務，縱為無效，保證人仍負擔其義務。」使票據保證具有其獨立性，成為民法之特例，藉以強化票據信用，助長票據流通。然須注意票據保證之獨立性，僅限於由票據形式上觀察即可，形式上票據有效，縱使實際上為無效之發票行為，例如無行為能力人之發票或偽造時，保證人仍應負責（票§61II）；反之，如果票據形式自始即有所欠缺時（例如票據未記載發票日），執票人由形式上既可認定票據係無效，即無必要再保護執票人，因此不但保證債務會隨之無效（票§61II但書），其他票據行為亦為無效[1]。

　　匯、本票本質上為信用證券，於經濟上為信用之利用，其資金關係與保證行為分離，不相關聯，縱無資金關係，亦可為發票或承兌行為，故為使匯、本票增加信用，加強流通，而准由第三人保證，使其獨立負責，始

---

[1] 最高法院49台上555號判決：「按發票年月日為支票上應記載事項之一，如未記載發票年月日，或記載有所欠缺者，則其支票既不能認為有效……而背書為票據之附屬行為，以票據之形式具備為其生效要件，系爭支票既欠缺記載發票年月日而為無效，則被上訴人於此項支票上之背書，自亦不生背書之效力，殊無由其背負背書人義務人可言。」

有保證制度。至於支票本質為支付證券，非信用證券，簽發支票之目的係作為支付之工具，而非信用之利用，其功能在避免自己支付現金之麻煩，減少通貨計算之錯誤，故限於見票即付，而此與保證之意旨，在於當事人約定一方於他方之債務人不履行債務時，由其代負履行責任不同。況且，支票之付款人，限於金融業，一般人不得為付款人，此與匯、本票之保證人為票據債務人以外之第三人不同，就保證人之適格而言，支票應無適用保證制度之處。另支票設有保付制度，由付款人保付後，與匯票承兌人有同一責任。並使發票人及背書人因而免除其責任，與保證不因而免責不同，且付款人之信用良好，經保付後必獲付款，其保付之效力，具有保證及承兌之雙重作用，故支票不適用保證制度。

第二節　票據保證與民法保證之異同

　　保證在票據法上之意義與在民法上之意義亦不相同，票據上保證，保證人與被保證人所負之責任完全相同，執票人得向保證人或被保證人，同時或先後主張票據上權利，保證人不得主張先訴抗辯權；而民法上保證依民法第739條規定，僅於主債務人不履行債務時，始由保證人代負履行之責，而保證人於債權人未就主債務人之財產強制執行無效前，並得拒絕清償。茲將兩者異同處分述如下：

一、民法上保證與票據保證相同點

（一）二者均為人之擔保。

（二）二者均為從行為。

（三）二者均為無償行為。

（四）二者於主債務消滅後，保證債務亦歸消滅。

二、民法上保證與票據保證相異點

（一）票據保證為要式行為，應具備一定的形式，亦即應由保證人在匯本票或謄本上記載保證意旨、被保證人姓名及年月日，並由保證人簽名（票§59），而民法上保證則為不要式行為，不拘形式，書面或口頭均可。

（二）票據保證係單獨行為，無須得債權人之同意，且具有獨立性，不受主債務是否有效而影響（票§61）。民法保證為契約行為，須經債權人同意，且主債務無效時，保證債務亦無效（民§743、744）。

（三）票據保證獨立性大於從屬性，如被保證人之債務屬無效，保證人仍負擔其債務；而民法上之保證，則有從屬性，主債務如無效或得撤銷時，保證債務從而無效，得拒絕清償。

（四）票據保證人無先訴抗辯權（票§61）。民法保證人有先訴抗辯權，可以主張主債務人無力償還時，始由保證人負責（民§745）。

（五）票據保證人清償後，有追索權（票§64）。民法保證人清償後有求償權及代位權（民§749）。

（六）票據保證，共同保證人必負連帶責任（票§62）。而民法上保證，共同保證人得約定不負連帶責任（民§748）。

（七）票據保證之消滅時效，依票據法第22條規定之期限，時間較短。民法上保證之消滅時效，依民法第125條規定期限，時間較長。

（八）票據保證因保證人與被保證人負同一責任，縱票據債權人拋棄其為票據債權擔保之物權者，保證人仍無從以此免除其保證責任。民法上保證，債權人拋棄其債權擔保之物權者，依民法第751條規定，保證人就債權人所拋棄之限度內，免其保證責任。

（九）民法上保證，得約定保證人僅於一定期限內為保證，或為附條件保證。然票據保證人於票據上有此項記載者，依票據法第12條規定，其記載本法所不規定之事項，不生票據上之效力。

（十）民法上保證如係定有期限之債務，債權人允許主債務人延長清償時，保證人如未同意，不負保證責任。票據保證因不得載為定期保證，

故執票人允許被保證延期清償者，保證人不得因此免除其保證責任。

第三節　票據保證之當事人

　　票據保證人之資格，以票據債務人以外之第三人為限，自然人或法
人均得為之。至公司除依其他法律或公司章程規定以保證為業務者外，不
得為任何保證人，依公司法第16條規定，公司負責人如違反公司不得為任
何保證人之規定時，應自負保證責任，如公司受有損害時，亦應負賠償責
任，該項保證對於公司自不發生效力[2]。至於被保證人則以票據債務人為
限，匯票之付款人未為承兌前，非票據債務人，自無被保證之資格。金融
實務上，為達公司保證之目的，通常以背書方式為之，稱之為隱性保證。
舉例而言如公司於支票背面載明「連帶保證人」，由公司負責人蓋用公司
及負責人印章，此時公司應負何項責任？查票據之背書為票據行為，支票
之背書人應照支票文義負票據法規定之責任，與民法所指保證契約之保證
人，於主債務人不履行債務時，由其代負履行責任之情形不同，且依本法
第144條關於保證之規定，未準用於支票，故在支票上背書不涉及保證問
題，以公司名義在支票背書，自屬合法。參照最高法院52台上2286號、
53台上1930號判決，票據上記載票據法所未規定之事項，不生票據上之效
力，為本法第12條所明定，而支票既無保證之規定，則於支票上加寫「連
帶保證人」之背書，僅生背書之效力。

2　45年3月22日最高法院民刑庭會議錄：「依公司法第23（新16）條之規定，公司除依其
　他法律或公司章程規定以保證為業務者外，不得為任何保證人，公司負責人如違反該條
　例規定，以公司名義為人保證，既不能認為公司之行為，對於公司自不發生效力。」
　　43台上83號判例：「公司法第23（新16）條除外之規定，係以依其他法律或公司章程規
　定以保證為業務者為要件，被上訴人既無依其他法律或公司章程規定以保證為業務之情
　形，殊無因票據法第55（新58）條第2項有不問何人均得為保證之規定，而排斥其適用
　之餘地。」

第四節　票據保證之款式

票據保證應在票據或其謄本上記載下列各款，由保證人簽名：

一、保證之意旨

票據保證應表明保證之真義，以免與他項票據行為混淆，但並非必限保證字樣，只要由文義觀察，顯見其為保證並簽名者，即可認為其有保證之意旨，否則不生保證之效力[3]。至學說上之隱性保證，係指他票據行為（如背書、承兌、參加承兌）發生效力時，該效力存續期間其效果與保證相同而言，非謂他票據行為即保證行為，該票據債務人應依保證規定負責[4]。

二、被保證人姓名

保證未載明被保證人者，視為承兌人保證，其未經承兌者，視為發票人保證。但得推知其為何人保證者，不在此限（票§60）。

三、年月日

保證未載明年月日者，以發票年月日為年月日。

票據保證，應由保證人在票據上簽名，此項簽名依本法第3條之規定雖得以蓋章代之，然必其蓋章確係出於保證人之意思而為之，始生代簽名之效力，若圖章為他人所盜用，即難謂為已由保證人以蓋章代簽名，既未具備上開法條所定之方式，依民法第73條自不生保證票據債務之效力[5]，此不可不注意。

3　最高法院70台上1068號判決。
4　最高法院66台上464號判決。
5　最高法院43台上1160號判決。

第五節 票據保證之效力

一、保證人之責任

（一）保證人與被保證人負同一責任（票§61）。所謂負同一責任者，指保證人與被保證人所負責任相同（指責任範圍同一、償還順序同一及時效期間同一），此不惟票據之保證人不得主張民法上之先訴抗辯權，即債權人允許主債務人延期清償，保證人不負保證責任之規定亦在不得適用之列[6]。票據保證之效力，與民法上保證不同，執票人得對保證人與被保證人任意選擇請求，如先向保證人請求償還，保證人無先訴抗辯權之權利，至保證人應負之責任，則以被保證人所負之責任而定，如為發票人或背書人保證者，應與發票人或背書人同負票據債務之責任；為承兌人保證者，應與承兌人同負付款之責任；另被保證人之債務縱因實質上理由，如被保證人無行為能力或偽造，則保證為無效，保證人仍負擔其義務，此為票據行為獨立之原則，但被保證人之債務因票據方式之欠缺而為無效者則不在此限。本票之保證人如為本票之發票人為保證時，執票人向本票保證人行使追索權時，不得聲請法院裁定後，對保證人強制執行，因執票人向本票發票人行使追索權時，得聲請法院裁定後強制執行之規定，旨在加強保障執票人之利益，使其便於確保本票債權之受償，故規定向本票發票人行使追索權時，得逕以聲請法院裁定方法取得執行名義，以期簡捷，此種屬於強制執行法第4條第6款所稱，依其他法律之規定取得之強制執行名義，其取得之程序以及執行之對象，自以各該法律上特別明定者為限，按本法規定，執票人對於票據之發票人、背書人或其他票據上債務人，均得分別或一併行使追索權（票§85、96、124），今本法第123條獨規定對於發票人行使追索權時得聲請法院裁定後強制執行，即係專對本票發票人之特別規定，對於其他之人，殊無比附適用本條之餘地，至本法第61條所謂保證人同與被保證人負同一責任者，僅係他人就票據債權向被保證人行使

---

6 最高法院53台上2722號判決。

請求權或追索權時，亦得本於同樣內容，向保證人為之而言，似難解為對於保證人行使追索權之方法，亦有本法第123條之適用，簡言之，對於本票保證人及被保證人（即發票人）行使追索權之內容雖可相同，惟行使之方法可有不同，蓋對於發票人因有本法第123條之特別規定，得以逕請法院裁定之方法取得強制執行名義，對於保證人行使追索權，則仍應循通常民事訴訟程序以訴主張之[7]。

　　（二）票據保證人為二人以上共同保證時，均應連帶負責是謂共同保證，不問保證時期之先後，保證意思聯絡之有無，各保證人均應連帶負票據上之責任，執票人得對保證人中之一人或數人或全體同時或先後請求履行其義務，此與民法上之共同保證當事人得以特約規定者不同，蓋票據保證有絕對之效力。事實上本法第5條第2項已規定二人以上在票據上共同簽名時，應連帶負責，是故本法第62條此項規定似嫌重複。

二、保證人之權利

　　保證人清償債務後，得行使執票人對承兌人、被保證人及其前手之追索權（票§64）。另保證人雖於票據上取得執票人之追索權，但其與被保證人間，基於一般私法上關係所存在之求償權，並非因而喪失。

7　司法行政部台(50)函民3285號函。

第八章　到期日（票§65-67）

第一節　到期日之意義

　　到期日者，指票據債務，依票據所載文義履行之日期。即票據金額支付之日期，即票據債權人行使權利及債務人履行債務之期日。在普通債務，履行債務之日期並無一定之限制，得由當事人自由約定；而票據為要式證券，其到期日應於票據上記載之。

第二節　到期日之種類及計算方法

一、定日付款

　　即以票據上所載特定之日為到期日，如載明祈於某年某月某日付款，所稱特定，祇須就票據文義可予特定即為已足，如記載「102年端午節」或「102年國慶日」，均不失為特定日，若僅記載「貨物到達之日」或「102年2月間」，則因其到期日未能特定，不得認為有效，若票上僅記載月初、月中、月底者，謂月一日、十五日、末日。其以曆法上不可能之日為到期日者，如「2月30日」，應解為係2月底為到期日，俾符合當事人之真意[1]。

二、發票日後定期付款

　　即於票據上記載以發票日為起算日，經一定期間後付款者，例如發票

1　財政部51年10月15日台財錢發字第7254號函轉司法行政部51年10月11日分函民字第5047號函解釋。

日後三個月付款,則於92年7月20日簽發之票據,其付款日為同年10月20日,其間月大月小在所不問。

三、見票即付

指票據執票人向付款人為付款之提示時即應付款,即以提示日為到期日(票§66),如記載見票即付字樣是,惟票上未載到期日者,視為見票即付,故發票人欲發見票即付之票據者,不記載到期日即可。見票即付之票據應自發票日起六個月內為提示,是項期限發票人得以特約縮短或延長之,但延長之期限不得逾六個月。另如票據上之到期年、月、日一部分未記載,如到期日為87年「?」月10日之本票乙紙是否依票載不全退票?依本法第120條第2項規定:未載到期日者,視為見票即付。到期年、月、日一部或全部未記載,依據「外觀解釋原則」,均無法藉以確定到期日,應視為見票即付。然實務上金融相關從業人員認為所謂未載到期日一詞,應侷限於年、月、日全未記載之情形,為促進票據流通及維護交易安全,應依「票載有效解釋原則」認為包括年、月、日部分未記載之情形。由於「到期日」並非本票之「絕對必要記載事項」,欠缺「到期日」之記載(包括年或月或日未記載),依本法第11條第1項及第120條第2項之規定,該本票並非無效,故執票人提示時,自不得以票載不全退票,存款如敷支付,應視為見票即付之本票,予以兌付較為妥適。

另需提醒一般票據使用者,如上述未記載月份之票據,執票人不宜自行補上月份,以上例而言,其所指稱之本票,既應定性為見票即付之本票,則執票人擅自補上月份,將使原本票成為「定日付款」之本票,亦即就原本票之內容不法加以變更致影響其本來效果,可成立變造有價證券罪,不可不慎,以免誤觸法網。

四、見票後定期付款

即以見票日後經過一定之期間為到期日,此種到期日之記載方式,如見票日後二個月付款或見票日後三十日付款,票據上之確實到期日,將

因執票人提示見票日期之不同而相異，其目的主要在於付款人於提示票據後，得有一定時間為付款之準備，見票日後定期付款之票據，其定期之計算方法與前述發票日後定期付款同。

五、分期付款

　　62年本法未修正前，分期付款之匯票（本票亦準用之）為無效，蓋採大陸法系之立法例，以利票據之流通，惟匯票得否分期付款，在立法例上即有不同，海洋法系國家如英國、美國、印度、加拿大、澳大利亞及紐西蘭等以工商貿易為立國基礎之國家，為推廣工商貿易起見，莫不於其票據法中以明文准許匯票及本票為分期付款，我國近年來工商業發展分期付款交易已成為經濟活動主要方式，尤其自動產擔保交易法施行後，分期付款之買賣日有增加，而分期付款之付款方法，如以票據為主自更便利，乃承認分期付款之匯票以應實際需要，因匯票為流通證券，證券上之權利又與證券有不可分離之關係，如匯票所載金額，一部分已到期，一部分未到期，已到期部分不獲付款，應行使追索權，未到期部分仍得轉讓，在票據僅有一張之情形下極為不便利，故本法規定其中任何一期到期不獲付款時，未到期部分視為全部到期（票§65），俾票據權利之行使不因分期付款而趨於複雜，並藉以促使票據債務人按期履行債務，惟前項視為到期之匯票金額中所含未到期之利息，於清償時應扣減之，應扣減之利息，其有約定利率者，依約定利率扣減，未約定利率者，依法定利率扣減，利息經約定於匯票到期日前分期付款者，任何一期利息到期不獲付款時，全部匯票金額視為均已到期，此外，分期付款票據，受款人於逐次受領票款及利息時，應分別給予收據，並於票據上記明領取票款之期別、金額及日期。

第九章 付款（票§69-76）

第一節 付款之意義

　　付款者，即付款人向票據執票人就票據金額所為清償。付款為一切票據之最終日的，票據上之其他債務人並因付款人之付款而免除票據上責任，故票據如經付款人為適當付款，票據上權利即因而消滅，廣義之付款，係指一切票據關係人包括付款人、發票人、背書人、保證人及參加承兌人等，依票據文義向票據債權人支付票載金額，狹義之付款，則專指匯票承兌人（本票發票人、支票付款人）或擔當付款人所為消滅票據關係之付款，廣義之付款，付款後之票據關係非絕對消滅，如承兌人為付款後，票據關係固為消滅，背書人為付款時，則仍得向其前手行使追索權，票據關係並非絕對消滅，狹義之付款，在付款後其票據關係即為絕對消滅。

第二節 付款之提示

　　所謂「付款提示」，即執票人向付款人、擔當付款人或本票發票人出示票據，請求付款之謂。因票據係有價證券，具有流通轉讓之特性，且轉讓時無須通知付款人，在到期日後，票據權利人為誰，往往非付款人所得知悉，自無從對執票人履行債務，故執票人行使票據上之權利，以向付款人或擔當付款人提示證券為必要。另在見票即付之票據，付款之提示有確定到期日之作用。（另有關提示之性質見第五章第三節承兌之提示）。

一、提示之對象

（一）匯票

1. 匯票上未記載「擔當付款人」者，應向付款人為付款之提示。

2. 匯票上記載有「擔當付款人」者，應向該擔當付款人為付款之提示。

3. 依前列二款辦理而未獲付款者，如匯票上記載有「預備付款人」者，得向該預備付款人為付款之提示。

付款提示之方法，除可直接向上開特定之人出示票據外，如係以金融業者為擔當付款人之匯票，亦得經由票據交換所為之。

（二）本票

1. 本票未記載「擔當付款人」者，應向發票人為付款之提示。

2. 本票載有「擔當付款人」者，應向擔當付款人為付款之提示。

本票之付款提示，除直接向上開特定之人出示票據外，如係以金融業者為擔當付款人之本票，亦得經由票據交換所為之。

（三）支票

支票之付款提示應向付款人為之，亦得經由票據交換所為之。

二、提示之期限

（一）匯票

1. 見票即付之匯票，執票人應於發票日起六個月內為付款之提示。此項期限，發票人得以特約縮短或延長之，但延長之期限不得逾六個月。

2. 見票即付匯票以外之匯票，執票人應於到期日或其後二日內為付款之提示。

3. 付款經執票人之同意，得延期為之，但以提示後三日為限。

（二）本票

與匯票之付款提示期間相同。

（三）支票

1. 付款提示期限之規定：

(1) 發票地與付款地在同一省（市）區內者，發票日後七日內。

(2) 發票地與付款地不在同一省（市）區內者，發票日後十五日內。

(3) 發票地在國外，付款地在國內者，發票日後二個月內。

2. 上述所謂發票地與付款地是否在同一省（市），乃以行政轄區之劃分為準，而不問其距離之遠近。且所謂「市」，係指院轄市而言。例如：發票地為台北市，付款地為新北市中和區，則為不同省（市），其提示期限為十五日；發票地為新北市永和區，付款地為高雄市鳳山區，其提示期限為七日，因上述二市均非院轄市，而屬同一台灣省內。

三、逾期提示之效果

（一）匯票

1. 執票人未於法定期限內為付款之提示者，對於承兌人以外之前手喪失追索權。

2. 執票人未於約定期限內為付款之提示者，對於該約定之前手喪失追索權。

（二）本票

與匯票同。

（三）支票

1. 對於發票人以外之前手（背書人）喪失追索權。

2. 發票人雖於提示期限經過後，對執票人仍須負責。但執票人怠於提示，致使發票人受損失時，應負賠償之責，惟其賠償金額，不得超過票面

金額。

　　3.逾越提示期限而未提示時，發票人得向付款銀行撤銷付款委託。付款委託一經撤銷，執票人將無法自付款銀行獲得付款。

　　4.付款人於付款提示期限經過後，得拒絕付款。

四、提示之方式

　　付款提示乃現實的出示票據於付款人或擔當付款人，請求其履行付款義務，通常提示之方法可分為下列數種[1]：

　　（一）依照本法第20條之規定，於票據上指定之處所，或付款人、擔當付款人之營業所、住居所現實的出示票據，請求付款。付款人或擔當付款人如拒絕付款或請求延期付款，應即分別作成拒絕證書或令其票據簽章，以證明確已依法提示，俾使將來行使追索權。

　　（二）本法第69條第3項規定：「為交換票據，向票據交換所提示者，與付款之提示有同一效力。」對載有擔當付款人之票據，金融業者得向票據交換所提示交換，其效力與付款之提示同。

　　（三）無法依前述第（一）項方式辦理提示，又無擔當付款人不能依第（二）項方式辦理，或經提示後付款人（本票發票人及匯票承兌人）不簽章證明者，可利用郵局存證信函對付款人為付款之提示，或敘明為提示而遭拒絕，促其前來清償之事由，以資保全。

五、付款提示之效力

　　付款之提示為出示票據於付款人請求為付款之行為，依本法第131、132條規定，應解為保全其追索權之票據行為，並非執票人對於發票人請求履行票據債務之意思通知，不算為請求之一種，質言之，票據執票人之票據上權利有二；即付款請求權，與追索權是。各種權利行使之對象不同。行使付款請求權，應對付款人或票據交換所為之（票§144、69III、

1　台銀53年12月4日銀法字第18467號函。

131III）；而行使追索權，則應對發票人或背書人為之，故執票人向付款人提示，或將票據提出交換，係行使其付款請求權，而與行使追索權並非一事。因之付款之提示不能視為執票人對發票人行使追索權，亦無中斷時效之效力[2]。

　　關於支票執票人向付款人提示付款，如合於本法第143條前段之規定，而付款人無正當理由，不為付款時，支票執票人對付款人有直接請求權，請求其依票載文義為支付。支票付款人則應負給付遲延之費。支票付款人依前述規定所負之債務，非票據債務，其因違反該項規定拒絕付款成為給付遲延所負之損害賠償債務，應適用民法第125條所定十五年之消滅時效[3]。

第三節　付款之期限

　　付款人在到期後於執票人為付款提示時應即付款，但為事實上之需要，本法規定經執票人之同意亦得延期為之，惟如無限制之延期，不但有損執票人之利益，並使其他票據債務人蒙受不利，故付款之延期以提示後三日為限。

　　關於到期日前之付款，本法規定與民法所定者不同，依民法第316條規定，債務縱定有清償期，債權人如無反對之意思表示，債務人得於期前為清償，且一經清償，有消滅債務之效力，此期限利益純為債務人利益而設。惟在票據則有所不同，因票據市價時有變更，而執票人於到期日前復得將票據流通於市陽，其到期日之指定，係為債權人、債務人雙方之利益，故執票人不願拋棄其期限利益，自得拒絕期前付款。至付款人於到期日前付款者，當應自負其責，無當然消滅票據上權利之效力，因之付款人對於在到期日持有票據之善意執票人仍應負責。

2　屏東地院58年1、2月司法座談會紀錄。
3　最高法院67年2月21日第二次民事庭庭推總會議決議。

第四節　付款之效力

一、付款人之責任

　　付款人對於背書不連續之票據而付款者,應自負其責,惟付款人對於背書簽名之真偽及執票人是否真正票據權利人,除有惡意及重大過失外,不負認定之責(票§71)。又到期日前之付款,執票人得拒絕之,付款人於到期日前付款者,應自負其責(詳見前節)。

二、付款人之權利

　　(一)本法第73條規定:「一部分之付款,執票人不得拒絕。」其立法意旨係因一部分金額之給付,對於執票人無不利之處,且可減輕其他票據債務人之責任。付款人就票據金額一部分為付款時,執票人為繼續請求償還其餘部分之票款,有占有該票據之必要[4],故付款人不得要求執票人交出票據,而僅能要求執票人在票上記載所收金額並另給收據。執票人於獲一部分付款後,對於未獲付款之部分,應作成拒絕證書,俾利對前手行使追索權。前述規定係對所有票據均適用,但依本法第137條第1項規定:「付款人於發票人之存款或信用契約所約定之數不敷支付支票金額時,得就一部分支付之。」此係專對支票使用,前述規定對支票一部分付款僅規定「得」支付之,並未強制規定「應」支付。目前銀行實務處理上為避免困難起見,各金融機構仍依以往銀行公會決議:支票不辦理部分付款[5]。

　　(二)付款人為全部付款時,得要求執票人記載收訖字樣簽名為證

4　最高法院50台上2876號判決:「票據上權利之行使,以票據之占有為必要,若票據喪失,執票人既無由行使票據債權,其為他項權利之請求,自應就其請求權存在之事實,負舉證責任。」
　　最高法院50台上1889號判決:「票據為有價證券,票據上權利之行使與票據之占有,有不可分離之關係,上訴人就系爭支票既經喪失占有,則在未回復其占有之前,自不得對於票據債務人行使票據上之權利。」
5　民國42年4月17日第2屆第十九次台北市銀行公會理事會決議。

並交出匯票。票據債務雖僅須對執票人支付，惟付款人付款時，得要求執票人記載收訖字樣簽名為證並交付票據，蓋付款人雖因付款而免費，但如不收回票據，一旦落於善意第三人手中，付款人仍無從免責，且收回之票據，如未經執票人記載收訖字樣並簽名者，亦無從證明業已付款故也[6]。一般支票背面付款人處多印「請收款人填寫姓名」等字樣，如對準收款項下簽名，而不在其他背面處所簽名，自與背書之性質有間，其簽名不負背書人責任[7]。

（三）執票人在本法第69條所定期限內不為付款之提示時，付款人得將匯票金額依法提存，其提存費用由執票人負擔之，提存有免除付款人債務之效力，旨在保護債務人之利益。有關提存之方式，應依民法及提存法有關規定辦理。

第五節　付款委託之撤銷

一、撤銷付款委託之意義

現行本法規定支票係發票人委託金融業者代其付款，即發票人基於其與付款人（金融業）間所訂立之委任契約，以發票行為指示付款人為付款之意思表示[8]。如發票人對渠簽發之某一特定票據，撤回其授權，對付款人以意思表示當執票人為付款之提示時，勿庸為付款，謂之撤銷付款委託。

本法第135條規定支票發票人於付款提示期間內，不得「撤銷」付款之委託。此所謂「撤銷」與民法總則之「撤銷」意義有別，此撤銷並非因法律行為有任何瑕疵，使法律效力溯及的歸於消滅，僅係發票人對其所簽發之特定票據例外「撤回」其付款之指示。

6　最高法院57台抗76號裁定。
7　最高法院50年6月6日民刑庭總會決議、最高法院48台上1784號判決。
8　最高法院69台上211號判決。

　　付款委託之撤銷是否得由發票人任意為之，各國立法例互有不同，基於發票人而言，得任其隨意撤銷，則於票據喪失時，撤銷可取代複雜之止付及公示催告手續，另對於票據被偽造、變造或惡意之執票人提示時，亦可立即取得救濟。然就執票人而言，得任意撤銷付款委託，執票人持有之票據欠缺適當保障，有礙票據流通，亦影響經濟秩序，應加以若干限制。本法第135條規定，支票發票人於第130條所定期限內，不得撤銷付款之委託，然近年來工商發達，以金融業為擔當付款人之承兌匯票及本票件數日增，政府為減低民眾對遠期支票之偏好，積極鼓勵民間簽發以金融業為擔當付款人之本票，以替代遠期支票，然本法對匯、本票未有撤銷委託付款之規定，僅依行政解釋令行之[9]，其拘束力似值得研究，尤以自民國76年支票刑罰取消以後，民間商業行為多以金融機構為擔當付款人之本票取代支票，支票撤銷委託付款之情形日漸減少，本票、匯票撤銷委託僅次情形勢將日增，因之撤銷付款委託之規定似應置於本法總則章中，俾所有票據皆得適用，其效力似較目前以行政命令解釋為妥。

二、撤銷付款委託之要件

　　撤銷付款委託之要件，本法並未明文規定，依本法第130、135及136條等內容觀之，似應具備下列要項：

（一）必須由發票人申請

　　依本法第135條規定，撤銷付款委託僅支票發票人始得為之。

（二）須已逾付款提示期限

　　本法第135條明定，支票發票人於本法第130條所定付款提示期限內，不得撤銷付款之委託，因之支票執票人在提示期限前為付款之提示

9　財政部61年3月21日(61)台財錢第12256號令釋示：本票發票人雖委託銀行為擔當付款人，對已逾提示期限之本票如原契約並未規定不得再行付款，自得向為擔當付款人之銀行申請撤銷付款之委託。

者，縱使發票人已撤銷付款委託，付款人仍應付款，不受發票人撤銷付款委託之拘束。但由於本法對本票、匯票發票人撤銷付款委託未有明文規定，發票人得隨意撤銷，使匯、本票之信用地位飽受威脅，亦常導致銀行承作匯、本票貼現意願之降低，為配合支票刑罰之取消，及擴大銀行辦理匯、本票貼現業務，減少遠期支票客票融資，藉以誘導社會大眾減少使用遠期支票，筆者認為應於本法中明文規定，匯、本票於付款提示期間內不得撤銷付款之委託，以解除銀行對匯、本票發票人得任意撤銷付款委託之恐懼感，促使本票貼現業務大幅開展。

　　實務上常有少數非法發票人，先假藉各項理由說服執票人暫不提示兌現，俟付款提示期限經過後，即撤銷付款委託，執票人若不察，常蒙受損失，現各金融機構為防止支票發票人私自撤銷付款委託以詐騙執票人，通常均規定客戶需填具「撤銷付款委託申請書」，其中明文載有：「本票據確已逾本法法定提示期限，未來票據提示時，如發現票面記載日期並未超過上開法定期限者，申請人須自負其責。」且近年來法院判例亦規定私自撤銷支票之付款委託以詐騙執票人者，其申請人及保證人均將被票據交換所列為拒絕往來戶。

（三）須未另為止付之通知

　　票據執票人若因遺失、被竊或其他事故致失其票據占有而已為止付之通知時，其補救程序正在進行中，付款人應將止付金額留存，此時不論通知止付人與發票人是否相同，均不得再由發票人另行撤銷付款之委託。因票據權利人向付款人為止付通知後，依本法施行細則第5條規定其經止付之金額應由付款人留存，非依本法第19條第2項之規定或經占有票據之人及止付人之同意，不得支付或由發票人另行動用。另依本法施行細則第7條第1項及票據法第18條第2項規定，止付通知失其效力時，始得將止付保留款撥轉回發票人之存款帳戶。按撤銷付款委託後，付款人即不得再為付款，勢必不能擅自動用發票人之存款，因此如果止付通知後，又可撤銷付款委託，則付款人勢必應將止付保留款再撥回發票人之存款帳戶內，由發票人自行動用，結果顯與上述不能任意支付或動用止付金額之規定牴觸，

因之支票經通知止付後,其發票人不得再為付款委託之撤銷。

惟經止付之支票,通知止付人若未於五日內提出已為聲請公示催告之證明,而又未曾提示時,發票人於付款提示期限經過後仍得撤銷付款委託。

(四)須非保付支票

本法第138條規定,保付支票不適用付款委託之撤銷,縱有遺失或被竊,執票人亦僅得為公示催告之聲請,不得聲請止付,另發票人亦不得撤銷付款之委託。

經付款人保付之支票其於法定提示期限經過後,不許受理發票人付款委託撤銷之申請,其主要理由如下:

1. 本法第138條之修正理由謂:「因支票之保付行為,即支票之付款行為,支票在經過保付後,銀行就將這筆錢從發票人之帳戶提出,轉入保付支票專戶中,因此對發票人而言,這筆錢銀行已經照付,所以本條第2項規定支票經過保付以後,原發票人與背書人,全部均免其責任。保付行為亦可說等於是銀行透過保付程序,將原支票改變為銀行自己所發行之本票,亦就是將支票付現與發行本票二個行為簡化為一種保付程序。」因之,支票之保付,即支票之付款,支票既已付款,則其發票人之票據責任免除,其票據責任既已免除,則發票人與該支票即脫離票據關係,對該支票應無任何權利存在可言,所以已無再撤銷付款委託之權利。

2. 本法第138條規定支票經保付後,因付款人所負之責任為與匯票承兌人相同,因此付款人必須從發票人之帳戶中提出與該支票面額相同之金額,轉入「其他應付款—保付支票」專戶中,以備將來執票人提示時支付票款。倘發票人無存款,但與付款人有信用契約(如支票透支契約是),則付款人在信用契約之額度內,亦得為發票人所簽發之支票為保付行為。惟無論付款人於存款額度內或信用契約所約定之數之範圍內之保付行為,其付款責任係絕對的,因此支票經保付後,在法理上如允許發票人再行撤銷付款委託,則無異是命令付款人將已轉入「其他應付款—保付支票」專戶之款項發還發票人,或付款人同意發票人擅自解除信用契約。

三、撤銷付款委託之效力

（一）付款人應拒絕付款

付款委託經發票人依法撤銷時，縱有票據資金，付款人亦不得付款，執票人亦不得依本法第143條規定對付款人訴請給付支票金額。惟如付款人係因疏忽而再誤為付款時，若發票人就該支票有得拒絕給付之理由存在時，發票人並不因付款人之誤付款而有利益，此時付款人應就其過失事故，自負損失責任。反之，若發票人因付款人之誤為付款而受有債務消滅之利益者，發票人應返還不當得利[10]。

（二）被撤銷付款委託之票據並非當然無效

執票人因怠於付款提示期限而遭發票人撤銷付款委託時，雖對於發票人以外之前手喪失追索權，但其對發票人之追索權仍然存在，一般而言，撤銷付款委託有強制執票人應儘速於付款提示期限內提示付款，以消滅票據關係之作用，因之雖付款人對執票人之提示可拒絕付款，但善意執票人對於票據上之權利並不受任何影響。是以付款委託之撤銷對於惡意之執票人，發票人可藉其惡意以為抗辯，有防止詐欺、背信之作用，然對善意執票人無法抗辯，至多拖延其付款時間而已。

四、「撤銷付款委託」與「止付通知」相異處

（一）止付通知規定於本法第18條總則章內，其適用於匯、本、支票。撤銷付款委託規定於本法第135、136條支票章內，僅支票始有其適用。

（二）止付通知無時間上之限制，票據執票人隨時可通知付款人止付。付款委託之撤銷則需於付款提示期限經過後始得由發票人提出。

---

10 最高法院28上1872號判例要旨：「被上訴人為上訴人清償債務，縱非基於上訴人之委任，上訴人既因被上訴人為之清償，受有債務消滅之利益，上訴人又非有受此利益之法律上原因，自不得謂被上訴人無不當得利之返還請求權。」

（三）實務上止付通知除填寫「票據掛失止付通知書」三份外，應另填寫「遺失票據申請書二份」，分送票據交換所及警察機關。付款委託之撤銷僅需填具「撤銷付款委託申請書」乙份。

（四）經止付之票據金額應由付款人留存，非有法院除權判決不得支付。付款委託經撤銷後，其票據金額並無必需留存之規定。

（五）止付通知須執票人有票據遺失或被竊情事發生始得援用。撤銷付款委託可不問原因，只須付款提示期間經過後即可受理。

第十章　參加付款（票§77-84）

第一節　參加付款之意義

參加付款者，乃票據付款人或擔當付款人不為付款時，為防止追索權之行使，由付款人以外之人，為特定票據債務人之利益對執票人付款，以保全票據債務人之信用，阻止執票人追索權之行使。參加付款僅匯票及本票有之，而支票則無。

第二節　參加付款之當事人

一、一般參加人

參加付款不問任何人均得為之，執票人對於任何人參加付款不得拒絕，否則對被參加人及其後手喪失追索權（票§78）。

二、當然參加人

付款人或擔當付款人不於本法第69條及第70條所定期限內付款者，在匯票有參加承兌人時，執票人應向參加承兌人為付款之提示，無參加承兌人而有預備付款人時，應向預備付款人為付款之提示，參加承兌人或預備付款人不於付款提示時清償者，執票人應請作成拒絕付款證書之機關，於拒絕證書上載明之，執票人違反前述規定時，對於被參加人與指定預備付款人之人及其後手喪失追索權（票§80）。

三、多數參加人

　　謂為參加付款者有數人時，其能免除最多數之債務者有優先權[1]，故意違反此規定為參加付款者，對於因之未能免除債務之人喪失追索權，能免除最多數之債務者有數人時，應由受被參加人之委託者或預備付款人參加之（票§80）。

第三節　參加付款之時期

　　參加付款應於執票人得行使追訴權時為之，但至遲不得逾拒絕證書作成期限之末日（票§77），所謂得行使追訴權時，即匯本票到期不獲付款，或在到期日前匯票不獲承兌，或付款人、承兌人死亡、逃避或其他原因無從為承兌或付款提示，或受破產宣告時謂之，所謂拒絕證書係指拒絕承兌證書及拒絕付款證書而言，拒絕承兌證書應於提示承兌期限內作成之，拒絕付款證書應於拒絕付款日或其後五日內作成之，但執票人允許延期付款時，應於延期之末日或其後五日內作成之。

第四節　參加付款之程序

一、記載於拒絕付款證書

　　參加付款，應於拒絕付款證書內記載之（票§82），其應記載之事項本法未明文規定，解釋上應記載下列事項：

1　優先權即其債權在債務人破產宣告時或在強制執行時，享有較他債權先受清償之權利是也；凡債權而有抵押權、質權、留置權等物權者，皆有優先權；故亦曰「優先債權」或「優先受償權」，此為物權效力之一；另債權於其物上設有其他權利，例如地上權人、質權人、永佃權人等，對於物之出賣時，皆有優先承買之權利，是亦為優先權。又海商法第二章第二節中，對於船舶之債權，亦有優先權之規定，且除權利之種類外，更規定優先受債之標的物及優先債權之次序。

（一）參加付款之意旨：謹說明參加付款之類似字樣即可。

（二）被參加人姓名：被參加人姓名必須載明始能確定參加人得行使權利之範圍，故參加承兌人付款時，以被參加承兌人為被參加付款人；預備付款人付款，以指定預備付款之人為被參加付款人；無參加承兌人或預備付款人，而匯票上又未記載被參加付款人者，以發票人為被參加付款人。

（三）參加付款年月日：參加付款之年月日應記明，以辨明參加付款人於行為時是否具行為能力。

（四）參加付款人簽名。

二、參加付款之通知

參加付款人非受被參加付款人之委託而為參加者，應於參加後四日內，將參加事由通知被參加付款人，參加付款人怠於為上項通知，因而發生損害時應負賠償之責。

三、執票人交出匯票

參加付款後，執票人應將匯票及收款清單交付參加付款人，有拒絕證書者應一併交付之，違反前述之規定者，對於參加付款人應負損害賠償之責。

四、參加付款之金額

參加付款應就被參加人應支付金額全部為之。一部分參加付款非但無以維持被參加人之信用，亦不能阻止追索權之行使，反而對於被參加人及其前手償還金額時增添費用，對債務人不便，且有失參加付款之意旨，故本法禁止一部分參加付款。

第五節　參加付款之效力

一、對參加付款人之效力

參加付款之作用在維護被參加人之信用，防止追索權之行使，而非消滅票據上之權利，故參加付款人於參加付款後，對於承兌人、被參加人及其前手取得執票人之權利，但不得以背書更為轉讓（票§84）。

二、對執票人之效力

參加付款人參加付款後，執票人票據上之權利已獲實現，原持有之票據及拒絕證書均無需持有，應交付與參加付款人，俾利其對被參加人及其前手行使票據上之權利，此外並應就收取之金額出具收款清單，載明票據金額、利息及費用等，一併交付與參加付款人，以證明收款事實及參加付款人將來行使權利之範圍，如執票人違反前述規定，未交付匯票、收款清單及拒絕證書者，對於參加付款人應負損害賠償之責（票§83）。

三、對參加付款人後手之效力

被參加人之後手如於被追索而為清償後，原可向被參加人再為追索，但如此反覆追索徒增煩擾，且有失法律許可為參加付款之意旨，故明定被參加人之後手，因參加付款而免除其票據債務（票§84）。

第六節　參加付款與付款、參加承兌及民法第三人清償之區別

一、參加付款與付款之區別

項　目	參加付款	付　款
付款人	由付款人或擔當付款人以外之人付款。	由付款人或擔當付款人付款。
得付款之數額	參加付款人應就被參加人應支付之金額全部為之，不得為一部分之付款。	付款人得就匯票金額之一部分為之。
票據關係消滅與否	參加付款後，僅能消滅部分票據關係。即持票人之權利消滅，參加付款人取得執票人之權利，被參加人之後手因此而免責，而被參加人之前手之責任仍不消滅。	付款後票據關係完全消滅。

二、參加付款與參加承兌之區別

項　目	參加付款	參加承兌
付款之時間	參加付款人須為現實之付款。	須於到期日後付款人不為付款時，始行付款之責。
執票人拒絕權	參加付款，任何人均得為之，執票人不得拒絕。	須得執票人之同意。
參加時期	防止追索權之行使於拒絕付款之際。	防止追索權之行使於拒絕承兌之際。

三、參加付款與民法第三人清償之區別

項　目	參加付款	第三人清償
對付款人 之限制	參加付款不問何人均得為之。執票人拒絕參加付款者，對於被參加人及其後手喪失追索權。	第三人之清償，債務人有異議時，債權人得拒絕其清償。但第三人就債之履行有利害關係者，債權人不得拒絕（民§311II）。
付款後 之權利	參加付款人不論對其付款有無利害關係，對於承兌人、被參加付款人及其前手取得執票人之權利（票§84I）。	若該第三人就債之履行有利害關係時，則取得代位權，否則僅對債務人有求償權（民§312）。
付款之時間	至遲須於拒絕證書作成期限之末日為之。	無一定時間之限制。

第七節　參加付款存廢之檢討

　　參加付款為參加之一種（另一為參加承兌），依銀行實務界表示，此票據行為之運用，幾乎未曾一見。參加付款之緣起係於一世紀前，交通電訊未臻發達，在國際貿易行為中，匯、本票執票人如於票據債務人不為付款，而票據債務人擬採取保護其信用之措施前，由於異地相隔，通訊不便，耗時可能達數月之久，實有付款人以外第三人介入以代特定票據債務人保護其信用之必要，然此現象已因近代電報、電話、傳真、信用狀及他項電訊發明已不復存在，票據債務人對未經付款之票據，可經由各項通訊立即獲致解決，無需第三人介入，本票據行為已失其一世紀前創立之原意，美國統一商法早已廢止，目前我國交通電訊發展與美國並無不同，本法修正時宜加以檢討廢止，以簡化票據之法律關係。

第十一章　追索權（票§85-105）

第一節　追索權之意義

票據執票人之權利分為兩種，一為付款請求權，另一為追索權（償還請求權），原則上執票人須行使付款請求權被拒絕後，始得行使追索權，故付款請求權係執票人之基本權利，而追索權則係輔助性之權利。

所謂追索權即票據到期不獲付款時，執票人於行使或保全票據權利之行為後，得向其前手請求償還票據金額、利息及費用之一種票據上之權利（票§85）。

第二節　追索權之主體及客體

一、追索權之主體

（一）追索權人

1. 得行使追索權者首為執票人，惟執票人為發票人時，對其前手無追索權，執票人為背書人時，對該背書之後手無追索權，以避免追索權之循環。

2. 因清償而取得票據之人，被追索者已為清償時，依本法第96條第4項規定亦居於執票人之地位，享有與執票人同一之權利，惟可資研究者，本法第96條第2項所定得行使追索權之對象係指本法第96條第1項所指之發票人、承兌人、背書人及其他票據債務人，如依上述規定，則承兌人於被追索而為清償後，是否亦享有與執票人同一之權利，法條文字未有明確表示，一般而論應採否定說，蓋承兌人應係付款義務人而非償還義務人，匯票一經承兌人付款，票據上之權利即因而消滅，故嚴格以言，承兌人並非

追索權行使之對象,而為付款請求權行使之對象,本法第96條第1項將承兌人與其他票據債務人歸於同一地位,就法律性質而言,似有值得商榷之處。

（二）償還義務人

票據到期不獲付款時,執票人於行使或保全票據上權利之行使後,對於背書人、發票人及票據上其他債務人得行使追索權。

1. 發票人:依本法第29條規定,發票人負擔保承兌及付款之責任,故發票人亦為償還義務人,但發票人於發票時有免除擔保承兌之特約者,則執票人亦不得於到期日前對發票人行使追索權（票施§14）。

2. 背書人:依本法第39條規定,背書人亦負擔保承兌及付款之責任,故背書人亦為償還義務人。但背書人有免除擔保承兌之特約,執票人不得於到期日前對背書人行使追索權。

3. 其他票據債務人:

(1) 依本法第61條規定,保證人因保證與被保證人負同一責任。

(2) 參加承兌人、付款人或擔當付款人不於本法第69條及第70條所定三日之期限再付款時,參加承兌人應負支付本法第97條（總金額、利息及必要費用）之責任（票§57）。

匯票經付款人拒絕承兌者,其執票人祇能對發票人或轉讓人為償還之請求,不得對於付款人求其支付[1]。付款人拒絕付款,發票人對於執票人須依票面金額負償還之責[2]。

二、追索權之客體

（一）最初追索

執票人向匯票債務人行使追索權時,得要求下列金額:

1　最高法院18上953號判例。
2　最高法院19上327號判例。

1. 被拒絕承兌或付款之票據金額，如有約定利息者，其利息。

2. 自到期日起，如無約定利率者，依年利六釐計算之利息。

3. 作成拒絕證書與通知及其他必要費用。所謂必要費用，如郵費、破產裁定節本抄錄費用、計算書作成費用等。

於到期日前付款者，自付款日至到期日前之利息應由匯票金額內扣除；無約定利率者，依年利六釐計算。

（二）再追索

被追索者已為清償後，即享有與執票人同一之權利，得向承兌人或前手請求償還下列金額：

1. 所支付之總金額。

2. 前款金額之利息。

3. 所支出之必要費用。

又匯票經承兌後，承兌人即成為匯票之主債務人，執票人雖係原發票人，亦得就前述所定之金額直接向承兌人請求支付，惟發票人與承兌人間就匯票債務如有資金關係，而發票人未能如約供給資金，致承兌人不克付款時，承兌人得以此種原因對於發票人主張抗辯，但此已非票據上之法律關係，而為票據外一般民事債權債務關係而已。

第三節　追索權之行使要件

一、實質要件（具備法定追索原因）

（一）到期追索

票據到期不獲付款時，執票人於行使或保全票據上權利之行為後，對於背書人、發票人及票據上其他債務人得行使追索權。

（二）期前追索

有下列情形之一者，雖在到期日前，執票人亦得行使追索權：

1. 匯票不獲承兌時。

2. 付款人或承兌人死亡、逃避或其他原因無從為承兌或付款提示時。

3. 付款人或承兌人受破產宣告時。

二、形式要件（履行法定保全程序）

（一）依法提示

票據之提示為行使及保全票據上權利之必要行為，執票人行使追索權應在承兌期限內或付款提示期限內，提示票據請求承兌或付款，票據上雖有免除作成拒絕證書之記載，執票人仍應於所定期限內為承兌或付款之提示，但對於執票人主張未為提示者，則應負舉證之責[3]。如有下列情形，則例外無須提示：

1. 付款人或承兌人死亡、逃避或其他原因，無從為承兌提示時。

2. 付款人或承兌人受破產宣告時。

3. 因不可抗力之事變，執票人不能於所定期限內為承兌或付款之提示者，於事變終止後，應即提示，如事變延至到期日後三十日以外時，執票人得逕行使追索權無須提示，若匯票為見票即付或見票後定期付款者，上述三十日之期限自執票人通知其前手之日起算。

1. 本票、匯票未於提示期限提示

(1) 執票人未於法律規定期限內（本票、匯票到期日及其後二日內；見票即付之本票、匯票而未約定付款提示期限時，自發票日起六個月內）為付款之提示者，對於前手喪失追索權，惟前述之前手並不包括匯票承兌人及本票發票人在內，因此二者均同屬票據之

---

3 最高法院58台抗38號裁定：「執票人得不請求作成拒絕證書，而行使追索權，雖執票人在行使追索權前，仍應於所定期限內為付款之提示。但對於執票人主張未為提示者，應負出舉證之責。」

主債務人，絕對負擔票據金額支付之義務，故執票人怠於行使保全票據上之權利時，匯票承兌人及本票發票人之債務原則上並不因之而消滅[4]。

(2) 執票人未於發票人所約定期限內（即見票即付之本票或匯票，其發票人所約定之付款提示期限）為付款之提示者，僅對該約定之前手及其後手喪失追索權，對於其他前手仍不喪失追索權。以銀行為擔當付款人之本票，發票人可隨時撤銷其對擔當付款銀行之付款委託，因非支票，故不受提示期限經過後方可撤銷之限制，但發票人撤銷對擔當付款銀行之付款委託後，並不影響其對執票人應負之票據責任，執票人仍可直接向發票人提示請求付款。

---

4 法律問題：本票執票人不於到期日或其後二日內，為付款之提示，對於發票人是否喪失追索權。
討論意見：
甲說：對發票人喪失追索權
按票據法第124條準用第69條、第104條之結果，執票人不於本票到期日或其後二日內為付款之提示，依同法第104條之規定「對於前手喪失追索權」。該條所謂之前手並無如同法第122條第5項「執票人不於第45條所定期限內為見之提示或作成拒絕證書者，對於發票人以外之前手喪失追索權。」及第132條「執票人不於第130條所定期限內為付款之提示，或不於拒絕付款日或其後五日內，請求作成拒絕證書者，對發票人以外之前手喪失追索權。」特將發票人自前手中予排除，顯見第104條所謂前手當然包括本票發票人在內。
乙說：對發票人並不喪失追索權
(1) 發票人是本票之主債務人，且絕對的負擔票據金額支付之義務，故執票人怠於行使保全票據上之權利時，發票人之債務原則上並不因之而消滅。
(2) 票據法第22條第1項係規定本票執票人對發票人追索權之時效，第2項係規定本票執票人對前手追索權之時效，其將發票人與前手分別併列，足見「前手」係指發票人以外之其他票據債務人當無足置疑，是票據法第104條所謂前手當然不包括本票之發票人。
(3) 目前實務上見解認為票據法第104條所稱前手並不包括匯票承兌人在內（最高法院66台上670號判決參照），而本票之發票人與匯票之承兌人均同屬票據之主債務人，依同一法理，該條所謂前手自不包括本票之發票人。
結論：多數贊成乙說。
座談機關：台灣台南地方法院。
司法院第一廳研究意見：本題研討結論，採乙說，核無不合。惟乙說理由第2項所稱票據法第22條第1項係規定本票執票人對發票人追索權之時效，非屬正確。按依票據法第22條有關本票時效之規定，第1項係對本票發票人付款請求消滅時效之規定，而第2項則係執票人對其前手行使票據上追索權消滅時效之規定，故第1項之請求權曰「票據上之權利」，以與第2項之「追索權」相區別。乙說理由謂第1項係規定本票執票人對發票人「追索權」之時效，與法條用語不合。（73.7.3.(73)廳民一字第0500號函復台高院）

2. 支票未於提示期限提示

(1) 對於發票人以外之前手（指背書人）喪失追索權。

(2) 發票人雖於提示期限經過後，對於執票人仍負責任，但執票人怠
於提示致使發票人受損失時，應負賠償之責，其賠償金額不得超
過票面金額。

(3) 發票人得向付款人撤銷付款委託，付款委託一經撤銷，執票人將
無法從付款銀行獲得付款。

(4) 付款銀行於提示期限經過後仍得付款，但如拒絕付款，不負任何
法律上之責任。

（二）依法作成拒絕證書

追索權係票據到期不獲付款時，執票人於踐行一定程序後，得向其前
手請求償還票據債務之一種權利，而「拒絕承兌或付款證書」即證明執票
人在法定或約定期限內提示不獲承兌或付款之一種證明，即證明票據上某
請求權被拒之事實。執票人根據此項「拒絕承兌或付款證書」證明其已行
使票據上之承兌或付款請求權而未達目的，俾便行使追索權。

拒絕證書由執票人請求拒絕承兌地或付款地之法院公證處、商會或銀
行公會作成之，惟就目前實際情形而言，由法院公證處作成拒絕證書者尚
不多見，而商會尤鮮有作成拒絕證書之事實，付款人在票據上記載提示日
期及承兌或付款之拒絕，經其簽名後與作成拒絕證書有同一效力，目前實
務上凡付款銀行填發「存款不足」之退票理由單，記明退票原因及其年月
日並加蓋印章者，亦視為與作成拒絕證書有同一之效力，再者，發票人或
背書人在票據上記載「免除作成拒絕證書」時，此時執票人於提示票據遭
受拒絕付款而退票後，可不必作成拒絕證書，並不妨害其追索權之行使，
但執票人仍應主張其曾於所定期限內為承兌或付款之提示，然有無提示之
舉證責任，則應由對此有所爭執之票據債務人負責[5]。

另付款人或承兌人破產，得以破產裁定之正本或節本證明之，因宣告

---

5 參閱楊建華，民事訴訟法實務問題研究，自行出版，第260頁。

破產之裁定書具公證力，為簡化手續，執票人行使追索權祇須提出破產宣告書之謄本為之證明，無庸更為拒絕證書之作成。拒絕承兌證書應於提示承兌期限內作成之。拒絕付款證書應以拒絕付款日或其後五日內作成之，但執票人允許延期付款時，應於延期之末日或其後五日內作成之。

（三）對前手發通知

　　執票人應於拒絕證書作成後四日內，將拒絕事由通知背書人、發票人及其他匯票上債務人。如有特約免除作成拒絕證書時，執票人應於拒絕承兌後四日內，為前項之通知。票據背書人應於收到上開通知後四日，再通知其前手。

　　通知得以任何方法為之，故執票人以言詞通知或以函件、電報為通知，均無不可，惟主張已盡通如義務者，應負舉證責任，故通常均利用郵局存證信函為通知。又通知係以發信日為通告日，凡付郵遞送之通知，如信封上所記載被通知人之住所無誤，則不問該信是否到達，法律上視為已經通知。通知之目的在使償還義務人獲知承兌或付款之被拒絕而為償還之準備，若怠於通知，即以喪失追索權為制裁未免過苛，在理論上亦欠平衡，故本法規定未於上開期限內為通知者，仍得行使追索權，但因其怠於通知致發生損害時，應負賠償之責，惟其賠償金額，不得超過匯票金額。

　　惟此項損害賠償債權之成立，必須已有損害之發生，非謂自己清償票據債務後，將來對於發票人或其他票據債務人無法求償或難於求償者，即認為已發生損害[6]。

6　最高法院52台上1813號判決。

第四節　追索權之效力

一、追索權人

（一）選擇追索權

　　亦稱飛躍追索權，即執票人得不依負擔債務之先後，對於發票人、背書人及其他票據債務人之一人或數人或全體，依其選擇任意行使追索權。

（二）變更追索權

　　執票人對於債務人之一人或數人已為追索者，於未受清償前仍得對於其他票據債務人行使追索權，故執票人即使已同被追索者或其前手行使追索權，仍不妨礙其向被追索者之後手行使追索權[7]。

（三）代位追索權

　　被追索者已為清償時，亦即居於執票人之地位，應享有與執票人同一之權利[8]。

二、償還義務人

（一）連帶負責

　　發票人、承兌人、背書人及其他票據債務人對於執票人連帶負責。所

7　最高法院48台上1931號判決：「依票據法第138條準用同法第93條第1項至第3項之規定，發票人、背書人及其他票據債務人對於執票人應連帶負責，執票人得不依負擔債務之先後對於上項債務人中之一人或數人或全體行使追索權。且執票人對於債務人之一人或數人已為追索者，對於其他票據債務人仍得行使追索權。本件執票人即被上訴人固曾與背書人丁某間另案成立分期清償系爭票款之訴訟上和解，但迄未履行，自非不得向發票人即上訴人行使追索權。」

8　最高法院58台上113號判決：「被上訴人既因被追索而付清票款，依票據法第96條第4項之規定即與執票人有同一之權利，其請求上訴人給付系爭票款，自為同條第1項之所許。」

調連帶負責，即對於執票人各就追索之金額負全部清償之責任，與民法上連帶責任相當，但就票據債務人中一人為清償後，仍得向其前手依原票據關係再行追索，票據債務人相互間並無內部分擔之問題，與民法一般連帶債務有別，一般稱為不完全連帶責任，茲將票據法與民法之連帶負責相異處分述如下：

1. 票據上償還義務人之清償，僅能免除其本人及其後手之責任，對前手及承兌人之責任不受影響，但承兌人之付款，可解除全部責任。民法上之連帶債務，由連帶債務人中之一人全部清償，其他債務人亦免除責任。

2. 票據上償還義務人間無內部分擔之問題。民法上連帶債務人相互間，除法律另有規定或契約另有訂定外，應平均分擔義務。

3. 票據上償還義務人既無應分擔部分，自不得主張抵銷。民法上連帶債務人中之一人，對於債權人有債權者，他債務人以該債務人應分擔之部分為限，得主張抵銷。

（二）票據及拒絕證書交付請求權

票據在性質上屬於繳還證券，票據債務人如為全部清償時，執票人應交出票據，其有拒絕證書亦應一併交付，俾清償之人得以向其前手再行追索，若執票人拒不交出，債務人自可拒繳清償且不負債務人遲延責任，蓋票據為表現票據債權之唯一證券，執票人如不交出票據，即無從表明其對於票據具有合法之權利地位，至拒絕證書係證明票據上權利業已依照規定行使並保全，亦為追索權行使之一要件，故執票人如持有拒絕證書亦應一併交出。

另匯票金額一部獲承兌時，清償未獲承兌部分之人，得要求執票人在匯票上記載其事由，另行出具收據，並交出匯票之謄本及拒絕承兌證書（票§101）。

票據債務人為前項清償時，如有利息及費用，執票人亦應出具收據及償還計算書，分別記明金額，俾供為清償之人向其前手請求償還之證明。

（三）背書塗銷權

背書人為清償時，則其本身及其後手之票據債務因而消滅，其背書簽名亦而無表現於票據上之必要，為免票據嗣後落入他人手中發生糾紛，故背書人為清償時得塗銷自己及其後手之背書。

第五節　追索權之喪失

一、延誤期限

（一）執票人不於法定期限內行使或保全票據上權利者，依本法第104條第1項規定，對於其前手喪失追索權，此乃絕對的喪失。所稱前手，係指承兌人、發票人以外，所有前手背書人、保證人、參加承兌人及參加付款人等票據債務人。所稱法定期限，係指承兌提示期限、付款提示期限及拒絕證書作成期限（票§45、48、66、69、70、87、122、130及131）。

（二）執票人不於約定期限內行使匯票上權利者，依本法第104條第2項規定，對於該約定之前手喪失追索權。所稱約定期限，如發票人或背書人於匯票上記載關於提示承兌之限制期限，及依付款人約定為延長付款之期限（票§44、45、122及124）。

二、消滅時效完成

執票人如在一定期間內不行使其票據之權利，其票據上之權利將因時效而消滅。

三、執票人拒絕參加付款

執票人拒絕參加付款者，對於被參加人及其後手喪失追索權。

四、追索權喪失救濟之方法

執票人因不可抗力之事變，不能於所定期限內，為承兌或付款之提示時，為避免因此而喪失追索權，本法設有下列救濟方法：

（一）不可抗力之事變終止後，執票人應即對付款人提示（票§105III）。即承兌或付款之提示期間在不可抗力之事變存在期間，當然隨之延長，直到該項事變終止後，執票人始應為提示，如遭受拒絕者，仍應依規定作成拒絕證書，始能追索。

（二）如事變延至到期日後三十日以外時，執票人得逕行使追索權，無須提示或作成拒絕證書（票§105IV），俾保護執票人，但此係指有到期日之匯票而言，如匯票為見票即付或見票後定期付款者，前項三十日之期間自執票人通知其前手之日起算（票§105IV）。

第六節 回頭匯票

回頭匯票其作用在使票據執票人或其他有追索權之人為行使其追索權，於票據上無相反之約定時，得以發票人或前背書人之一人或其他票據債務人為付款人，向其住所地發見票即付之匯票，俾票據債務人無須為現實之金額償還而結束其法律關係。

回頭匯票多於執票人與其被追索人分別居於兩不同地區時使用之，發票人發行此種匯票後，即可持以向銀行貼現換取現金或背書轉讓，在實際上甚為方便。回頭匯票之發行依本法第102條規定其要件如下：

一、須原票據依本法規定已得行使追索權者。

二、發行人須為原票據執票人或其他有追索權之人。

三、須以被追索人為付款人。

四、須以被追索者住所地為付款地。

五、須為見票即付之匯票。回頭匯票之所以限於見票即付，主要係為了結追索權人與被追索人間已發生應即予償還之票據債務，自以見票即付為宜。

六、回頭匯票之金額，在執票人為發票人時，須不逾本法第97條所列各項金額之總數，在其他有追索權人為發票人時，須不逾本法第98條所列各項金額之總數。

第七節　本票追索之特殊程序（聲請法院裁定本票准予強制執行）（票§123）

一、本票裁定後准予強制執行之立法本旨

本法第123條規定執票人向本票發票人行使追索權時，得聲請法院裁定後強制執行。此規定係民國49年本法修正時所增列，當時有鑑於空頭支票泛濫，起因於發票人簽發遠期支票，到期籌補不及所致。因此，為鼓勵一般民眾使用本票，乃加強本票之索償性，期以達到減少使用遠期支票，助長本票流通之目的。

二、本票裁定之法律性質

票據裁定後強制執行之制度為本票所獨有，匯票、支票並不適用，且僅限於對本票發票人行使追索權時方可適用，背書人雖亦得為追索之對象，但不得聲請為許可強制執行之裁定，本票發票人之保證人，所負責任雖與發票人同，但並無適用之餘地，又本票發票人死亡時，如其繼承人無拋棄繼承之事實者，則執票人可檢附該繼承人戶籍謄本及其他有關資料聲請法院對發票人之繼承人裁定准予強制執行。本票上如有利息記載時，則聲請本票裁定時可就利息一併為之；但違約金因非票據法規定得記載於票據之事項，不得併請法院裁定。

本票裁定為非訟事件，凡就此項聲請所為之裁定及有關抗告法院就抗告所為之裁定，僅依非訟事件法所定非訟事件程序辦理。法院之應否為准予強制執行之裁定，當視本票之執票人可否向發票人行使追索權以為斷。法院就本票裁定原則上不為言詞辯論，且僅就形式要件為審查，而不

審究其實體法律關係，縱發票人對本票債權是否存在以及本票上簽名是否真正有所爭執，法院於本票裁定程序中亦無需加以審究，仍應為准許強制執行之裁定，亦即法院僅就本票形式上之要件是否具備予以審查為已足，且此項審查強制執行許可與否，並無確定實體上法律關係存否之效力（無確定判決同一之效力）。因之發票人對於簽章之真正有所爭執，或就票據債務之存否有所爭執，甚或本票債務是否已因清償而消滅有所爭執，法院仍應為准許強制執行之裁定。上述爭執，發票人須依民事訴訟程序解決。一般係由發票人提起確認之訴，請求確認票據債權不存在[9]。由此觀之，比起須經言詞辯論並須審查實體上法律關係之民事訴訟程序當然較為迅速簡便。又以本票裁定聲請強制執行後，原則上並不停止強制執行，效力甚強。但例外情形，如本票發票人主張本票係偽造、變造，於接到本票裁定後二十日之不變期間內，對於執票人向為裁定之法院提起確認之訴者，則可停止執行，此項立法目的，即在於可否強制執行應待實體上訴訟終結以定其債權之存否。如獲確定勝訴判決，則應認其本票債權不存在確定，則前准許強制執行之裁定，其執行力即因而消滅。否則，如認為該判決並無消滅裁定執行力之效力，則雖已勝訴，執行程序仍須進行，關於訴訟中停止執行之規定，即屬毫無意義，顧非立法之本意[10]。

---

9 一、最高法院52台抗163號判例要旨：「執票人依票據法第123條規定，向本票發票人行使追索權時，聲稱法院裁定對發票人之財產強制執行者，發票人縱對於簽章之真正有所爭執，法院仍應為准許強制執行之裁定。」

　二、最高法院56台抗714號判例要旨：「執票人依票據法第123條規定，向本票發票人行使追索權時，聲請法院裁定對發票性質與非訟事件無殊，法院就本票形式上之要件是否具備予以審查為已足。至該本票債務是否已因清償而消滅，應依訴訟程序另謀解決，殊不容於裁定程序中為此爭執。」

　三、最高法院57台抗76號判例要旨：「本票執票人，依票據法第123條規定，聲請法院裁定許可對發票人強制執行，係屬非訟事件，此項聲請之裁定，及抗告法院之裁定，僅依非訟事件程序，以審查強制執行許可與否，並無確定實體上法律關係存否之效力，如發票人就票據債務之存否有爭執時，應由發票人擔起確認之訴，以資解決。」

10 最高法院68年7月17日第十次民事庭庭推總會決議：

　院長交議：本票之發票人，依非訟事件法第101條第1項規定起訴，所獲確定勝訴判決，有無消滅本於票據法第123條規定所為准予強制執行裁定執行之效，有下列三說：

　甲說：發票人證明已依非訟事件法第101條第1項提起訴訟時，依同條第2項規定，執行法院應即停止強制執行，此項立法目的，即在於可否強制執行應待實體上訴訟終結以定

另本票裁定之費用，依非訟事件法規定，按其標的金額徵收，費用負擔甚輕，至於民事訴訟程序起訴的裁判費用是按訴訟標的金額的百分之一計算，兩相比較，本票裁定費用顯然較為經濟。

三、聲請法院裁定本票准予強制執行之要件

本票執票人依本法第123條規定，聲請法院就其所執有之本票為准予強制執行裁定，須具備下列要件：

（一）本票執票人需具有行使追索權之狀態

本票執票人在票據上之權利有付款請求權及追索權。追索權原則上須於付款請求權之行使遭拒絕，始得行使。本票提示未經拒絕付款或無其他無需為付款提示之情形，不得逕行聲請法院裁定准予強制執行。亦即本票執票人須處於已得行使追索權之狀態，始得聲請法院裁定後強制執行。

但本票有下列情形，無須為付款之提示，亦得對發票人行使追索權：

1. 本票因喪失經公示催告程序取得除權判決者。

2. 本票發票人死亡、逃避或其他原因無從為付款之提示者（票§124準用§85）。

其債權之存否。今既已判決，應認其本票債權不存在確定，則前准許強制執行之裁定，其執行力即因而消滅。否則，如認為該判決並無消滅裁定執行力之效力，則雖已勝訴，執行程序仍須進行，關於訴訟中停止執行之規定，即屬毫無意義，顯非立法之本意。

乙說：准許本票強制執行之裁定，為有效成立之執行名義，嗣後非有廢棄此裁定名義之裁判，其執行力應繼續存在，確認本票債權不存在之判決，並非廢棄本票強制執行裁定之裁判，自無消滅其執行力之可言，其實體訴訟程序既已終結，停止執行之原因應認為即已消滅，執行法院仍應續行執行行為。

丙說：確認本票債權不存在之確定判決，是否有消滅本票強制執行裁定執行力之效力，應視判決主義如何記載而定，如其判決主文記載為「確認某裁定所宣示准許強制執行之本票債權不存在」時，固足消滅原裁定之執行力，如僅記載「確認某本票之債權不存在時」，則尚難消滅原裁定之執行力。

以上三說，應以何說為當，敬請

公決。

決議：採甲說。

3. 本票發票人受破產宣告者（票§124準用§85）。

4. 本票執票人因不可抗力之事變，不能於所定提示期限內為付款之提示，如事變延至到期日後三十日以外時，執票人得逕行使追索權，無須提示或作成拒絕證書（票§105）。

5. 本票發票人於提示見票時，拒絕簽名者，執票人應於提示見票期限內，請求作成拒絕證書。執票人依前項規定作成見票拒絕證書後，無須再為付款之提示，亦無須再請求作成付款拒絕證書（票§122）。

（二）須對發票人行使追索權

本法第123條明文規定，本票執票人唯有對發票人行使追索權，始得聲請法院裁定後強制執行，對於本票發票人以外之其他票據債務人及發票人之繼承人[11]均不得適用。

---

11 法律問題：本票發票人死亡，執票人為行使追索權，檢附發票人之繼承人戶籍謄本，聲請法院對發票人之繼承人裁定強制執行，法院應否准許？
討論意見：
甲說：按發票人之繼承人所承受發票人財產上之義務，本質上仍為本票債務，故聲請對發票人之繼承人裁定強制執行，法院原則上應予准許，但繼承人如有拋棄繼承權之事實時，依法不承受被繼承人財產上之義務，此項拋棄繼承人權之事實，如為法院裁定前職務上所明知者，自應逕行駁回其聲請，如事前不知，於發票人之繼承人抗告後始知悉，抗告法院自應撤銷原裁定，駁回執票人之聲請。
乙說：票據法第123條既限定執票人向本票發票人行使追索權時，得聲請法院裁定後強制執行，則對於本票發票人以外之人行使追索權時，即不得適用該條規定逕請裁定執行，故本問題應採否定說，不應准許。
結論：採乙說。
座談機關：台灣高等法院。
司法院第一廳研究意見（司法院72.1.29.(72)廳民三字第0078號復台灣高等法院函）：
票據法第123條所定執票人就本票聲請法院裁定強制執行事件，係屬非訟事件，故法院於為准駁之裁定時，僅能依該法條之規定，就形式上審查聲請人是否為本票執票人，能否行使追索權，相對人是否為本票發票人等項而決定之。至於相對人是否為本票發票人之繼承人，已否拋棄繼承等項，則屬確定實體上法律關係之問題，殊非於非訟事件所得審究，研究結果採乙說，核無不當。
最高法院77台抗345號判例要旨：「查本票執票人依票據法第123條規定，聲請法院裁定許可對發票人強制執行，係屬非訟事件，該法條既限定執票人向發票人行使追索權時，始得聲請法院裁定後強制執行。從而對本票發票人以外之人，即不得援用該條規定，對之聲請裁定執行。發票人死亡後，其繼承人依民法第1148條規定，雖自繼承開始時，承受被繼承人（發票人）財產上之一切權利義務，對執票人有同一票據債務，但執票人僅得依訴訟程序而為請求，尚不得依上開票據法規定，聲請對發票人之繼承人裁定執行。」

（三）須由本票執票人聲請

票據係屬有價證券，其權利之發生、移轉或行使，均與票據有不可分離之關係，因之必須執有票據之人始得主張票據上所表彰之權利。故本法第123條規定執票人對於發票人得就本票聲請法院裁定後強制執行。又本票執票人於取得准予強制執行之本票裁定後，若不再執有本票，即不得再對其發票人行使追索權[12]。另本票執票人於本票喪失經法院除權判決，縱該除權判決之聲請人為執票人，然因其已喪失本票之占有，形式已非本票執票人，即與本法第123條規定要件不符，不能依該條規定聲請法院裁定後強制執行[13]。

---

12 最高法院82台上2619號判決要旨：「按票據係完全的有價證券，即表彰具有財產價值之私權的證券，其權利之發生、移轉或行使，均與票據有不可分離之關係，執有票據，始得主張該票據上所表彰之權利。故主張票據債權之人，應執有票據始可，如其未執有票據，不問其原因為何，均不得主張該票據權利。本件上訴人雖主張其對被上訴人有前開本票債權存在，惟查上訴人已將系爭本票交還被上訴人，現已不再執有，為原審確定之事實，縱然上訴人已取得准許強制執行裁定之執行名義，因其無確定實體上法律關係之效力，依上開說明，上訴人應已不再對被上訴人享有系爭本票債權。」

13 法律問題：本票執票人於本票遺失經法院除權判決後（除權判決之聲請人係執票人），其欲向本票發票人行使追索權時是否得依票據法第123條之規定，聲請法院裁定後強制執行？（司法院司法業務研究會第三期研討結論）

研討意見：

甲說：（否定說）本票遺失經法院除權判決後，該本票已由法院宣告無效，除權判決之聲請人現已未執有該本票而非執票人，而票據法第123條明定執票人才可聲請，其既非執票人自不能依該條聲請法院裁定後強制執行。

乙說：（肯定說）除權判決後，聲請人對於依證券負義務之人得主張證券上之權利，此民事訴訟法第565條第1項定有明文。而除權判決聲請人於向本票發票人行使追索權時，依票據法第123條規定聲請法院裁定後強制執行，即係對證券負義務之發票人主張證券上之權利，揆諸首開民事訴訟法規定之旨，應得聲請法院裁定後強制執行才合理。

結論：多數採甲說。

司法院第一廳研究意見：民事訴訟法第565條第1項固規定「除權判決後，聲請人對於依證券負義務之人得主張證券上之權利」，惟所謂「證券上之權利」，係指實體法之權利，就本題而言，即指本票之付款請求權及償還請求權（追索權），應向本票債務人主張或起訴主張，至票據法第123條規定執票人向本票發票人行使追索權時，得聲請法院裁定後強制執行，係屬非訟事件程序，既無確定實體法上權利存否之效力，非訟法院於裁定時自無庸審究聲請人在實體法上是否確有其權利，僅形式上審查其是否為本票執票人為已足。茲公示催告聲請人既已喪失本票之占有，形式上已非本票執票人，即與票據法第123條聲請裁定本票強制執行之要件不符，研討結論採甲說，核無不合。

四、聲請裁定得追索之金額

（一）執票人向本票發票人行使追索權時，得請求：1. 被拒絕付款之本票金額，如有約定利息者，其利息；2. 自到期日起如無約定利率者，依年利六釐計算之利息；3. 作成拒絕證書與通知及其他必要費用（票§124準用§97I）。

（二）本票上未記載對票據金額支付利息及其利率，聲請裁定得一併請求自到期日起之法定利息[14]。

（三）見票即付或視為見票即付並記載免除作成拒絕證書之本票，若未提示，其遲延利息之聲請將被裁定駁回；如已提示則自提示日起算之法定遲延利息亦得聲請裁定[15]。

（四）本票上若有違約金之記載不得聲請裁定後強制執行[16]。

---

14 法律問題：本票未載利息，其執票人依票據法第123條之規定聲請強制執行時，得否請求自到期日起之法定遲延利息？

結論：查本票執票人向發票人行使追索權時，得請求之所有金額均得依票據法第123條之規定聲請法院裁定准予強制執行，此觀該條條文不難明瞭，而本票執票人向發票人行使追索權時得請求之金額除被拒絕付款之本票金額外，包括自到期日起之法定遲延利息在內（同法第124條準用第97條第1項第2款），故本票執票人就自到期日起之法定遲延利息部分亦得依同法第123條規定，聲請法院裁定准予強制執行。（司法院非訟事件法令暨法律問題研究彙編（二）七、票據事件第3則）

15 法律問題：某甲執有某乙簽發之本票乙張，有免除作成拒絕證書之記載，僅有發票日而無利息約定及到期日之記載，某乙向法院聲請強制執行，除票面金額外，所請自發票日起之法定利息，應否准許？

結論：本票依票據法第124條準用同法第97條第1項第2款規定，自到期日起如無約定利率者，依年利6釐計算之利息（利率管理條例為此條之特別法，依該條例第6條規定，應依中央銀行核定放款日折二分之一計算），本件本票既無到期日之記載，則依票據法第120條第2項規定，視為見票即付，因此某乙聲請法院裁定准予強制執行之金額，除票載金額外，僅得請求自提示日起計算之法定利息，逾此部分之請求，應予駁回。甲說謂利息應自發票日起算，乙說謂應自聲請之日起算，均有未合。如本票未提示時，自請求付款日起計算法定利息，當為法之所許。（高院67年法律座談會彙編民事類提案第15號）

16 法律問題：本票記載有逾期違約金時，關於違約金部分可否依票據法裁定強制執行？

結論：（一）票據法第12條規定：「票據上記載本法所不規定之事項者，不生票據上之效力。」違約金為票據法所不規定之事項，本票上之違約金記載自不生票據上之效力，即不得依票據法第123條之規定，併就違約金裁定強制執行。（二）依票據法第124條，準用第97條之結果，行使追索權之範圍亦不包括違約金在內；故執票人為違約金之請求，僅得依民法為之，而不得依票據法為請求。（司法院非訟事件法令暨法律問題研究彙編（二）七、票據事件第2則）

五、本票裁定之管轄法院

本票准予強制執行之裁定應由本票上所記載之付款地之法院管轄（非訟§100）。本票上未記載付款地者，應由本票上所記載之發票地之法院管轄（票§120V規定，未載付款地者，以發票地為付款地）。本票上既未記載付款地亦未記載發票地者，應由發票人之營業所、住所或居所所在地之法院管轄（票§120IV規定未記載發票地以發票人之營業所、住所或居所所在地為發票地）。

另本票執票人聲請法院裁定後強制執行案件，係屬非訟事件，依非訟事件法第100條規定，專屬票據付款地之法院管轄，無管轄權之受理法院，不得依職權或聲請裁定移送於管轄法院。

六、本票裁定之效力

（一）本票裁定僅取得執行名義，執票人將本票經裁定對發票人財產強制執行後雖得將本票轉讓與他人，受讓人不得再以同一本票聲請法院裁定強制執行，以免同一債權有二個執行名義[17]。

（二）本票裁定不能視為起訴，民事訴訟法第244條規定起訴，自係指依訴訟程序提起訴訟以確定其私權之存在而取得給付之確定判決而言，應不包括其他。故債權人依本法第123條向法院聲請裁定而強制執行之情形，自不包括在內[18]。

（三）法院依本法第123條規定，所為許可強制執行之裁定，不待確定，即有執行力[19]。縱使發票人對該裁定抗告表示不服，依法仍無停止執行之效力；且受理抗告之法院為裁定時，仍係就本票形式上審查本票是否有效，並未從實體上調查本票之債權是否合法存在。因此發票人抗告時，如主張實體上之原因時，如清償、債權時效消滅，本票被偽造、變造或執票人惡意取得等，因抗告法院無法實體審查，未來發票人之抗告大都仍將

---

17 最高法院69台抗344號裁定。
18 最高法院65年1月20日、65年度第一次民庭庭推總會議決議（一）。
19 最高法院54台抗648號裁定。

駁回，並無實益。發票人如不服裁定時，既無法利用抗告程序主張實體上之原因，則當應依訴訟程序解決，例如主張債務已清償，本票係被偽造或變造等情形，提起確認債權不存在之訴訟，俾解決雙方之爭執。

依非訟事件法第101條規定，發票人如主張本票係偽造、變造者，應於接到本票裁定後二十日內對執票人向裁定法院提起確認本票債權不存在之訴；發票人說明依前項規定提起訴訟時，執行法院應停止強制執行，但得依執票人聲請許其提供相當擔保繼續強制執行，亦得依發票人聲請，許其提供相當擔保，停止強制執行。但須注意如發票人超過二十日之期間始提起該訴訟時，縱使通知執行法院已經起訴，執行法院依規定仍無法停止強制執行。本票為無因證券，僅就本票作成前之債務關係，無庸證明其原因，本票本身是否真實，即是否為發票人所作成，應由執票人負證明之責，此觀民事訴訟法第277條規定之法理至明[20]。又依法律要件分類說，法律關係發生之特別要件者，在消極確認之訴，應由被告就其存在負舉證責任，即確認本票債權不存在之訴，如執票人主張其法律關係存在時，應由執票人負舉證責任[21]。

另如發票人主張本票債務已清償或執票人惡意取得，而提起確認債權不存在之訴時，無論發票人是否在法定二十日內提起訴訟，皆須發票人提供擔保，始可停止執行。依強制執行法第14條規定，確認本票債權不存在之訴，仍具起訴實益[22]。蓋債務人異議之訴，其性質通說係採形成之訴說[23]，其訴訟標的為債務人在程序上之異議權，判決確定後，理論上對於發生異議事由之法律關係之存否應無既判力。但實務見解認為異議之訴於

---

20 最高法院65年度第六次民庭庭推總會議決議（一）。另參照50台上1659號（支票）、86中簡2808。

21 司法院院字第2269號、最高法院65年度第六次民庭庭長會議決議（一）、50台上1659號、42台上170號。陳榮宗，本票偽造之舉證責任分配，法令月刊，第30卷第1期，第9-11頁，1979年1月，認為應由主張本票係偽造而提起確認本票係偽造或本票債權不存在之訴之發票人，就本票偽造之事實，先負舉證責任。

22 陳樹村，強制執行法第十四條修正後之確認本票債權不存在之訴，司法周刊，第847期，版2，1997年10月8日，認已乏起訴實益應以債務人異議之訴代替。

23 陳榮宗，強制執行法，第164頁，三民，1999年11月。實務見解理論缺失，參見楊與齡，強制執行法論，第238-241頁，自版，1997年7月。

實施執行時[24]始得提起,在未改變前仍有被執行之虞,故發票人有預為訴訟之必要。

(四)本票依本法第123條規定,對發票人所為之裁定,無既判力[25],因此執票人於法院准許裁定後,需再依民事訴訟程序以訴主張請求裁決,不生一事不再理問題[26]。

(五)本票執票人聲請法院裁定提供擔保後,得對本票發票人實施假扣押,嗣法院准許本票強制執行確定,執票人聲請返還擔保金,法院尚不得准許,因本票強制執行裁定確定後,發票人仍可提起確認本票債權不成立之訴,有勝訴之可能,如准予返還擔保金,債務人有受損害之可能,故不應准許,仍有擔保之必要。

(六)本票裁定後,執票人將本票債權讓與第三人者,受讓人得否主張其為特定繼受人聲請強制執行,在舊強制執行法時期,因強制執行法並未規定執行力之主觀範圍,故實務上認本票裁定之執行力,僅及於一般繼受人而不及於特定繼受人,但新強制執行法第4-2條第2項規定確定判決以外執行名義之執行力,準用確定判決之規定,則本票裁定後之特定繼受人,亦應為執行力之所及。

(七)執票人對發票人聲請本票裁定強制執行為非訟事件,對於發票人之繼承人因是否已拋棄繼承等均屬實體上法律關係之審認,故不得逕對繼承人聲請裁定強制執行。

(八)本票經除權判決,原執票人不可聲請裁定強制執行,因本票裁定為非訟事件,非實體判決,而票據上之權利,係指付款請求權及償還請求權,應依起訴主張之,聲請人雖經除權判決,但已失去本票執有人之占有,更不得聲請裁定強制執行。

(九)債務人異議之訴

本票發票人已向債權人清償票款,未將本票收回,債權人復持已受

---

24 最高法院20上1990號判例。
25 最高法院59台上781號判決。
26 最高法院61台上1617號判決。

清償之本票，向法院聲請裁定取得執行名義[27]，或准許本票強制執行之裁定，該本票係偽造[28]、變造，因非執行名義成立後之消滅或妨礙債權人請求之事由，本票發票人得依強制執行法第14條第2項提起債務人異議之訴。

七、本票裁定與追索權之時效

（一）本票裁定准予強制執行之聲請並無中斷時效之效力，依民法第129條規定：「消滅時效，因下列事由而中斷：一、請求。二、承認。三、起訴。下列事項，與起訴有同一效力：一、依督促程序，聲請發支付命令。二、聲請調解或提付仲裁。三、申報和解債權或破產債權。四、告知訴訟。五、開始執行行為或聲請強制執行。」而本票裁定准予強制執行之聲請，並非上述所規定中斷時效之事由，自不生中斷時效之效力。

（二）本票裁定聲請強制執行無結果，經執行法院發給債權憑證，其所表彰追索權之消滅時效期間，自法院發給債權憑證之日起重行起算期間為三年，並非五年。因准許對本票發票人強制執行之裁定並非確定判決，亦非與確定判決有同一效力之執行名義，其所確定之票款償還請求權之原有消滅時效期間，自不得適用民法第137條第3項規定自中斷而重行起算為五年。

（三）執票人對本票發票人之追索權，消滅時效期間不因取得本票裁定而重行起算為五年，依民法第137條第3項規定「經確定判決或其他與確定判決有同一效力之執行名義所確定之請求權，其原有消滅時效時間不滿五年者，因中斷而重行起算之時效期間為五年。」查與確定判決有同一效力之執行名義，均屬法律所規定者如 1. 法院和解筆錄（民訴§380）及調解筆錄（民訴§416）、2. 支付命令（民訴§521）、3. 仲裁判斷（仲裁§37）及 4. 經法院核定之鄉鎮市調解委員會調解書（鄉鎮市調解條例§24）等執行名義。然法院依本法第123條規定所為本票裁定，既非確定

---

27 最高法院68年度第十次民事庭庭推總會議決定（一），85年度第十六次民事庭會議決議不再援用。

28 最高法院69台上3989號判決（83年6月7日第七次民事庭會議決議不再援用）。

判決，亦非與確定判決有同一效力者，則所表彰之票款償還請求權（追索權），其原有消滅時效期間即不生因中斷而重行起算為五年之期間。

八、本票許可強制執行聲請狀範例

聲請裁定本票強制執行狀				
案號	年度　　字第　　　　號		承辦股別	
訴訟標的 金額或價額	新臺幣　元			
稱謂	姓名或名稱	依序填寫：國民身分證統一編號或營利事業統一編號、性別、出生年月日、職業、住居所、就業處所、公務所、事務所或營業所、郵遞區號、電話、傳真、電子郵件位址、指定送達代收人及其送達處所。		
聲請人 （即債權人）	○○○	國民身分證統一編號（或營利事業統一編號）： 性別：男／女　　生日：　　　職業： 住： 郵遞區號：　　　　　電話： 傳真： 電子郵件位址： 送達代收人： 送達處所：		
相對人 （即債務人）	○○○	國民身分證統一編號（或營利事業統一編號）： 性別：男／女　　生日：　　　職業： 住： 郵遞區號：　　　　　電話：		

		傳真：
		電子郵件位址：
		送達代收人：
		送達處所：

為聲請裁定本票強制執行事：

聲請事項

一、裁定相對人簽發如附表所載本票金額新臺幣○○○元整，及自提示日起至清償日止按週年利率百分之○的利息，准予強制執行。

二、聲請程序費用由相對人負擔。

事實及理由

　　聲請人持有相對人簽發如附表所載的本票○張，均已屆期，經提示未獲付款。聲請人雖屢為催討，仍未蒙置理。為此依據票據法第123條、非訟事件法第194條規定，聲請裁定准予強制執行，以保權益。

　　此　致

○○○○○○法院　公鑒

| 證物名稱及件數 | 本票正本○張。 |

中　華　民　國		年	月	日
		具狀人		簽名蓋章
		撰狀人		簽名蓋章

第八節　追索權之問題研究

問題
　　支票未經向付款人為付款之提示，其執票人逕向法院起訴，向發
票人行使追索權，請求給付票款及利息，有無理由？

研析意見

　　有下列二說：

　　甲說：按支票之性質為提示證券，依本法第130條規定，支票之執票
人應於該條所定期限內為付款之提示。同法第131條第1項亦規定：「執票
人於第130條所定提示期限內，為付款之提示而被拒絕時，得對前手行使
追索權……」，均明示其應為付款之提示，及為付款之提示而被拒絕時，
始得對前手行使追索權。再依本法第144條準用同法第95條規定：「匯票
上雖有免除作成拒絕證書之記載，執票人仍應於所定期限內為承兌或付款
之提示……」尤明定支票應為付款之提示。同法第133條復規定：「執票
人向支票債務人行使追索權時，得請求自為付款提示日起之利息……」，
亦明示利息之起算日為付款提示日，如不為付款之提示，利息之起算，亦
無所據。又發票人簽發支票交付受款人（執票人），實含有請其向銀錢業
者兌領款項之意，而受款人受領支票自亦含有願向該銀錢業者提示付款之
默示存在，從而其不為付款之提示，自係違背提示付款之義務，依誠信原
則，當不得逕向發票人請求給付票款。

　　乙說：按本法第132條規定：「執票人不於第130條所定期限內為付
款之提示，或不於拒絕付款日或其後五日內，請求作成拒絕證書者，對於
發票人以外之前手，喪失追索權。」依其文意，則執票人縱不於法定期限
內為付款之提示，或不於拒絕付款日或其後五日內請求作成拒絕證書，對
於發票人仍得行使追索權，不問其後補行提示或請求作成拒絕證書與否，
對於發票人均不喪失追索權。又依同法第134條但書規定，執票人怠於提
示，致使發票人受損時（例如，執票人怠於提示，嗣因付款人倒閉，致

存款僅得按成數攤還），祇發生賠償責任，其賠償金額不得超過票面金額而已，並非謂執票人已不得向發票人請求給付票款，蓋執票人倘不得請求給付票款，即不發生該條但書所定「其賠償金額，不得超過票面金額問題」。又實務上亦持相同見解，最高法院52年度台上字第476號判決及司法行政部57.9.3.台57令民字第5540號令（見司法院71年3月出版之民事確定裁判指正彙編，第319頁）均認為向發票人行使追索權，並非必須經提示付款，不獲兌現後，始得為之。再最高法院60年台上字第1586號判決認為「發票人應否擔保支票之支付，不以發票人在付款人處預先開設戶頭為準，苟已在支票簽名或蓋章，表示其為發票人，縱未在付款人處預為立戶，仍應擔保支票之支付」。易見執票人向發票人行使追索權，毋庸先經付款之提示，否則，如必須先為付款之提示，則上開情形，其發票人既未在付款人處開設戶頭，執票人將無從為付款之提示。未查支票之發票人為支票之最後償還義務人，其付款責任為絕對的，除已罹於時效外，無拒不負票據責任之理由，因此執票人雖未為付款之提示，亦不喪失其對發票人之追索權。

　　最高法院71年5月4日第八次民事庭會議決議採甲說，亦即發票人簽發支票交付受款人（執票人），實含有請其向銀錢業者兌領款項之意，而受款人受領支票自亦含有願向該銀錢業者提示付款之默示存在，從而其不為付款之提示，自係違背提示付款之義務，依誠信原則，當不得逕向發票人請求給付票款。

第十二章　複本（票§114-117）

第一節　複本之意義及作用

　　複本係匯票發票人就單一之匯票關係所作成之數份票據證券，此數份證券之每份稱之為複本。此僅為匯票所持有之制度，亦為世界各國所採[1]，其作用在防止票據之喪失及便於匯票之提示承兌期間，能輾轉流通。複本發行時間，容或有先有後，但各份相互間並無正副主從之關係，其於法律上各具獨立之效力，惟數份複本合為一個權利義務關係，原則上凡其中一份已為付款，則他份即失效力。茲分述如後：

一、預防匯票之喪失

　　例如在台北市之某甲執有居於花蓮某乙為付款人之匯票乙張，由於台北與花蓮相距甚遠，甲如寄往乙處提示承兌或付款時，途中常易發生遺失，若於發行匯票時，有數份複本，甲分別交郵二次寄交乙處，則可避免遺失之情形。

二、便於匯票之流通

　　一般匯票之執票人與付款人處所多相距甚遠，寄送匯票提示承兌，來往耗時甚久有礙執票人之轉讓，如於發行匯票之時，有數份複本，則執票

---

[1] 美國統一商法第3-801條：「匯票係以複本發行者，每份均應編列號碼並明確載明僅於其他複本未經付款或承兌時始為有效。複本各份構成單一匯票，但任何一份複本之取得者均得成為該匯票之正常程序執票人。」
　　英國票據法第71條：「凡匯票成套開立者，該套匯票之每一部分均應編列號碼，並應包括一項索引以便與其他部分參照，各部分總合形成一匯票。」
　　日本票據法第64條：「匯票得發行數份之複本。複本應於該證券文言中編列號數，未經編列號數者，各份視為獨立之匯票。」

人可將乙份複本請求承兌，而將正本背書轉讓流通，承兌與背書可同時進行，對促進匯票流通助益甚大。

第二節　複本之發行及款式

匯票之受款人得自行負擔費用請求發票人發行複本，但受款人以外之執票人請求發行複本時，須依次經由其前手請求之，並由其前手在各複本上為同樣之背書。前項複本之發行份數以三份為限。

複本非但應與原本相同，且各複本所記載亦應一致，為期區別起見，各複本上均應標明複本字樣並編列號數以資識別，若未編列號數並載明複本字樣，則對於此種形式已具之票據，他人將無從判斷各複本相互間之關係，依本法第115條規定，該複本即應視為獨立之匯票，各簽名於票據上之債務人應就各該匯票分別負擔保承兌及付款之責。

第三節　複本之效力

一、付款之效力

複本為原本之複製，由發票人簽名其上，其與原本之法律地位完全相同，複本雖有多份，但票據關係則僅有一個，執票人如已就一本實現其權利時，其票據上權利即歸於消滅，其他複本原則上亦一律失效，故票據債務人對於多數複本亦僅負擔一個票據義務，但承兌人對於經其承兌而未取回之複本應負其責。

二、轉讓之效力

背書人將複本分別轉讓於二人以上時，對於經其背書而未收回之複本應負其責。另複本各份背書如轉讓與同一人者，該背書人為償還時得請求執票人交出複本之各份。但執票人已立保證或提供擔保者不在此限，俾避

免執票人之前手不知有清償之事實，而另就其他複本為清償。

三、追索之效力

為提示承兌送出複本之一者，應於其他各份上載明接收人之姓名或商號及其住址，俾後手知其所在。匯票上有前項記載者，執票人得請求接收人交還其所接收之複本。接收人拒絕交還時，執票人非以拒絕證書證明下列各款事項，不得行使追索權：

（一）曾向接收人請求交還此項複本而未經其交還。

（二）以他複本為承兌或付款之提示，而不獲承兌或付款。

第十三章　謄本（票§118-119）

第一節　謄本之意義及作用

　　謄本係匯、本票執票人以背書或保證為目的，依照票據原本所作成之謄寫本，俗稱草票，被謄寫之匯票稱原本。謄本為原本之謄寫本，其作用與複本相似，主要在助長票據之流通，但二者在票據法上之地位及效力則有不同，複本為發票人所製作並發行，各複本間之效力完全相等，謄本則為執票人所製作，其本身並無票據之效力，僅作為原本之補充，非與原本一起不能行使或主張票據上權利，法律採行謄本之目的，除助長票據之流通外，其實益在原本送承兌時，得在謄本上為背書與保證之行為時見之。本制度為日內瓦國際統一票據法所規定，亦為大陸法系各國票據法所採用[1]。

第二節　謄本之發行及款式

　　謄本之發行，自受款人以下之執票人均有權為之，但應於謄本上標明謄本字樣以免與原本相混，否則有被認為偽造而負刑事責任之危險，製作謄本應謄寫原本上之一切事項，包括票據文義、發票、背書、承兌、保證及參加承兌與已載明於票據或其黏單上之一切約定或禁止事項，並註明迄於何處為謄寫部分，俾與票據上非謄寫部分相劃分，執票人就票據作成謄本時，應將已作成謄本之旨記載於原本，俾其後於受讓票據時得以明瞭已作成謄本之事實。

1　日本票據法第67條：「匯票執票人有作成謄本之權利。謄本應正確謄寫背書其他原本所載一切事項，並註明迄於何處為謄寫部分。謄本得依與原本同一方法為背書及保證，並與原本有同一之效力。」

第三節　謄本之效力

一、背書及保證之效力

　　票據行為除發票、承兌及拒絕證書之作成本法已另有規定外，其他票據行為如背書、保證均可在謄本上為之，其效力與在原本上所為者相同。

二、追索權之效力

　　為提示承兌送出原本者，應於謄本上載明原本接收人之姓名或商號及其住址。匯票上有前項記載者，執票人得請求接收人交還原本。接收人拒絕交還時，執票人非將曾向接收人請求交還原本而未經其交還之事由，以拒絕證書證明，不得行使追索權。

第四節　謄本與複本相異處

項　目	謄　本	複　本
發行人	由執票人為之。	限發票人。
適用範圍	適用於匯票及本票。	僅適用於匯票。
發行份數	無限制。	以三份為限。
作用	助長票據之流通。	預防票據之喪失及便於票據之流通。
效用	限於背書及保證票據行為。	可為一切票據行為。
發行款式	應謄寫原本一切事項，並標明謄本字樣及註明迄於何處為謄本部分。	應記載與原本相同文句，標明複本字樣及編列號數。

第十四章　空白授權票據（票§11）

第一節　空白授權票據之意義

近年來由於經濟繁榮及貿易發達，工商業者基於實際交易之需要，當事人簽發票據當時對於票據上部分應記載之事項無法即時確定，須俟日後始能補充，乃由發票人先於票據上簽名蓋章後，將記載不完全之票據先行交付他人，日後由該人於應記載事項確定後再行補充填載，謂之空白授權票據。換言之，空白授權票據係就未完成之票據附有空白補充權，日後得依補充權之行使而變成完全票據，與一般已完成但因欠缺應記載事項致無效之不完全票據有所不同。英國統一商法稱為未完成票據（Incomplete Instrument）[1]，日本票據法稱為白地手形[2]。

第二節　空白授權票據發生之原因

空白授權票據係經濟繁榮、貿易發達之產物，當事人簽發票據，在簽發當時可能票據上某些應記載事項無法即時確定，而為了交易目的，事實上又有簽發票據之必要，乃由發票人先於票據上簽名或蓋章後，將記載不完全之票據交付與他人，由該他人在應記載事項確定後補充填載，此即為空白授權票據發生之原因。

一般空白授權票據發生之原因，大致上可分為下列數種：

一、甲向乙連續購貨，由於總數量無法及時確定，甲基於對乙之信

1　美國統一商法第三章第115條：「文件之內容顯示，於簽發之初，即意圖成為票據者，如於其任何必要部分未記載完全時，即行簽名，則於記載完全前，不能行使票據權利，但於依照所賦予之授權予以記載完全後，則與記載完全之票據，有同一效力。」

2　日本票據法第10條：「於未完成而發行之匯票為異於事先約定之補充時，不得以其違反對抗執票人。但執票人因惡意或重大過失取得匯票者，不在此限。」

用,由甲簽發未載金額及日期之票據交付與乙,日後由乙於總金額確定後自行填入金額及日期。

　　二、甲向乙銀行貸款,因採浮動利率,利息金額不確定,乃由甲先行簽發未載金額之本票交付乙,由乙於貨款清償期屆至後再將金額欄填入本息總額。

　　三、甲商號之經理乙奉派赴南部收購貨物數批,由於金額尚不確定,甲商號乃簽發已蓋妥甲商號負責人印章未載金額及日期之票據若干張,由乙依各批交易實際買賣金額分別填入各批金額及日期交付賣方。

　　四、甲係乙所組民間互助會會員,甲於得標後,將其每月十五日定期應繳之會款,簽發未記載發票期日之支票若干張,交與會首乙,授權乙按每月十五日補填以作為交付每月會款之方法[3]。

---

3 最高法院70年7月7日民事庭會議:
　院長提議:甲乙二人均係丙所組民間互助會會員,甲於得標後,將其每月十五日定期應繳之會款,簽發未記載發票期日之支票若干張,交與會首丙,授權丙按每月十五日補填以作為交付每月會款之方法,未幾乙亦得標,丙即將甲簽發上開支票乙張,未填補發票期日逕交與乙作為得標會款之一部分,乙乃按該月十五日自行填入發票期日,屆期持票往兌而遭退票,遂訴請甲清償票款,有無理由,有下列二說:
　甲說:「按支票為要式證券,支票之作成,必依票據法第125條第1項第1款至第8款所定法定方式為之。支票之必要記載事項如有欠缺,除票據法另有規定(如票§125II、III),其支票即為無效(票§11I)。發票年月日為支票絕對必要記載事項,如未記載,其支票當然無效。」本院63台上2681號著有先例。雖同法第11條第2項:「執票人善意取得已具備本法規定應記載事項之票據者,得依票據文義行使權利,票據債務人不得以票據欠缺記載事項為理由,對於執票人主張票據無效。」然究以善意取得已經具備票據法規定應記載事項之票據為前提,始生票據債務人不得對抗之問題。本件乙取得系爭支票時,既明知(惡意)欠缺發票期日之記載,自難謂為善意取得已具備票據法規定應記載事項之票據。且甲亦未授權乙補填發票期日,從而甲自得以票據無效對抗乙,乙之請求為無理由。
　乙說:依62年票據法第11條第2項之修正理由:「票據上記載之事項,欠缺本法所規定事項之一者,除本法別有規定外,其票據無效。但當事人間有基於事實上需要,對於票據上部分應記載之事項不能即時確定,須俟日後確定始能補充者宜容許發票人先行簽發票據,交由他人依事先之合意補填,以減少交易上之困難。……此種輾轉讓與他人之票據,經他人依事先之合意予以補填,發票人仍應依票據文義負責。惟為防止糾紛,明定票據債務人不得以票據原係欠缺記載事項為理由,對於執票人善意取得之票據,主張無效。」(見立法院司法、財政、經濟三委員會聯席審查票據法部分條文之報告)。故該條文中雖未明白規定空白授權票據之字樣,但在實際上已予承認。且以承認空白授權票據為前提,而為防止逾越補填之糾紛,乃有該第11條第2項之增訂。既已承認票據發票人可依票據法第11條第2項發行空白票據,以因應經濟繁榮,貿易發達之需要,使此種輾轉讓與他人之票據,經該他人依事先約定之合意予以補填,苟非違背或逸出事先約

第三節 空白授權票據之法據及效力

　　民國62年本法修正時，財政部從台北市銀行公會建議，仿外國立法例，採空白票據授權補充記載主義，於本法第11條第2項增設票據債務人不得以原係欠缺應記載事項為理由，對於善意執票人主張票據無效之規定[4]。當時財政部之修正草案原為「欠缺本法所規定票據上應記載事項之一者，其票據無效。但本法另有規定或發票人發票時授權補充記載完成者，不在此限。」而立法院審議時則將「或發票人發票時授權補充記載完成」等字樣刪除，而增訂第11條第2項：「執票人善意取得已具備本法規定應記載事項之票據者，得依票據文義行使權利；票據債務人不得以票據原係欠缺應記載事項為理由，對於執票人主張票據無效。」雖然立法院關於上開條文之修正理由中明白揭示「票據上應記載之事項，欠缺本法應記載事項，其票據無效。但當事人間有基於事實上需要，對於票據上部分應記載之事項，不能即時確定，須俟日後確定始能補充者，宜容許發票人先行簽發票據，交由他人依事先之合意補填，以減少交易之困難。……此種輾轉讓與他人之票據，經他人依事先之合意予以補填，發票人仍應依票據文義負責。惟為防止糾紛，明定票據債務人不得以票據原係欠缺記載事項為理由，對於執票人善意取得之票據，主張無效。」故該條文雖未明白規定空白授權票據之字樣，但在實際上以已予承認，且以承認空白授權票據為前提，而為防止逾越補填之糾紛，乃有本法第11條第2項之增訂，既已

　　定之合意，或縱已違背或逸出而為補填，如執票人為善意者，則發票人仍應依票據文義負責。本件乙輾轉取得系爭之空白授權支票，且依事先合意即每月十五日補填發票日期，依法並無不合。乙訴請甲清償票款，應認為有理由。

　　決議：採甲說。

4　票據法第11條第2項於62年5月28日票據法修正理由為：「我國近年來，經濟繁榮，貿易愈見活躍，當事人間基於事實上之需要，對於票據上部分應記載之事項，有因不能即時確定，須俟日後確定時始能補充者，似宜容許發票人先行簽發票據，交由他人依事先之合意補填，以減少交易上之困難。此種情形，依原有票據法第11條之規定，其票據係屬短文，茲特仿日內瓦國際統一票據法及英美票據法例，於同條增訂第2項，承認空白授權記載票據，以資適應……」行政院修正草案第1條第2項亦為：「前項經授權補充記載完成之票據，票據債務人不得以未依授權意旨記載之理由對抗善意執票人。」均強調空白授權票據的地位。

承認票據發票人可依本法第11條第2項發行空白票據,以因應經濟繁榮,
貿易發達之需要,使此種輾轉讓與他人之票據,經該他人依事先約定之合
意予以補填,苟非違背或逸出事先約定之合意,或縱已違背或逸出而為補
填,如執票人為善意者,則發票人仍應依票據文義負責。惟純就現行規定
言,第11條第2項之規定僅係關於善意執票人得為權利之行使及債務人抗
辯權之限制規定,似側重善意執票人之保護,至於能否以此一規定作為現
行票據法已承認空白授權之法據尤以被授權補充完成票據應記載事項之受
款人,於依授權意旨代填後,能否取得票據權利,實務上仍有不同見解。

　　法院實務上關於空白授權票據之效力,有肯定說與否定說,在62年
本法修正前,最高法院49年台上字第555號判決明白表示「空白票據之發
行,顯為法所不許,縱令發票人授予上訴人以補正權,亦屬自始無效」,
而最高法院48年台上字第752號及60年台上字第2462號判決則肯定空白授
權票據之效力。民國62年以後則有67年台上字第3896號判決肯定空白授權
票據之效力,其意旨略以「授權執票人填載票據上應記載之事項在法律上
並未限於絕對應記載事項,即相對的應記載事項亦可授權為之,本票應記
載到期日而未記載固不影響其本票效力,但非不可授權執票人填載之。」
另最高法院52年台上字第3622號、60年台灣高等法院暨所屬法院民庭庭長
座談會決議以及大部分學者,則均認定所謂空白授權票據僅限於發票人委
託受款人(發票人之直接後手)補充填載票據應記載事項之票據,在發票
人委託第三人補充填載票據應記載事項之票據,依照民法代理之規定,發
票人仍應負授權人之責任,即此種票據仍為有效。

　　空白票據係由發票人委託受款人(發票人之直接後手)補充填載票
據應記載事項,或委託受款人(發票人之直接後手)以外之第三人補充填
載票據應記載事項,前者一般學者稱之為空白授權票據,後者則歸入票據
行為代理之問題;簡言之,所謂空白授權票據係發票人在票據上簽名或蓋
章後,沒有完全記載本法所規定之票據應記載事項,而授權受款人(發票
人之直接後手)依雙方之合意補充填載之票據。所謂票據行為代理即發票
人委託受款人(發票人之直接後手)以外之第三人簽發票據或補充完成票
據應記載事項。作者個人認為不論是委由受款人(發票人之直接後手)或

以外之第三人補充填寫應記載事項之票據，於補充填寫完成後，不論對發票人、被授權填載之人或由被授權填載之人處取得票據之人應均屬有效，因本法並無排除適用民法有關代理或使者之規定，則依民法代理或使者之規定，發票人委託受款人（發票人之直接後手）或第三人補充填載自非法所不許，而於受款人（發票人之直接後手）或第三人補充填載完成後之票據，如未欠缺票據法所規定票據上應記載之事項，自無更適用本法第11條第1項規定成為無效之餘地，從而經發票人授權且已補充填載完成後之票據自應屬有效。依最高法院72年台上字第3359號判例亦支持上述論點，該判例謂：上訴人簽發未記載發票日之訟爭支票，交與會首邱某囑其於每月十二日提示兌領，以清償上訴人應繳死會會款之用，即係以會首為其逐月填寫發票日之機關，該會首因給付會款而轉囑被上訴人填寫發票日完成發票行為，則被上訴人亦不過依上訴人原先決定之意思，輾轉充作填寫發票日之機關，與上訴人自行填寫發票日完成發票行為無異，上訴人不得以訟爭支票初未記載發票日而主張無效，尤不得以伊未直接將訟爭支票交付被上訴人，被上訴人填寫發票年月日完成發票行為，未另經伊之同意，執為免責之抗辯。

　　另由前述修正理由可知，本法第11條第2項增訂之目的原在進一步承認空白授權票據，至少無否認空白授權票據效力之意思，故不能以現行本法第11條第2項之規定作為否認空白授權票據效力之依據。

第四節　空白授權票據善意執票人之權利

　　空白授權票據被授權人補充填載時如完全依照事先之合意而為，自不生問題；如逾越其授權範圍而為填載時，若准許票據債務人抗辯，有違票據文義證券之性質，對票據之流通性產生影響，因之本法規定發票人對於善意之執票人仍應負擔保票據承兌及付款之責任，但該逾越授權範圍之被授權人則除應對發票人負損害賠償責任外，刑事上更應構成偽造有價證券

罪[5]。另空白票據在被授權人補充填載完成前尚非屬有效之票據，因之在無效票據上所為之背書行為亦自非有效，事後縱該票據經補充填載完成，亦不能使原係無效之背書行為變成有效[6]。惟該空白票據嗣後經補充記載完成且由善意之第三人取得時，背書人依本法第11條第2項規定對該執票人仍應負背書責任。

收受空白授權票據常易引起糾紛，發票人若事後反悔，常以該票據已掛失止付，同時控訴對方偽造有價證券，常使執票人吃虧，因之當受款人收受空白授權票據時，應同時要求發票人給予授權書或於票面記載授權金額範圍及日期期限，以免造成日後糾紛，空白授權票據如再為轉讓時，該授權書亦必隨同轉讓，方能發生效力。

另票據權利人如遺失空白票據，由於該票據欠缺本法絕對必要記載事項，即為無效之票據，既為無效之票據，即非證券，自不得依民事訴訟法第539條第1項之規定聲請為公示催告[7]。持有空白票據者不可不慎。

---

5 最高法院69年台上4585號判決及台東地檢處69年第一次司法座談會、台北地院51年5月份司法座談會研究結果。

6 最高法院59台上2334號及65台上984號判決。

7 最高法院68年10月23日68年度第十五次民事庭會議紀錄：

法律問題：空白授權票據（即僅簽名或蓋章之票據）是否有效？票據權利人遺失空白票據，是否得向法院為公示催告之聲請？

討論意見：

甲說：空白授權票據仍應有效。依票據法第11條第2項後段規定：「票據債務人不得以票據原係欠缺應記載事項為理由，對於執票人主張票據無效。」故空白授權票據仍應為有效之票據。既為有效之票據，依票據法第19條第1項自得聲請公示催告。

乙說：空白授權票據須於填載完畢時，始可發生效力，如尚未填載完畢，依票據法第11條之規定應屬無效。既為無效之票據自不可聲請公示催告。

結論：採乙說。

研究意見：票據法第11條第1項規定，欠缺本法所規定票據上應記載事項之一者，其票據無效。而本法就各種票據之各種票據行為，關於一定之金額及發票年月日均為絕對必要記載事項，故雖僅簽名或蓋章之票據應為無效。惟如發票人簽發未記載發票日之票據，交與執票人囑其到期照填，執票人不過依照發票人原先決定之意思，充作填寫發票日之機關，與發票人自行填寫發票日完成簽發票據之行為無異，發票人即不得以票據初未記載發票日而主張無效（最高法院70年7月7日70年度第十八次民事庭會議紀錄參照）。至票據權利人遺失空白票據，該票據既欠缺票據法絕對必要記載事項，即為無效之票據。既為無效之票據，即非「證券」，自不得依民事訴訟法第539條第1項之規定聲請公示催告。

第十五章　票據之抗辯（票§13、14）

第一節　票據抗辯之意義與種類

一、抗辯之意義

　　票據抗辯係指票據債務人基於合法事由拒絕票據權利人所為之請求謂之。一般債權的轉讓，債務人原有得對債權人主張之抗辯事由，均得對抗受讓權利者。然票據貴在流通，倘債務人原有之抗辯事由，皆得對抗受讓之執票人，則執票人之權利將不安定，影響所及，無人願接受票據。為強化票據流通機能，保護執票人權益，本法乃對債務人得主張之抗辯事由加以限制，而規定票據債務人不得以自己與發票人或執票人前手間所存抗辯事由，對抗執票人；但執票人取得票據出於惡意者，不在此限（票§13）。另外，以惡意或有重大過失取得票據者，不得享有票據上的權利。無對價或以不相當對價取得票據者，不得享有優於其前手的權利（票§14）。

二、抗辯之種類

　　票據抗辯依照票據抗辯之事由可分為物的抗辯、人的抗辯及惡意抗辯三種，茲分別說明如下：

（一）物的抗辯

　　亦稱絕對抗辯，此種抗辯票據債務人得以對抗一切票據執票人，並不以特定當事人為限。此種抗辯事由多係基於票據關係本身所產生，縱該執票人善意或無重大過失取得票據，票據債務人仍得對抗之。茲列舉本法規定之抗辯情形如下，如有下列各事由之一，票據債務人對任何執票人均可

表示拒絕付款或清償：

　　1. 票據上應記載事項有欠缺，如簽名、金額、表示票據種類之文字及發票年月日等。

　　2. 票據金額經改寫者。

　　3. 票據係偽造變造者（票§15、16）。

　　4. 票據到期日尚未屆至者。

　　5. 票據行為人欠缺行為能力者（票§8）。

　　6. 票據債務已依法付款而消滅者（票§74）。

　　7. 票據金額已依法提存而消滅者（票§76）。

　　8. 票據債務因時效經過而消滅者（票§22）。

　　9. 票據經除權判決而失效者。

　　10. 票據未於法定期限內作成拒絕證書之保全程序者（但免除作成拒絕證書者例外）（票§86、124、132）。

　　11. 無權代理者（票§10）。

（二）人的抗辯

　　亦稱相對抗辯，即票據債務人與執票人間，因基於特殊關係所得對抗之事由，此種抗辯，僅得對特定之執票人為之；倘執票人有所變更，票據債務人之抗辯即受影響。其情形可分為下列數種：

　　1. 票據權利人欠缺受領能力之抗辯：執票人因破產宣告喪失受領能力，票據債務人得拒絕其付款請求。

　　2. 票據權利人欠缺受領資格之抗辯：記名票據執票人應以背書之連續，證明其權利，否則票據債務得拒絕付款，依本法第71條規定，付款人對於背書不連續之匯票而付款者應自負其責。通常付款人對於背書簽名之真偽及執票人是否票據權利人不負認定之責，但付款人若知執票人係以惡意或重大過失取得票據者，仍可拒絕付款。

　　3. 票據原因關係欠缺之抗辯：票據原因關係是否有效存在，本與票據關係所生之債權無關，惟在直接前後手間，如基於不法原因而收受票

據[1]，或原因關係已消滅，或欠缺對價，或未為對價給付等，票據債務人仍得對抗直接後手之付款請求。

4. 票據發票行為無效之抗辯：票據發票行為應包括簽發及交付兩行為，如票據簽發後尚未交付前遺失或被竊，發票人對善意無過失之執票人仍應負票據上責任，惟對於竊取人或拾得人之付款請求，得以欠缺交付行為為由拒絕付款。

5. 當事人間特別約定之抗辯：票據之收受如在直接前後手間訂有特約者，直接前後手自可依特約抗辯之。例如票據債務之發生或消滅繫於一定事實之特約，如平均分擔債務之特約、延期付款之特約等，當事人自可以此特約抗辯之[2]。另執票人取得支票如係出於惡意，縱已付出相當代價，亦不得享受票據上之權利[3]。

（三）惡意抗辯

1. 以惡意或有重大過失取得票據者

票據債務人不得以自己與執票人前手間所存抗辯事由對抗執票人，但執票人取得票據出於惡意或重大過失者不得享有票據上之權利，因之票據債務人仍得以自己與發票人或執票人之前手間所存抗辯之事由對抗執票人，此種情形學理上稱為惡意或重大過失之抗辯。票據法上所謂「惡意取得」，乃指執票人明知票據債務人對執票人之前手存有得對抗之事由，而

---

1 最高法院46台上396號判決：「上訴人之取得上開支票，顯係基於不法（賭博贏得）之原因，而為惡意取得，被上訴人執此項事由而為上訴人，不得享有票據上權利之抗辯，自為票據法第11條之所許。」
2 最高法院51台上2577號判決：「原判決雖據被上訴人之抗辯以該支票原係上訴人之夫簡某持有，已由簡某連同其他支票共二十一紙，面額共五十二萬六千三百四十三元與被上訴人在台北憲兵隊成立和解，由訴外人伸鐵公司承擔自50年12月起，每月付捌萬元，上訴人當時亦在場，認為雙方已就系爭之支票債務成立由伸鐵公司承擔並免除被上訴人債務之約，上訴人不得再向被上訴人求償為其敗訴判決之理由，惟查系爭支票，既原由伸鐵公司為發票人，而被上訴人則為背書人，依法均負票據法之連帶債務，協議書所定由原發票人伸鐵公司分期清償之辦法，當與第三人訂立承擔債務之契約情形不同，除別有對背書人因而免責之意思外，能否認被上訴人之背書責任即因此而免除，自非無研究之餘地。」
3 最高法院69台上543號判例。

故意收受該票據者而言[4]。惡意抗辯僅得對惡意之票據取得人主張之，故亦屬人之抗辯之一種，但限於因抗辯之限制而受影響之特定票據債務人始得主張之。本法所稱「重大過失」係指對於票據無處分權人取得票據可得而知其無處分權而言；可得而知，意為不知，即有重大過失。票據債務人主張執票人取得支票有惡意或重大過失者，應先就其此項主張負舉證責任，如不能舉證，則執票人前手縱為有惡意或重大過失取得支票，票據債務人亦不得以之對抗執票人[5]。

2. 無對價或以不相當之對價取得票據者

執票人取得面額十萬元之票據係以五千元向第三人承讓而得，則該受讓人於受讓時即使係善意，然此種事實顯然與常理有違，至受讓人取得票據並無對價者，自更無優予保障之必要，故其權利之有無，仍應視其前手本身對票據權利是否完整而定，如其前手原享有完整之票據上權利時，其後手固亦得享有同樣之權利，如其前手不能享有票據上權利時，其後手自亦無權利之可言。總之票據之執票人對於票據債務人主張票據上權利時，不得享有優於其前手之權利。所謂不得享有優於前手之權利，係指前手之權利如有瑕疵（附有人的抗辯），則取得人即應繼受其瑕疵，人的抗辯並不中斷，如前手無權利時，則取得人並不能取得權利而言[6]。

第二節　票據抗辯之限制

民法第299條規定債務人於受通知時，所得對抗讓與人之事由，皆得對抗受讓人，此為民法上繼受前手瑕疵之原則，但票據為流通證券，故對於人之抗辯加以限制，本法第13條規定票據債務人不得以自己與發票人或執票人之前手間所存抗辯之事由，對抗執票人。但執票人取得票據出於惡

---

4 最高法院72台上2838號判決。
5 最高法院71台上440號判決。
6 最高法院68台上3427號判決。

意者，不在此限。茲將票據抗辯情形分述如下：

一、票據債務人不得以自己與發票人間所存抗辯事由對抗執票人

例如匯票承兌人與發票人約定，發票人應於匯票到期日前，向承兌人為票據資金之交付，而由承兌人先予承兌，承兌人於承兌後，發票人未能依約為資金之交付，執票人於到期日向承兌人提示請求付款時，承兌人即不得以發票人未曾提供資金為理由，向執票人抗辯，而仍應負付款之責。

二、票據債務人不得以自己與執票人之前手間所存抗辯事由對抗執票人

例如發票人甲簽發以乙為受款人之本票乙紙，以其票據金額為買賣價金之給付，嗣後乙所交付與甲之買賣標的物品質不合標準，甲要求乙調換，乙一直未履行，如乙於本票到期日向甲行使票據權利，甲即得以乙尚未完全履行契約為由對乙為抗辯。惟此際受款人乙如已將本票以背書讓與於丙，丙以執票人之身分，向甲行使追索權，因乙為執票人丙之前手，票據債務人甲不得以其與執票人丙之前手乙之抗辯事由，對抗執票人丙。

第十六章　票據之偽造（票§15）

第一節　票據偽造之意義

所謂票據偽造者，指無製作權人以行使之目的，假冒他人名義而偽為各項票據行為，或加工於他人尚未完成之證券而完成之行為謂之。所假冒之他人實際存在與否，並非所問，只須外形足使一般人誤信為真正之有價證券，偽造之行為即屬成立。例如偽造他人簽名、盜用他人印章或虛構不實之人或法人而為發票行為均為其適例。票據偽造分為票據本身之偽造、票據上簽名之偽造及加工於他人尚未完成之證券而完成之偽造。假冒他人名義為發票人而創設票據行為，為票據本身之偽造，即發票之偽造；假冒他人名義為發票以外之票據行為，為票據上簽名之偽造，如背書、保證或承兌票據行為之偽造。加工於他人尚未完成之證券而完成之行為，例如張三受李四之委託持有王五簽發尚未填寫發票日之支票，而未得李四之授權，擅自填寫發票日，使該支票形式上完成發票行為，其填寫日期的行為，即為偽造。

第二節　票據偽造之效力

一、對被偽造人之效力

被偽造人即被假冒其名義之人，於外表上雖存有其簽章，但簽章既屬偽造，被偽造人既未真正在票據上簽名，自不負任何票據責任，此項絕對之抗辯事由，得以對抗一切執票人，縱取得票據者並非出於惡意或詐欺或重大過失，亦不得對被偽造簽名之人，行使票據上之權利[1]。

1　最高法院51台上2649號、51台上3329號及53台上2159號判決。

一般票據偽造方法有偽造簽章及盜蓋印章二種,除非偽造者自己承認有偽造之行為,否則發票人主張印章被盜蓋時(印章為真正),應自行舉證證明,始可免除票款責任[2]。反之發票人如主張印章發票人係被偽造時,則執票人應舉證證明印章係真正[3],兩者舉證責任正相反。因此,發票人平時應妥存票據印鑑,而收受他人票據時,宜與票據債務人聯絡,以確定簽章之真正與否,如票據上僅蓋印章時,尚應請票據債務人補行簽名,俾防止偽造。

另票據債務人如主張票據上簽名係偽造或印章係盜蓋而提起請求確認票據債權不存在之訴,法院就原告主張之事實即票據之真偽首應加以調查審認,依據調查認定之結果,即可為確認票據債權是否存在之判決,無須由票據債務人先提起確認票據為偽造之訴,以達訴訟經濟之原則[4]。

二、對偽造人之效力

至於偽造人,因未在票據上簽章,故亦不能令其負票據上責任,惟偽造人之行為,應負民事上侵權行為之損害賠償責任及刑事上偽造有價證券

---

2 最高法院59台上3774號判決:「按印章由本人或有權使用為常態,上訴人既承認背書印章之真正,則就抗辯被人盜用之變態事實,應負舉證責任。」

3 最高法院69台上93號判決及50台上1659號判決參照。

4 最高法院63年8月27日第四次民庭庭推總會議:
院長交議:主張票據上簽名係偽造或盜蓋印章而請求確認票據債務不存在者,是否必須先提起確認票據為偽造之訴,獲有確定勝訴判決,始得提起,有下列兩說:
甲說:按在票據上簽名者(得以蓋章代之),依票據上所載文義負責,票據法第5條第1項定有明文。故票據乃文義證券,證券上之權利義務悉依證券上所載文句而定其效力。因之,執票人執有票據債務人簽名或蓋有其印章之票據者,當然享有票面所載之債權。票據債務人如主張票據上發名係偽造或印章係盜蓋而提起確認票據債權不存在之訴時,須先依民事訴訟法第247條後段規定提起確認證書為偽造(即票據為偽造)之訴獲得勝訴確定判決始可。苟無該項確認票據為偽造之確定判決,難認執票人之票據債權不存在。(參看本院60台上218號判決──司法院公報第15卷第8期)
乙說:票據債務人如主張票據上簽名係偽造或印章係盜蓋而提起請求確認票據債權不存在之訴,法院就原告主張之事實即票據之真偽首應加以調查審認,依據調查認定之結果,即可為確認票據債權是否存在之判決,無須由票據債務人先提起確認票據為偽造之訴。倘票據債務人以票據出於偽造,欲求確認票據債權人之債權不存在,必須俟獲得確認票據為偽造之確定勝訴判決後,始能提起,殊與訴訟經濟之原則有違。(參看本院63台上1744號判決)
決議:採乙說。

罪[5]。

三、對真正於票據上簽名人之效力

　　票據為流通證券，一經背書轉讓後，最後之執票人對其持有之票據及票上簽名是否真偽甚難判別，如該票據已經背書、承兌、保證等手續，而其票據行為係屬真實，執票人因信任而受讓票據時，倘因票據或票上其他部分簽名為偽造之故，致該真正簽名之人亦同免票據上責任，即將使執票人有隨時蒙受不測之危險，有礙票據之流通，本法亦仿世界各國通例[6]，於本法第15條規定票據之偽造或票據上簽名之偽造，不影響於真正簽名之效力，以確保執票人之權利。

第三節　　票據偽造之問題研究

問題一

　　金融機關與客戶約定客戶以印鑑留存於金融機關之印章，縱令係被他人盜用或偽造使用，如金融機關認為與印鑑相符，客戶願負一切責任。此項約定是否違背公共秩序或善良風俗而為無效[7]？

5　最高法院28滬上53號判決：「偽造銀行支票以圖行使，無論支票上所填蓋之戶名圖章是為該票所有人之物，及支票所有人實際有無損害，均與其應負偽造有價證券之罪責，不生影響。」

6　美國統一商法第三章第404條：「任何未經授權之簽名，對姓名被簽署之人，除經其追認或其不得否認者外，不生任何效力，但對任何善意支付或有對價取得票據者，應作為該未經授權簽名人之簽名。任何未經授權之簽名，為本章之一切目的，得被追認。此項追認本身並不影響追認者對實際簽名者之任何權利。」
　　英國票據法第24條：「依照本法規定，匯票上之簽名如係偽造或未經有權簽名人之授權者無效，同時無權對匯票之任何關係人根據該項簽名主張保有票據，或解除票據義務，或強制付款；但該被主張保有或付款之關係人能防止偽造或欠缺授權之發生者，不在此限。但本條並不影響對未經授權之簽名事後之追認效力；惟偽造之簽名則否。」

7　一、最高法院73年9月11日第十次民事庭會議決議：「甲種活期存款戶（支票存款）與金融機關之關係，為消費寄託與委託之混合契約。第三人盜蓋存款戶在金融機關留存印鑑之印章而偽造支票，向金融機關支領款項，除金融機關明知其為盜蓋印章而仍予付款之情形外，其憑留存印鑑之印文而付款，與委任意旨並無違背，金融機關應不負損害賠償責任。若第三人偽造存款戶該項印章蓋於支票持向金融機關支領款

研析意見

　　查金融機關與客戶間訂立之合約書，一般多以定型化契約約定，凡票據、借據及其他文書蓋有客戶名義之印章者，金融機關以肉眼辨認，與客戶留存之印鑑相符而為交易時，縱令該印文係被盜用或偽造，客戶均承認其效力並負擔因此發生之一切責任。亦另有約定。以客戶名義書立之借據或其他文書、簽發之票據或其背書，縱令為偽造或變造者，客戶均承認其效力，當依金融機關所存帳簿所載金額負償還責任。票據、借據或其他文書蓋有客戶名義之印章者，如與留存金融機關之印鑑相符，即不得以該印章係經盜用，資為抗辯。以上約定，可分以客戶名義書立之文書（包括有價證券）係經偽造、變造；及客戶名義所蓋之印章係經偽造、盜用各種情形，惟無論何者，客戶均應對於金融機關負責。

　　關於此項約定，首應探討者，為文書所蓋客戶名義之印文，須由金融機關以肉眼辨認，與客戶留存之印鑑相符者，客戶始應對之負責，金融機關以肉眼辨認時，應負注意義務之程度如何，並無特別約定，依通常情形應解為負善良管理人之注意義務，故金融機關之辨認，苟有過失，即不得憑此約定，責令客戶就偽造之印文亦負契約責任。倘金融機關對於印文之辨認並無過失，則依此約定發生之法律關係，分別以下列情形述之：

　　一、甲種活期存款戶（銀行法第6條規定之支票存款）：依最高法院

項，金融機關如已盡其善良管理人之注意義務，仍不能辨認蓋於支票上之印章係偽造時，即不能認其處理委任事務有過失，金融機關亦不負損害賠償責任。金融機關執業人員有未盡善良管理人之注意義務，應就個案認定。至金融機關如以定型化契約約定其不負善良管理人注意之義務，免除其抽象的輕過失責任，則應認此項特約違背公共秩序，應解為無效。」

二、最高法院73年10月2日第十一次民事庭會議決議：「乙種活期存款戶（活期及儲蓄存款）與金融機關之間為消費寄託關係。第三人持真正存摺並在取款條上盜蓋存款戶真正印章向金融機關提取存款，金融機關不知其係冒領而如數給付時，為善意的向債權之準占有人清償，依民法第310條第2款規定，對存款戶有清償之效力。至第三人持真正存摺而蓋用偽造之印章於取款條上提取存款，則不能認係債權之準占有人，縱令金融機關以定式契約與存款戶訂有特約，約明存款戶專前承認，如金融機關已盡善良管理人之注意義務，以肉眼辨認，不能發見蓋於取款條上之印章係屬偽造而照數付款時，對存款戶即發生清償之效力，因此項定式契約之特約，有違公共秩序，應解為無效，不能認為合於同條第1款規定，謂金融機關向第三人清償係經債權人即存款戶之承認而生清償之效力。」

65年台上字第1253號判決意旨，存款戶與金融機關之間係發生委任關係，受任人即有依照委任人之指示，處理委任事務之義務，如果金融機關憑以付款之支票係經第三人盜用存款戶之印章而偽造者，除為金融機關所明知者外，金融機關憑留存印鑑付款，與委任意旨無違，即使無特別約定，支票存款戶亦應自負其責。若支票所蓋印章係第三人偽造印章而偽造，或支票係經變造者，依本法第15條及第16條規定意旨，存款戶原不負票據責任。就金融機關言，其收受活期存款係屬民法第545條所定委任人預付處理委任事務之必要費用，其利益及危險自收受以後即移轉於受任人，此項存款如經第三人執偽造或變造之支票冒領者，金融機關本應自負其責，惟金融機關於付款時，苟已盡善良管理人之注意義務，依特約仍歸存款戶自行負責時，似難指此特約為無效。有疑義者，如依特約免除金融機關之抽象過失責任或具體過失責任時，其效力如何？就個案言，此類特約除係民法第222條規定所禁止，自非無效。惟就金融機關之業務言，因以定型化契約全面的為此約定，致執業人員之注意業務普通降低，其因執行業務疏懈發生之危險，全由存款戶負擔，與公共秩序殊難謂無違背，當以解釋其約定為無效為是。

　　二、乙種活期存款戶（銀行法第7條及第9條規定之活期存款及儲蓄存款）：依最高法院55年台上字第3018號及57年台上字第2965號判例意旨，存款戶與金融機關之間係發生消費寄託關係，如果存款為第三人所冒領，則受害人乃為金融機關而非存款戶，縱令金融機關以肉眼辨認印章之真偽並無過失，亦僅得對該偽刻印章，冒領存款之第三人請求賠償損害。此項情形於金融機關執特約以主張免責時，苟金融機關已盡善良管理人之注意義務而無過失，當可承認特約之效力，其理同前。倘第三人係盜用存款戶之印章而持真正存摺者，則為債權人之準占有人，依民法第310條第2款規定，金融機關僅負故意責任。反面言之，金融機關若明知第三人並非債權人，即不得執特約主張免責。

　　三、因押匯、借款、透支、墊款、保證而由金融機關執有客戶簽發或保證或背書之票據：依本法第15條及第16條規定意旨以觀，票據如經偽造或變造，則其未在偽造之票據簽名、蓋章；或在變造前簽名、蓋章者，

對於偽造文義或變造文義原不負票據責任,如訂有特約,其在印章被盜用之情形,為保護善意第三人,以確保交易安全,不妨承認此項約定有效。至若印章被偽造之情形,鑒於此類票據係因金融機關為客戶辦理押匯、借款、透支、墊款、保證而收受者,苟金融機關已盡善良管理人之注意義務而無過失,承認特約之效力,斯可確保交易之安全。如其不然,客戶可藉受僱人之手另刻類似印章蓋於押匯等文件或票據,事後再以印章係偽刻,資為抗辯,以避債務。

四、因押匯、借款、透支、墊款、保證而由金融機關執有借據、保證書或其他文書:按契約之成立以當事人互相表示意思一致為要件。除要式行為外,當事人之簽名或蓋章,原非契約之成立要件,在要物契約,契約因標的物之交付而成立,故金融機關苟能證明已將借款交付與客戶,客戶即不得以借據所蓋印章為被盜用或被偽造,否認契約之存在。惟在諾成契約,書面之訂立為契約成立之證明方法,如果客戶證明文書所蓋印章為被盜用或被偽造,金融機關復未對保,即不得因為訂有特約,即強指根本未曾成立之契約為已經成立。此與前述情形可區別為原因行為與履行行為:先有委任契約而後有憑支票付款之情形;先有寄託契約而後有請求返還寄託物之情形,似尚有別。與票據行為重在踐行法定之方式者,亦屬不同。是類此情形,金融機關殊難專依特約主張由客戶負其全責。

以上所述,以金融機關與客戶所訂約定書為真正為前提,若約定書係經第三人偽造印章或盜用印章簽訂者,則契約根本未成立,自不生效力。至於特約之效力如何,則應分別各種法律關係而為研求,似難概指為違反公共秩序而謂為無效。

問題二

四海銀行執有甲公司107.8.31簽發、付款人為中山銀行、面額壹佰萬元,由乙公司背書之支票乙件,屆時提示不獲付款,退票理由為「已經止付」。丙為甲公司出納課長,負責保管公司空白支票,當公司欲支付貨款時,始由丙及其他出納人員依傳票所載,在支票上載明金額及日

期，送交主管丁審核並加蓋甲公司及代表人印章於其上。丙利用其職務上掌管公司空白支票機會，自民國107年3月8日起，明知其未得代表人之授權，竟萌不法得利之意圖，基於概括之犯意，連續在甲公司內以公司名義簽發多張支票（包括四海銀行執有之支票），並利用主管丁不注意時，盜蓋甲公司及代表人印章於其上使用，目前已依偽造有價證券判刑四年。請問四海銀行應如何追索票款？

研析意見

　　一、按「盜用他人印章為發票行為，即屬票據之偽造，被盜用印章者，因非其在票據上簽名為發票行為，自不負發票人之責任，此項絕對的抗辯事由，得以對抗一切執票人」，最高法院51年台上字第3309號著有判例。本件支票既係丙取自甲公司支票使用並盜蓋該公司印章而偽造，依前開判例所示，甲公司不負票據債務。

　　二、民法第169條規定：「由自己之行為表示以代理權授與他人，或知他人表示為其代理人而不為反對之表示者，對於第三人應負授權人之責任。但第三人明知其無代理權或可得而知者，不在此限。」甲公司從無表見之事實足使第三人誤認有授權之事實，則四海銀行如以表見代理之法律關係追索票款，必遭敗訴。

　　三、甲公司雖因被丙盜蓋印章發票而不負發票人責任，但系爭支票之記載事項齊全，仍係有效之支票，依票據行為之獨立性，不影響其他簽名之效力，故乙公司仍應負背書人之責任。

　　四、民法第188條規定：「受僱人因執行職務，不法侵害他人之權利者，由僱用人與行為人連帶負損害賠償責任。但選任受僱人及監督其職務之執行已盡相當之注意或縱加以相當之注意而仍不免發生損害者，僱用人不負賠償責任。如被害人依前項但書之規定，不能受損害賠償時，法院因其聲請，得斟酌僱用人與被害人之經濟狀況，令僱用人為全部或一部之損害賠償。僱用人賠償損害時，對於侵權行為之受僱人有求償權。」

　　五、丙係甲公司之受僱人，受甲公司選任為出納課長，有關出納之工

作並悉受甲公司之監督。現丙盜蓋甲公司之印章偽造有價證券,侵害執票人之財產權,丙對於四海銀行應負侵權行為之損害賠償責任。丙係於執行工作之時間與地點故意為不法之行為,丁主管則係過失為不法之行為(被盜蓋印章),二人之侵權行為皆係與執行職務之時間或處所有密切關係之行為,依上開民法第188條規定,四海銀行應可訴求甲公司,丙、丁負連帶損害賠償責任,並與乙公司之背書人債務,構成不真正之連帶債務。

第十七章　票據之變造（票§16）

第一節　票據變造之意義

　　所謂票據變造，係無變更權人以行使爲目的擅自變更票據上有效記載之事項，影響其原本效果謂之。票據之變造只須對於票券無權竄改，即構成變造之行爲，至於原有證券係以自己名義作成與否，並非所問，如自己發行之票據，經他人背書後，又從而擅改其內容記載，仍屬本法所謂之變造。票據之變造限於簽名以外之票據上記載事項之變造，如爲簽名之變更，則爲票據之僞造或票據上簽名之僞造。有權變更票據文義之人，其變更不生變造問題，例如票據未交付前，發票人有權變更發票有關之事項，背書人有權變更之背書行爲，票據上記載事項中，有變更權人雖可予改寫，但票據金額不得改寫，如其改寫係由發票人或其授權人於交付前所爲，則係違反本法第11條第3項之禁止規定，其票據應歸無效，此與本法第16條所定票據之變造係由無制作權之他人變更原有文義者有所不同[1]。但亦有學者認爲參酌本法第16條所定票據經變造即無權限人之改寫，並不當然歸於無效之意旨觀之，經發票人改寫金額之支票，並非無效，故本法第11條第3項，所謂金額不得改寫之規定，應指發票人以外之持票人而言[2]。至票據上其他記載事項如欲改寫應於票據交付前爲之，並應在變更文字之上下兩旁近處簽名或蓋章[3]。

---

[1] 陳世榮，票據法總則詮解，自行出版，第295頁。
[2] 司法行政部民事司台(67)民司函字第0741號函。
[3] 最高法院47台上1984號判決。

第二節　票據變造之效力

一、對簽名在變造前者之效力

票據經變造時，在變造以前簽名者，依原記載內容負責。

二、對簽名在變造後者之效力

在變造後簽名者，均依變造後的記載內容負責，如不能辨別前後
時，推定簽名在變造前。

三、對變造者之效力

參與或同意變造者，不論簽名在變造前或後，均依變造文義負責，變
造人如未在票據上簽名者，不負票據責任，惟變造人應負民事上侵權行為
損害賠償責任及刑事上變造有價證券罪。

票據背書人同意發票人更改票載發票年、月、日者，應依其更改日期
負責，又背書人同意，亦非以其於更改處簽名或蓋章為必要，此觀本法第
16條第2項規定之法意，不難明瞭[4]。

第三節　票據變造之問題研究

> 問題
> 　付款人就變造之票據而付款，應由何人負損失責任？

研析意見

甲說：票據甲種存戶與銀行間其法律關係為無償之委任關係，付款人

---

4 最高法院70台上30號判決。

銀行應與處理自己事務為同一之注意，亦即應負具體之輕過失責任。付款人就變造之票據付款時，如有具體過失時，應負損害賠償責任。

乙說：甲種存戶與銀行間為委任之法律關係，其間雖無報酬之約定，但銀行可就存戶之存款加以運用而取得利益，此利益可視為報酬，因此付款之銀行應以善良管理人之注意為之，亦即是應負抽象之輕過失責任。

結論

甲種存戶簽發支票，委託銀行於見票時無條件付款與受款人或執票人者，則存戶與銀行之間即發生委任關係，此為實務上所持之見解（最高法院65年台上字第1253號判例參照）。依票據法第125條第1項第5款「無條件支付之委託」，其為無償委任，殆無庸義。委任關係中之委任人依民法第535條前段之規定，雖未受有報酬，其處理委任事務，仍應與處理自己事務為同一之注意，亦即對於具體之輕過失仍須負責。研討結論採甲說[5]。

5　司法院司法業務研究會第3期。

第十八章　票據之塗銷（票§17）

第一節　票據塗銷之意義

所謂票據塗銷係將票據上之簽名或其他記載事項，加以塗銷或消除，以致無法辨認之情形謂之。例如塗銷票據金額、到期日或背書人之姓名等，一般以背書之塗銷為最常見（詳見第四章第六節）。票據塗銷之程度如已使外觀上難認為票據者，則屬票據之喪失，非本章所稱之塗銷。若票據雖有摺斷現象，但票面金額、發票日期、付款人及所蓋發票人印文等均清晰可辨，仍難謂為票據之塗銷[1]。

第二節　票據塗銷之效力

票據塗銷係由票據權利人以外之人所為者，或雖由票據權利人所為但並非故意者，票據之權利均不受影響。票據權利人對票據原有處分之權，其故意塗銷票據上之簽名或記載者，顯有拋棄該部分權利之意思，其塗銷部分之權利義務，自應歸於消滅。茲分述如下：

一、發票人簽名之塗銷，除業經承兌之匯票承兌人仍應負責外（票§52），票據上權利全部消滅。

二、背書人之簽名被塗銷時，被塗銷之背書人及其被塗銷背書人名次之後而於未塗銷以前為背書者均免其責任（票§38）。

三、其他事項之塗銷，該等事項之權利均消滅，例如保證人簽名之塗銷及利息記載之塗銷，則保證責任消滅或利息免予支付。

四、權利人塗銷之結果尚不能加重票據債務人之責任，例如塗銷匯票

1　最高法院60台上3174號判決。

到期日即視為見票即付（票§24II）。

　　但被塗銷票據之執票人如欲行使權利，應就塗銷有利於己之事實，負舉證責任。例如執票人應舉證證明其塗銷係出於非故意或係出於無權利人所為，若票據之塗銷係由權利人故意為之者，則因票據權利人本有處分其權利之自由，自將因其塗銷而影響其票據之效力。

第十九章　票據喪失後之補救措施
（票§18、19）

　　票據喪失，係指票據權利人因遺失、被盜或其他事故致失其票據占有之情形而言。因票據為有價證券，行使票據權利者，必須提示票據，基於此有價證券之特性，其持有票據者即被推定為票據之權利人，而得據以行使票據上之權利，因之，在票據遺失或被竊之情形，一方面票據權利人由於喪失票據之占有，無法提示該票據以行使票據權利，另方面該票據之拾得人或盜取人即可憑該票據而為提示取款，為保障正當執票人之權益，茲將本法第18、19條及施行細則有關之補救措施詳述如後。

第一節　　止付通知

　　所謂止付通知，依票據權利人將票據喪失之情形通知付款人，使付款人停止付款謂之。

　　本法第18條規定票據喪失時，票據權利人得為止付之通知，所謂「票據喪失」係指票據法上之票據違反票據權利人之意思而脫離其占有之意，在票據因交付而脫離占有之情形，其交付如非因自己之意思而為之者，即得謂之為「票據違反票據權利人之意思而脫離其占有」，即有本法第18條票據喪失之適用。反之，如其交付係基於自己之意思者，即使非完全自由之意思，如受詐騙而交付者，因其具有若干自己之意思，故尚不能謂係「違反其意思而脫離占有」，即非票據喪失，至如票據基於自己完全自由之意思交付後為他人所侵占者，當然更無喪失可言，因之以票據為他人侵占或受詐騙而交付致喪失票據為由至金融機關申請止付者，付款銀行自不得受理。

　　一般所稱掛失止付，包括二種情形，第一種是發票人喪失完全空白之票據用紙或雖已簽章但未記載完成之空白票據而為之掛失；第二種是票據

權利人喪失已記載完成之票據,將票據喪失情形通知付款人而為之止付通知。第一種情形,向付款人辦理掛失手續後,即可發生停止付款之效力,不須辦理公示催告程序,但是只有發票人始可辦理。第二種情形,止付通知後,付款人即不得付款,但因為票據權利人喪失票據,不能憑票據行使權利,所以須依法定程序補救其權利。通常票據一經合法止付,任何人為付款之提示,付款人應予止付,否則付款人應自負其責。至票據喪失時,應否為止付通知,由票據權利人自行決定,如權利人認為該票據已因罹於水火災已滅失,無虞他人冒領,亦可不通知止付。但票據權利人為止付通知時,須依本法施行細則第5條規定填具下列表格:

(一)填具掛失止付通知書

此通知書,主要載明下列事項:

1. 票據喪失經過。

2. 喪失票據之類別、帳號、號碼、金額及其他掛失止付通知規定應記載之有關事項。

3. 通知止付人之姓名、年齡、住所。其為機關、團體者,應於通知書上加著正式印信;其為公司、行號者,應加蓋正式印章;並均應由負責人簽名,個人應記明國民身分證字號,票據權利人為發票人時,並應使用原留印鑑。

正　本		票據掛失止付通知書	收文	日期	
				文號	

(本通知書正副本一式三份，本份由付款行社核對內容相符並簽章後存檔備查)

票據種類	帳　號	發票人戶名暨負責人姓名

票　據　號　碼	金　　額
	新台幣

受款人		發票日期（或到期日）
		民國　　年　　月　　日

票據喪失經　過（應載明日期及地點）		備　　註

一、茲因喪失上列票據爰特通知掛失止付並願依照票據掛失止付處理規範之有關規定辦理。

二、倘因通知此項票據之掛失止付而發生損害或糾紛時，通知人願擔負一切責任概與貴行無涉。

通知人：　　　　　　　　　（簽章）

（請詳閱附註說明後，再詳實填寫）

出生年月日：　　　　　籍貫：　　　職業：

住　　址：　縣市　鄉鎮市區　村里　鄰　路(街)　段　巷　弄　號　之　樓

國民身分證統一編號：□□□□□□□□□□　電話：

公司統一編號（通知人係個人名義者免填）：□□□□□□□□

此　致

銀行　　　分行核轉

台灣票據交換所

銀行簽章	
銀行代號	□□□—□□□□—□

※附註：（一）通知人依法係指票據權利人，若通知人為發票人時，應使用原留印鑑。

（二）通知人為機關、團體、公司、行號者，除加蓋正式印信或印章外，均請負責人簽章。

（三）經授權代理辦理止付手續者，請務必以票據權利人名義申報止付。

（四）「止付通知之支票若為未到期票據（或票載發票日前支票據），付款行庫先予登記，俟到期日後，再依規定辦理。發票人於到期日（或支票票載發票日）無存款又未經允許借墊借款之止付通知，付款行庫應不予受理。」

中　華　民　國　　　　年　　　　月　　　　日

圖19-1　票據掛失止付通知書

　　付款人對通知止付之票據應即查明,對無存款又未經允許墊借票據之止付通知應不予受理。對存款不足或超過付款人允許墊借金額之票據,應先於其存款或允許墊借之額度內予以止付。其後如再有存款或續允墊借時,仍應就原止付票據金額限度內繼續予以止付。票據權利人就到期日前之票據為止付通知時,付款人應先予登記,俟到期日後,再依前述規定辦理。其以票據發票日前之支票為止付通知者亦同。通知止付之票據如為業經簽名而未記載完成之空白票據,而於喪失後經補充記載完成者,仍依前述規定辦理,付款人應就票載金額限度內予以止付。依本法施行細則第5條第5項規定,經止付之金額,應由付款人留存,非依本法第19條第2項之規定,或經占有票據之人及止付人之同意,不得支付或由發票人另行動用。一般金融機關付款人於受止付之通知而應將票款留存時,多係將經止付之金額比照支票保付之程序,從存款帳戶內撥出,另立專戶專供此項票據支付之用。

　　已通知止付之票據,經票據占有人提示付款時,如存款或經允墊之款足敷票據金額者,以「業經止付」理由退票。若存款不足或超過付款行庫允墊之款,以「業經部分止付」及「存款不足」雙重理由退票。如嗣後再有存款或續允墊借,並經占有票據人再提示請求付款時,依再提示付款時之情形予以處理。如再提示存款仍不敷票載金額時,仍應以「業經部分止付」及「存款不足」雙重理由處理[1]。

　　通知止付之票據如為業經簽名或蓋章之空白票據,於喪失後,被補充記載完成,經票據占有人提示付款時應比照前項處理。存款或經允墊之款足敷票據金額者,以「業經止付」論,不敷票面金額者,以「業經部分止付」及「存款不足」雙重理由處理。該票據提示時所記載之事項視為止付通知所未記載之事項。

(二)填具遺失票據申報書

　　在遺失支票之情形,止付通知人除填寫「掛失止付通知書」外,尚須

1　票據掛失止付處理準則第15條。

填寫下列「遺失票據申報書」，其功能一方面報請票據交換所轉報警察局偵查侵占遺失物罪嫌，一方面表明申報人若有偽報情事，應負偽造文書之法律責任[2]。

　　另中央銀行為簡化手續以資便民，規定票據權利人因票據喪失申請掛失止付時，除應依照有關法令辦理外，自62年8月20日起，免在報章登載作廢啟事[3]。

2　最高法院50年8月18日民刑庭總會決議：「如向警察派出所虛偽報失取得派出所證件後向付款行庫局社止付，其虛偽報失應成立偽造文書罪。」
3　中央銀行62年8月18日台央業交第67號通函。

正本	遺失票據申報書	（正副本一式三份，由付款行社連同「票據掛失止付通知書」於票據提示時一併送交票據交換所。）

付 款 行 社	帳　　　號	發票人戶名暨負責人姓名

票 據 種 類 及 號 碼		金　　　　　　額	

受　款　人		發 票 日 期
		民國　　年　　月　　日

票 據 喪 失 日 期 及 地 點	

謹陳者：本人　執有上列票據，現已　，除申請付款人止付外，相應報請 鈞局協助偵查
（簽發／遺失／被竊）

（侵占遺失物／竊　　盜）罪嫌，如有偽報情事，本人應負下列法律責任，謹呈

　　　　　（市／縣）政府警察局

申報人：

（請詳閱附註說明後，再詳實填寫）　　　　　　　（簽 章）

銀行 簽章	
銀行 代號	─　　─

國民身分證統一編號：□□□□□□□□□□　電話：

公司統一編號（通知人係個人名義者免填）：□□□□□□□□

住址：　（縣／市）　（鄉鎮／市區）　（村／里）　鄰　路（街）　段巷弄　號之　樓

備註：1.申報人依法係指票據權利人。

　　　2.申報人為機關、團體、公司、行號者，除加蓋正式印信或印章外，均請負責人簽章。

附錄：刑法第一百七十一條第一項：未指定犯人，而向該管公務員誣告犯罪者，處一年以下有期徒刑、拘役或三百元以下罰金。

　　　刑法第二百十四條：明知為不實之事項，而使公務員登載於職務上所掌之公文書，足以生損害於公眾或他人者，處三年以下有期徒刑、拘役或五百元以下罰金。

　　　刑法第三百二十條：意圖為自己或第三人不法之所有而竊取他人之動產者，為竊盜罪，處五年以下有期徒刑、拘役或五百元以下罰金。

　　　刑法第三百三十七條：意圖為自己或第三人不法之所有，而侵占遺失物、漂流物或其他離本人所持有之物者，處五百元以下罰金。

中　華　民　國　　　　　年　　　　月　　　　日

圖19-2　遺失票據申報書

第二節　公示催告

　　票據既經喪失，票據權利人如仍欲行使票據上之權利，即應向有管轄權之法院依民事訴訟法規定為公示催告之聲請，公示催告程序者，謂法院依當事人之聲請，以公示方法催告不明之利害關係人，於一定期間內申報權利，如不申報，使生失權效果之程序。

　　票據權利人於向法院提出公示催告聲請後，應即刻將公示催告聲請狀副本及法院收狀之收據提出於付款銀行，否則依本法第18條但書及第2項規定，未於提出止付通知後五日內，向付款人提出已為聲請公示催告之證明，止付通知失其效力，屆時第三人執票請求付款，付款銀行就票據形式審查無訛後，應即付款。

　　惟公示催告之程序與前述止付通知並無當然關係，喪失票據人如未向付款人為止付通知，仍得為公示催告之聲請，因票據權利人喪失票據之原因各不相同，有為他人冒領之可能，而應先通知止付者有之，然亦有不虞他人冒領，而無須辦理通知止付之手續者，故辦理通知止付與否，悉由喪失票據人視其情形，自行決定，票據權利人倘認為無止付通知之必要，而直接為公示催告之聲請者，仍為法之所許[4]。

---

4 依票據法第18條第1項前段規定，票據喪失時，票據權利人得為止付之通知，既係「得」為止付之通知，而非「應」為止付之通知，因止付通知與否，乃屬票據權利人是否保全其票據權利之問題，如票據喪失不為止付通知，任由付款人付款，乃係票據權利人個人自甘損失問題，法律殊無強制其有止付通知之必要。故本件可不須止付之通知，應准公示催告。（司法院民事法律專題研究（二）票據法第七則結論）

民事	聲請	狀	案		年度　字第　　號	承辦股別
稱謂	姓名或名稱　身分證統一編號或營利事業統一編號		訴訟標的的金額或價額　新臺幣		萬　千　百　十　元　角	
聲請人	陳甲	性別	出生年月日	職業	住所或營業所、郵遞區號及電話號碼電子郵件位址	送達代收人姓名、住址、郵遞區號及電話號碼

為聲請准予公示催告事

聲請人執有後開支票一張，因不慎於102年10月1日遺失，已向付款人辦理掛失止付。

查支票為尚未得依背書轉讓之證券，依法應於喪失後，先行聲請法院為公示催告，為此檢附掛失止付通知書，狀請准予公示催告，以維權益。

計開：

發票人（銀行、合作社、農會）	付款人	發票年月日	金額（新臺幣）	支票號碼
劉甲	第一商業銀行和平東路分行	102年10月1日	五十萬元	000007

謹　狀

台灣台北地方法院民事庭　公鑒

證人姓名及住居所	
證物名稱及件數	止付通知書一紙

中　華　民　國　102　年　10　月　　日

具狀人：張飛　印
撰狀人

圖19-3　公示催告聲請書範例

台灣台北地方法院民事裁定　　　　　　　年催字第　　　號
　　聲請人　　住
上聲請人因遺失證券事件，聲請公示催告，本院裁定如下：
　　主文
一、准對於持有附表所載證券之人為公示催告。
二、持有該證券之人，應於本公示催告最後登載新聞紙之日起　　個月內向本院
　　申報其權利並提出該證券。
三、如不為申報及提出證券，本院將宣告該證券為無效。
中　　華　　民　　國　　　　　　年　　　　　　月　　　　　　日
　　　　　　台灣台北地方法院民事第　　庭

　　　　　　　　　法官
上為正本係照原本作成。
中　　華　　民　　國　　　　　　年　　　　　　月　　　　　　日
　　　　　　書記官
附表：

發票人	付款人	金額（新臺幣）	發票日			證券號碼
			年	月	日	
			年	月	日	
			年	月	日	
			年	月	日	
			年	月	日	
			年	月	日	
			年	月	日	

本裁定應即送登新聞紙。
申請權利之期間已滿後，三個月內聲請除權判決。

圖19-4　法院准予公示催告裁定範例

台灣台北地方法院民事庭函　　　　　　　　中華民國　　　年　　月　　日
　　　　　　　　　　　　　　　　　　　　　　　字第　　　　　號

受文者：聲請人

主旨：請將附送之本院　　　　年度催字第　　　　號民事裁定（公示催告），於
　　　　　　年　　　月　　　日以前　　　　天，並隨即將該新聞紙送院，務須
　　　將全文刊登否則不生效力。

說明：聲請人於前開裁定（公示催告）公告期間（六個月）屆滿後之翌日起三個月內，
　　　須另行具狀向本院聲請為除權判決。

圖19-5　法院通知登報函範例

民事聲請撤回公示催告　　　　　　狀					
案　　號	年度　　字第　　號			承辦股別	
訴訟標的 金額或價額	新臺幣　　　　　　　　　元				
稱　　謂	姓名或名稱	依序填寫：國民身分證號碼或營利事業統一編號、性別、出生年月日、職業、住居所、就業處所、公務所、事務所或營業所、郵遞區號、電話、傳真、電子郵件位址、指定送達代收人及其送達處所。			
聲請人					
為聲請撤回公示催告事：					
一、聲請人前因遺失（被竊）下列如附表所示之支（本）票紙，經向　鈞院聲請公示催告，並以　　年度　催字　號裁定准許公示催告（※或尚未經　鈞院裁定）。 　　茲因上開支（本）票業經尋獲，現無繼續公示催告之必要，爰狀請　鑒核，准予撤回。					
謹　　狀					

※附表：

發票人	付款人	金額	發票日 到期日	帳號	票據號碼

台灣基隆地方法院民事庭公鑒				
證物名稱 及　件　數	1.			
中　華　民　國	年		月	日
			具狀人　　　　簽名蓋章	
			撰狀人　　　　簽名蓋章	

圖19-6　撤回公示催告聲請狀範例

　　公示催告程序開始後，票據權利人本得依民事訴訟法第564條規定，於法定期間內聲請法院為除權判決，並宣告喪失之票據為無效，聲請人依據該項除權判決，對於依票據應負擔義務之人並得主張票據上之權利，惟除權判決之宣告，在程序上應經一定時間，而票據權利之行使法律多定有一定期限，如嚴格限制票據權利人必須於除權判決宣告後，始能行使其權利，事實上殊多不便，故本法特設規定，於公示催告程序開始後，除權判決宣告前，票據喪失時票據權利人如欲動用票款，其已到期之票據，准由聲請人提供相當之擔保，請求票據金額之支付，如不能提供擔保時，亦得請求將票據金額依法提存；其尚未到期之票據，聲請人得提供擔保，請求給與新票據，如此對於票據權利人仍得以獲動用票款之實益，對於債務人亦因有擔保可避免雙重付款之危險，中央銀行曾規定金融機構非有正當理由不得拒絕權利人前述之申請[5]。

　　至遺失已簽名而未記載金額或日期之空白票據可否掛失止付聲請公示催告，法院歷年來見解分歧，正反兩說各有其法理上之依據，最高法院為統一法律見解，曾於68年10月23日第十五次民庭庭推總會作成決議[6]，

5　中央銀行63年2月18日台央業交字第70號函：「票據喪失時，票據權利人於公示催告程序開始後，如欲動用票款，應提供擔保。該項擔保應為何物，宜由當事人與銀行自行商定，銀行非有正當理由不得拒絕。」

6　最高法院68年10月23日第十五次民事庭會議：

　　院長交議：已簽名或蓋章之支票，未記載發票年月日及金額或欠缺其中之一而遺失時，向法院聲請公示催告，可否准許？有下列二說：

　　甲說：依票據法第125條第1項第2款、第7款及第11條第1項規定，支票上之金額及發票年月日為絕對必要記載之事項，欠缺記載，即為無效之票據。既為無效之票據，即非「證券」，自不得依民事訴訟法第539條第1項之規定聲請為公示催告。

　　乙說：票據法於62年5月28日修正前，第11條僅規定「欠缺本法所規定票據應記載事項之一者，其票據無效，但本法別有規定者，不在此限。」修正則新增同條第2項規定：「執票人善意取得已具備本法規定應記載事項之票據者，得依票據文義行使權利，票據債務人不得以票據原係欠缺應記載事項為理由，對於執票人主張票據無效。」依此新增之規定，未記載金額、發票年月日之無效票據喪失時，將來仍有對善意執票人負擔票據債務之可能，故有聲請公示催告之必要。法院對於此種聲請，自應准許。

　　決議：採甲說。並以劉推事鴻坤之研究報告作為附件，以為補充說明。

　　附件：

　　(1)票據法對於空白票據並無明文規定，而其第11條第2項雖云「執票人善意取得已具備本法規定應記載事項之票據者，得依票據文義行使權利；票據債務人不得以票據原係欠缺應記載事項為理由，對於執票人主張票據無效」，但亦僅係關於善意執票人得為權利之行使，及債務人抗辯權之限制之規定，尚難據之而謂票據法有空白票據之明定

依票據法第125條第1項第2款、第7款及第11條第1項規定，支票上之金額及發票年月日為絕對必要記載之事項，欠缺記載，即為無效之票據，即非「證券」，自不得依民事訴訟法第539條第1項之規定聲請為公示催告，以解決多年未決之爭議。筆者個人認為空白票據已為現代商業交易常使用之工具，依本法施行細則第5條第4項之規定，業經簽名或蓋章，而未記載完成之空白票據，亦得為止付之通知，故票據權利人對於此項票據為公示催告之聲請，法院似應裁定予以准許為宜，否則發票人於止付通知後五日內，向付款人（銀行）提出已為聲請公示催告之證明，然法院對公示催告

也。是空白票據不能被認為票據法上之票據。

(2)票據法並無明文規定「債務人得授權執票人填載空白票據之空白部分」，故債務人授予執票人「空白補充權」，應非為票據行為，而不得與票據之發行、背信、承兌（匯票）、保證（匯票、本票）等票據行為同視。

(3)或謂「空白票據固非票據，然係以補充權之授予，為其成立要件之票據，補充權伴隨空白票據流通，而為受讓人（執票人）併同取得，可謂之為表彰補充權之未完成票據」，但究非票據法所稱之票據也。

(4)票據法第11條第1項規定「欠缺本法所規定票據上應記載事項之一者，其票據無效，……」，空白票據尚欠缺法定應記載事項（絕對必要應記載事項），應屬無效之票據，自無所謂票據權利之可言。宣告證券無效之公示催告，旨在催告持有證券之人申報權利（民訴§560），其後相隨而來之除權判決，又旨在宣告證券無效（民訴§564），空白票據持有人對於空白票據既無「票據權利」，何可申報票據權利，空白票據倘為無效之票據，又何有待於除權判決宣告其無效。

(5)票據法施行細則雖係依票據法第145條規定制定，但其規定既不能與本法所規定者牴觸，亦不能為本法「創設規定」，是尚不能因票據法施行細則第5條第4項有「空白票據」之詞句，而謂空白票據為票據法上之票據。

(6)票據法施行細則第5條第4項係規定通知止付之「空白票據」喪失後，經補充記載完成者，始準用其前二項規定辦理，付款人始應就票載金額限度內予以止付，是空白票據止付之通知，其止付效力之產生，尚有待於「空白」補充完成，又如何能對之先行公示催告程序。

(7)所謂空白票據喪失得為止付之通知者，當解釋為「止付之預示」，應待其空白補充記載完成，始生止付之效果，蓋票據喪失有絕對之喪失（如失火燒燬、水濕毀損）及相對喪失（如被盜、遺失），其將來是否會被補充記載完成，係處於一種不確定之狀態，實不宜對處於「不確定狀態」之空白票據，遽准為公示催告。

(8)票據（有價證券）公示催告之制，原為保護票據債權人而設，空白票據顯與款式具備之票據有間，實為「變式票據」，其存在乃由於交易上之需要，法律既未為之特設公示催告之規定，即不宜強為解釋「得對之公示催告」。

(9)綜前所陳，空白票據之喪失，似僅得向付款人為止付之預示，請其於該票據經他人補充記載完成，提示付款或提示承兌時，拒絕付款或拒絕承兌。至空白票據經他人補充記載完成，於為前開提示後（已非空白票據），遇有對之為公示催告之聲請，得否裁定准許，則係另一問題。

之聲請卻為不准之裁定,該裁定送到付款人(銀行),前項止付通知失其效力,付款人於已填備金額、日期之支票持票人提示付款時仍應照付,有失法律之公平性。另依民事訴訟法第539條第1項規定:「申報權利之公示催告,以得依背書轉讓之證券及其他法律有規定者為限。」鑒於「空白支票」之惡意占有人,可填入金額使之流通於市面,第三人可能善意受讓該「支票」,該「空白支票」似應仍不失得以背書轉讓之證券,如准許公示催告進而依除權判決,宣告該「空白支票」無效,非但符合民事訴訟法第539條之立法精神,更可避免法律關係更趨複雜。因之喪失業經簽名或蓋章,而未記載完成之空白票據時,票據權利人既得為止付之通知,票據權利人對於此項票據為公示催告之聲請,如經法院調查結果,認為其聲請合法者,自得裁定予以准許,至喪失未簽名或蓋章之空白票據,並無以止付等方法救濟之必要,對於此項票據,自當不得聲請公示催告。

第三節　除權判決

宣告證券無效之公示催告,依民事訴訟法第562條規定,其申報權利之期間,自公示催告之公告最後登載公報或新聞紙之日起,應有六個月以上之期間,持有票據之人,應於此申報期間內為權利之申報,否則一旦公示催告之聲請人在此期間屆滿後聲請法院為除權判決,該票據即被宣告無效,惟喪失票據之權利人應於公示催告所公布之「申報權利」期間屆滿後,三個月內為除權判決之聲請,否則若逾期聲請,將被法院駁回,從而先前所為之止付通知,亦失其效力,喪失票據之權利人於獲得「除權判決」後,如票據金額尚未獲付款者,即可依據該判決請求付款,若其事前已依本法第19條第2項之規定,提供擔保而動用票款者,或於票據未到期之情形亦已提供擔保請求發給新票據者,則喪失票據之權利人當可憑該除權判決註銷前述擔保。

民事聲請除權判決狀		
案號	年度　　字第　　　號	承辦股別
訴訟標的金額或價額	新臺幣	元
稱謂	姓名或名稱	依序填寫：國民身分證號碼或營利事業統一編號、性別、出生年月日、職業、住居所、就業處所、公務所、事務所或營業所、郵遞區號、電話、傳真、電子郵件位址、指定送達代收人及其送達處所。
聲請人	○○○	身分證字號（或營利事業統一編號）： 性別：男／女　　生日：　　　　職業： 住： 郵遞區號：　　　　　電話： 傳真： 電子郵件位址： 送達代收人： 送達處所：

為聲請除權判決事：
應受判決事項之聲明：
一、請求判決附表所列○票無效。
二、訴訟費用由聲請人負擔。
聲請之事實及原因：
聲請人因不慎遺失上述○票○紙，經貴院○○年催字第○○○號裁定公示催告在案，並已刊登○○年○月○日○報（附報紙一份）。現因申報權利的期間已滿，並無任何人依法主張權利，可見此○票○紙確為聲請人所遺失。為此依民事訴訟法第五百四十五條第一項規定，聲請貴院為除權判決。
此　致

（接下頁）

○○○○地方法院　公鑒				
證物名稱及件數	民事裁定影本乙份 工商時報乙份			
中　華　民　國		年	月	日
		具狀人		簽名蓋章
		撰狀人		簽名蓋章

附表：

發票人	付款人	支票號碼	金額（新臺幣）	發票日

股東姓名	發行公司	股票號碼	股數	張數

圖19-7　一般民事除權判決聲請狀範例

台灣台北地方法院民事判決　　　　　　　　年度除字　　　　　　　號
　　　聲請人
上聲請人聲請除權判決事件，本院判決如下：
　　　主　文
本件附表所示之證券無效。
訴訟費用由聲請人負擔。
　　　事　實
一、聲明：求為判決如主文第一項所示。
二、陳述：聲請人因　　主文第一項記載之證券　　　紙，曾向　　鈞院聲請公示催
　　告，經准為公示催告後，至所限　　年　　月　　日為止，未有人申報權利
　　及提出該證券等語。
三、證據：採用本院　　年度催字第　　　號聲請公示催告事件卷宗。
　　　理　由
一、按公示催告之聲請人得於申報權利之期間已滿後三個月內，聲請為除權判決，但在
　　期間未滿前之聲請，亦有效力，民事訴訟法第五百四十五條第一項定有明文。
二、本件聲請人因　　　　主文第一項所示之證券，聲請公示催告，經本院裁定准為公
　　示催告，有　　　年度催字第　　　號聲請公示催告事件卷宗可以證明，該裁定所
　　限申報權利之期間已於　　　年　　月　　　日屆滿，既未有人申報權利，則聲
　　請人於　　年　　月　　日聲請就上開證券為除權判決，於法尚無不合，自應宣告
　　該證券為無效。
三、依民事訴訟法第五百六十四條第一項，判決如主文。
中　　華　　民　　國　　　　　　　　年　　　　　　月　　　　　　　日
　　　　　　　　台灣台北地方法院民事第　　庭
　　　　　　　　　　法官
附表：

發票人	付款人	發票年月日	金額（新臺幣）	證券號碼

圖19-8　除權判決書範例

第四節　票據喪失後之救濟程序流程

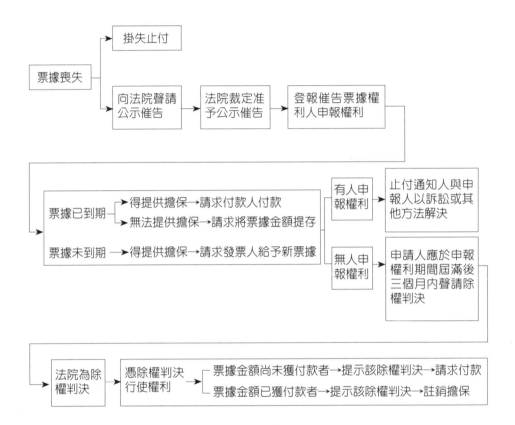

第五節　票據遺失之善意受讓人

　　票據喪失後，權利人固可依法為「止付通知」，但其功能僅在防止他人冒領，另雖可依法聲請「公示催告」，但其僅為除權判決之先行程序，對於該遺失票據之流通性及票據責任，不生任何影響，換言之，止付並不使遺失之票據失效；而僅於止付通知後，公示催告之聲請人於獲得法院除權判決後，該票據始被宣告為無效，因之，在除權判決前，該遺失

票據如繼續為流通並流入善意第三人手中，票據債務人仍不得免其責任，所稱「善意第三人」者，依指該第三人受讓該票據時，不知系爭票據係讓與人拾獲或竊盜而來，且亦非以無對價或不相當對價而取得之情形而言。此時票據債務人如主張受讓之執票人為惡意，應負舉證責任，因持有票據者，應推定為正當權利人，票據債務人對於可抗辯、免責之事實，依民事訴訟法第277條規定，當事人主張有利於己之事實者，就其事實有舉證之責任。因之，遺失票據之現有善意執票人，如於提示後，經金融機構止付者，應於公示催告所定申報期間內或除權判決前向法院宜接為權利之申報，或逕行起訴請求給付票款。另該善意執票人如認為其持有之票據，非係遺失、竊盜或惡意、重大過失取得者，得敘述經過，填具「偽報票據遺失告訴書」報請票據交換所轉請地方法院偵查申請遺失人涉有偽造文書、詐欺、誣告等罪嫌。

第二十章　票據假處分

第一節　票據假處分之意義

票據爲不得享有票據上權利之人或爲票據權利應受限制之人獲得時，原票據權利人爲保障其權利，以免票據占有人提示付款後無法求償產生損失，依本法施行細則第4條規定，請求法院禁止占有票據之人向付款人請求付款之處分，稱之爲票據假處分。所謂「不得享有票據上權利之人」，係指無處分權人及以惡意或重大過失由該無處分權人取得票據者而言（例如拾得票據之人爲無處分權人，或由拾得人受讓票據，而於受讓時知悉其爲拾得票據之情形）。所謂「票據權利應受限制之人」，係指無對價或以不相當對價而取得票據者而言（例如受贈與，或票面金額五萬元折扣爲二萬元之情形）。在具有上述二種情形之一時，票據權利人得向法院聲請假處分，禁止占有票據之人向付款人請求付款。法院爲假處分後，付款人對該占有票據之人即不得付款。惟此假處分之效力僅止於暫時之法律狀態，尚無法完全解決票據紛爭，因之，票據當事人欲真正解決該紛爭者，仍有賴實體之訴訟判決以解決之。

第二節　票據假處分之聲請人

票據法施行細則第4條規定，票據爲不得享有票據權利或票據權利應受限制之人獲得時，原票據權利人得依假處分程序，聲請法院爲禁止占有票據之人向付款人請求付款之處分。所謂「原票據權利人」包括發票人和背書人，因發票人於簽發票據後交付前，仍占有該票據，爲票據權利人，嗣後將票據交付他人，應仍屬票據權利人，否則若認爲發票人非票據權利人，則受款人又何能取得票據權利，同理，背書人以背書方式將票據讓與

被背書人，背書人亦應屬票據權利人，否則被背書人又何能取得票據權利。由於票據假處分之目的，係請求法院為假處分之裁定後，通知付款銀行，禁止假處分之相對人為付款之提示，是故票據假處分之聲請宜向票據付款地之管轄法院提起。

第三節　票據假處分之聲請要件

一、票據為不得享有票據上權利之人獲得時

所謂「票據為不得享有票據上權利之人獲得」之情形，係指本法第14條第1項「以惡意或有重大過失取得票據」之情形。依最高法院見解謂：本法第14條所謂以惡意或有重大過失取得票據者不得享有票據上之權利，係指明知該票據非讓與人所有，而仍從其手取得該票據或稍加注意即可知該票據非讓與人所有，而有重大過失仍從其手取得者之情形而言[1]。換言之，本法第14條第1項所規定者須為善意取得票據之人，若受讓票據時，明知或有重大過失而不知讓與人無處分權，則受讓人不得享有票據上權利；反之，若其不知讓與人對該票據無處分權，且此不知亦無重大過失，則可享有票據上之權利。

二、票據為票據權利應受限制之人獲得時

所謂「票據權利應受限制」者，指下列各情形而言：

（一）直接前後手間有原因抗辯事由之情形

票據為無因證券，票據債務人得基於合法之事由，以原因關係抗辯票據權利人。例如因被脅迫而背書，對方未交貨、對方未交借款或契約不成立等，票據債務人皆得以此事由對抗其直接後手。

1　最高法院60台上1430號判決。

（二）有本法第13條「惡意抗辯」之情形

若執票人取得票據時，知悉其前手與票據債務人間有抗辯事由存在者，票據債務人即得以此對抗之。

（三）無對價或不以相當之對價取得票據之情形

本法第14條第2項之規定，無對價或以不相當之對價取得票據權利者，不得享有優於其前手之權利。

第四節　票據假處分之效力

一、對於假處分之相對人

票據一經原票據權利人依假處分程序，聲請法院裁定禁止占有票據之人向付款人（付款金融機關）提示付款，經通知付款人（付款金融機關）後，該票據由被禁止之人提示付款時，將無法獲得付款，實務上付款金融機關通常在三聯式之退票理由單上加蓋「經法院依假處分裁定禁止提示付款」之戳記辦理退票，同時在該張票據正面加蓋「禁止×××提示付款」之戳記，連同上述之退票單，一併由提示交換之金融機關退還執票人[2]。

二、對相對人以外之第三人

（一）於被禁止提示之人提示後再行受讓者

票據經假處分，被禁止提示之相對人於提示遭退票後，再將該票據讓與第三人，第三人重行提示，或改由其他金融機關提示交換者，付款行社一律不得接受[3]，否則被禁止之人雖形式上被禁止提示，但可透過虛偽之

2　中央銀行64年6月17日台央業交字第75號函「金融機構處理假處分票據應注意事項一」。
3　中央銀行64年6月17日台央業交字第75號函「金融機構處理假處分票據應注意事項二」。

轉讓，委由他人代為提示付款，則假處分之功能將無法達到。

（二）於被禁止提示之人提示前受讓者

票據雖經假處分，但並不影響其流通性，因假處分並非使該票據無效，僅係禁止某特定人為付款之提示。票據經假處分後，被禁止提示之人再將該票據轉讓，其受讓人應仍享有票據上之權利，除非其受讓時明如其前手與票據債務人間有原因抗辯事由存在或有無對價或不以相當對價取得票據之情形。換言之，受讓人明知讓與人已被聲請假處分，而仍受讓，則在假處分之聲請為有理由之情況下，該受讓人應被推定為惡意取得。反之，若受讓人為善意，則將可順利為提示付款。

第五節　命令起訴

票據發票人簽發票據後，主張執票人有不得請求付款之情形，雖可依前述規定聲請將票據假處分，禁止執票人暫時不得提示付款及轉讓，嗣後再起訴請求賠償或要求返還票據，以免其蒙受損失，但如發票人在聲請假處分後，卻拒與執票人協商，亦不起訴請求，致彼此間權義無法經由法院判斷，長久以往，票據執票人無法請領票款，權利將因而受損，為平衡雙方權益，法律賦予執票人有命令起訴之權利。

依民事訴訟法第529條的規定，發票人在聲請假處分後，一直不提起本案訴訟，主張因執票人之行為有所損害時，執票人可具狀請求執行假處分之法院，命令發票人在一定期間內（通常為十日）起訴，發票人如不在法院所定期間內起訴時，執票人可在命令起訴期間屆滿後，聲請執行法院撤銷假處分裁定，以恢復自己之權利。

然應注意的是本案訴訟係指發票人所聲請之假處分係已依照訴訟程序，由法院審理後認為真實，而取得勝訴確定之給付判決而言，因之未

經起訴程序執行名義如本票准許強制執行裁定者，並不包括在內[4]。換言之，發票人聲請假處分後，如果以本票准許強制執行之裁定請求執行時，執票人要求另行起訴者，發票人仍應另行起訴。

第六節　票據假處分與掛失止付相異處

一、原因不同

票據如有遺失或被竊等法定原因時，得掛失止付，而假處分則無此限制，只要票據為不得享有票據權利人或為票據權利應受限制之人獲得時，即可聲請假處分。因之有掛失止付之事由，如能知悉何人占有遺失或被竊票據，自亦得申請假處分，反之有假處分原因，並非當然可掛失止付。

二、對象不同

假處分必須以特定之人為對象，尤以禁止背書轉讓之票據，特別能表現假處分之功能。掛失止付通知係以不特定人為對象。

第七節　票據假處分之執行方法

關於票據假處分執行應依下列方法為之[5]：

4　最高法院65年1月20日65年度第一次民事庭會議決議：「民事訴訟法第519條第1項規定曰『起訴』，自係指訴訟程序，提起訴訟，以確定其私權存在，而取得給付之確定判決而言，應不包括其他。故債權人依票據法第123條向法院聲請裁定而強制執行之情形，自不包括在內。」

5　司法行政部64年3月17日(64)函民字第02270號函發「辦理票據法施行細則第四條所定假處分事件應行注意要點」。

一、關於禁止請求付款部分

依強制執行法第138條規定，將假處分裁定送達於債務人，並將此項事由通知付款人。債務人於假處分實施後提示票據請求付款時，付款人於發票人存款足敷支付時，須以此為理由拒付，但存款不足時，如係支票，仍應併按本法第141條處理。如係第三人提示票據請求付款，因該第三人非假處分之效力所及，付款人仍應按一般程序處理。

二、關於禁止處分部分

依強制執行法第140條、第136條及第47條規定，命債務人交出票據，由執行人員於票據上記載假處分之事由，並將票據作成抄本或影印附卷，如查明債務人確占有票據而拒不交出，應依同法第22條或第48條規定辦理。如債務人主張已交付第三人時，應記明第三人姓名住居所，並查明是否實情。

關於發票人簽發支票如係利用假處分程序聲請法院禁止占有票據之人向付款人請求付款，如依其情節，可認為係以不正當方式，使支票不獲支付者，得依本法第141條第3項準用同條第1、2項之規定處罰。

又未禁止轉讓記載之票據，票據權利人可否請求假處分，實務上認為仍可請求假處分，惟聲請人應釋明繼其持有之後手係不得享有票據權利之人或票據權利應受限制之人以防濫用[6]。

第八節　票據假處分之問題研究

問題

　　某甲向某乙訂購毛料乙批，買賣價金新臺幣五十萬元，交貨日期107年10月15日，甲簽發一面額五十萬元之遠期支票乙張，票載發票日

---

6 司法行政部民事司台(65)民司函字第0861號函。

為107年10月20日，107年10月15日乙未如期交貨，此時甲若不願將票款被乙領走，而屆期不將票款存入帳戶，勢必造成退票，影響多年來建立之商譽。甲若將票款存入而使支票兌現，但又無把握乙一定交貨，甲究竟應如何處理？

研析意見

　　甲若於107年10月20日前不將票款存入，屆時勢必因存款不足造成退票，因票據為無因證券，甲必負給付票款之民事責任，給付票款部分，如乙未將支票讓與第三人，甲尚可保有發票人與受款人間直接抗辯原因，因之，如甲逕讓其支票退票，對甲甚為不利，應不得採行。正確之途，應依據本法施行細則第4條規定向法院聲請假處分，禁止乙向付款銀行提示付款，爾後再提起訴訟解決之。

　　惟票據假處分僅能禁止某特定之人為付款之提示（本案中僅得對乙），而不得對抗善意之受讓人。因之若乙於提示前已將該票據讓與丙，丙為善意受讓人，甲仍無法保有其票款。為預防上述情形之發生，發票人簽發票據時，應將買受人之姓名填於受款人處，即簽發記名票據，並於票面上記載禁止背書轉讓，如此即可維持發票人與受款人間直接之抗辯關係。蓋票據一經發票人記載禁止背書轉讓，該票即不得再為轉讓，若受款人仍為轉讓，不生票據移轉之效力，從而銀行即可對之拒絕付款。票據既不能轉讓，則一旦受款人有拒不交貨等抗辯事由發生時，發票人即可對之聲請假處分，禁止受款人提示付款，而不會發生不得對抗善意受讓人之問題。否則，若不記載禁止背書轉讓，則該票隨時可能流落善意第三人之手，則發票人縱為聲請假處分，也將因不得以對抗受款人之事由，對抗被背書人抗辯權上之限制，而無法獲得假處分預期之效果。

第二十一章　票據權利

第一節　票據權利之意義及種類

　　票據關係為法律關係之一種，其內容不外權利與義務，票據關係之構成，一方面為票據上之權利，另方面為票據上之義務，兩者均係本於票據行為而發生，而票據權利者乃票據所表彰之金錢債權，其作用主要在於請求（債權係請求權），其請求權可分為下列二種：

一、付款請求權

　　付款請求權為票據之首次權利，其行使之主體及對象如下：

（一）行使之主體

　　行使此權利之主體為執票人，執票人可能係一最初之受款人，也可能係最後之被背書人，另在匯票、本票亦可能為參加付款人。

（二）行使之對象

　　此權利行使之對象，因票據種類而不相同，茲分別列舉如下：

　　1.**匯票**：付款人（承兌後為承兌人）、擔當付款人、票據交換所、參加承兌人或預備付款人。

　　2.**本票**：發票人及其保證人、擔當付款人或票據交換所。

　　3.**支票**：付款人或票據交換所。

　　上列諸人雖均得為付款請求權行使之對象，但並非均為票據之主債務人，換言之，除匯票之承兌人、本票之發票人及保付支票之付款人為票據主債務人以外，餘則或為非票據債務人（如擔當付款人），或僅為附有條件之票據債務人（如參加承兌人），由此可知，付款請求權行使之對象，

原則上固為票據主債務人，但不以此為限。

二、追索權

追索權亦稱償還請求權，係第二次之權利，原則上須付款請求權行使被拒絕後始得行使，其行使之主體及對象詳見第十一章追索權。因之票據上之權利，與一般債權不同，一般債權僅有一項請求權，而票據則有兩項請求權，同時第二次之追索權更有多數之債務人存在，此係特別保護票據權利人，以加強票據之流通而設。

第二節 票據權利之取得

一、原始取得

專指由發票行為創設取得，或自無處分權人以相當對價受讓票據，其受讓當時須無惡意或重大過失而取得票據之所有權者。讓與人若無處分權，受讓人自不能取得該票據之所有權，然讓與人是否係真正有處分權之人殊難確定，且受讓當時，受讓人既無惡意又無重大過失，法律為維持票據之流通，保護交易之安全，特許其即時取得所有權；惟執票人若以惡意或重大過失取得票據者，則不得享有票據上之權利。但如從有正當處分權人之手受讓票據，則縱使執票人受讓票據係出於惡意或詐欺，亦僅票據債務人得以與發票人或執票人之前手間所存抗辯之事由，對抗執票人而已，不生不得享有票據上權利之問題[1]。又以無對價或以不相當之對價取得票據者，則不得有優於其前手之權利，此規定主要係其有背法律誠信原則之

---

[1] 最高法院57台上2813號判決：「票據法第14條所謂以惡意或重大過失取得票據者，不得享有票據上之權利，係謂從無權處分人之手，受讓票據，於受讓當時，具有惡意或重大過失之情形而言。如從有正當處分權人之手受讓票據，則縱使執票人受讓票據，係出於惡意或詐欺，亦僅票據債務人得以與發票人或執票人之前手間所存抗辯之事由，對抗執票人而已，不生不得享有票據上權利之問題。」

故，惟無對價或以不相當對價取得票據之事實，由執票人負舉證責任[2]。

二、繼受取得

專指執票人自有正當處分權之人，依背書轉讓或依交付方法而取得票據所有權者。執票人因繼受取得票據者，繼受原權利人所取得票據之權利。

第三節　票據權利之行使或保全

一、行使或保全票據權利之意義

票據權利之行使，係票據權利人請求票據債務人履行票據債務之行為。例如行使付款請求權請求付款，或行使追索權以請求償還票據金額等均屬之。

票據權利之保全，乃防止票據權利喪失之行為。例如中斷時效以保全付款請求權與追索權，遵期提示及作成拒絕證書以保全追索權等均屬之。

二、行使或保全票據權利之處所

通常債之清償，依民法第314條規定，應於債權人之住所地為之，惟票據為流通證券，因輾轉流通之結果，債務人常無從確知債權人為誰，更遑論其住所，故民法有關規定對於票據關係事實上無可適用，因之本法第21條特設規定如下：

（一）**票據上有指定處所者**：為行使或保全票據上權利，對於票據關係人應為之行為，應在指定之處所為之。

（二）**無指定處所者**：為行使或保全票據上之權利，對於票據關係人應為之行為，應在票據關係人之營業所為之。

2　高等法院台南分院58年法律座談會結論。

（三）**無營業所者**：在票據關係人之住所或居所為之。

（四）**票據關係人之營業所、住所或居所不明時**：因作成拒絕證書，得請求法院公證處、商會或其他公共會所調查其人之所在，若仍不明時，得在該法院公證處、商會或其他公共會所作成之。

三、行使或保全票據權利之時間

本法第21條規定，為行使或保全票據上權利，對於票據關係人應為之行為，應於營業日之營業時間內為之，如無特定之營業日或未定有營業時間者，應於通常營業日之營業時間內為之。故票據關係人營業定有特定營業日，如銀行定星期一至五為其營業日，而每營業日又以上午九時至下午三時卅分為其營業時間，則行使或保全票據權利須在營業日且須在營業時間內始可，至無特定營業日或未定有營業時間者，則應於通常營業日及營業時間內為之，此就營業者而言，若票據關係人為普通人時，解釋上亦應依通常時日為之。

第二十二章　票據之法律關係

票據之法律關係，分為票據本體所衍生之各項法律關係，及與票據有關之法律關係，前者稱為「票據關係」，後者稱為「非票據關係」。

茲分述如下：

第一節　票據關係

一、種類

票據關係係法律關係之一種，係指基於各項票據行為所發生之票據上債權債務關係而言，茲將基於票據行為而發生之票據上權利分述如下：

（一）執票人對於票據主債務人（匯票之承兌人、本票之發票人）之付款請求權。

（二）執票人對於參加承兌人及預備付款人之付款請求權。

（三）執票人或背書人對前手之追索權。

（四）對於票據保證人之權利。

（五）已履行債務之保證人，對於被保證人及其前手之追索權。

（六）參加付款人對於匯票之承兌人或本票之發票人、被參加人及其前手，取得執票人之權利。

二、當事人

（一）票據債權人：票據之債權人為執票人及因清償而取得票據之人（票§96）。

（二）票據債務人有第一債務人與第二債務人之分別，第一債務人即票據主債務人，亦即執票人應先向其行使付款請求權，以請求付款；第二債務人即償還義務人，亦即執票人不獲付款或不獲承兌時，得向其行使追

索權，以請求償還，執票人原則上非先向第一債務人行使付款請求權而不獲結果時，始得向第二債務人請求償還，第一債務人與第二債務人，因票據之種類而不同，茲分述如下：

1. **匯票**：付款人承兌之後，則成為第一債務人，發票人、背書人則為第二債務人。

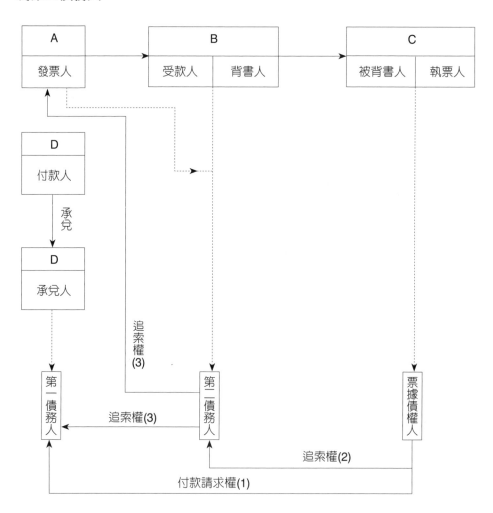

2. **本票**：發票人本人為第一債務人；背書人則為第二債務人。

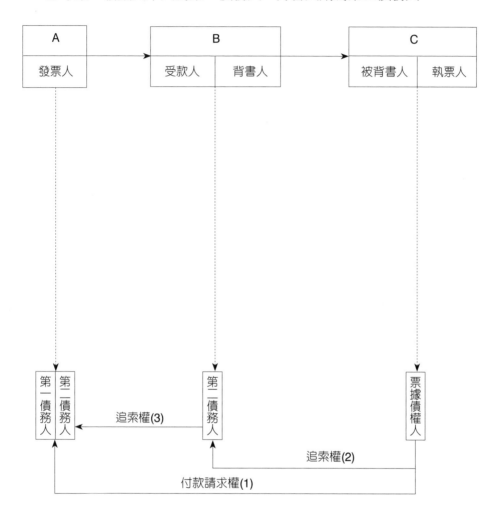

3. **支票**：發票人及背書人均為第二債務人，而付款人原則上雖應負付款之責，但仍非票據債務人，故原則上支票無第一債務人。

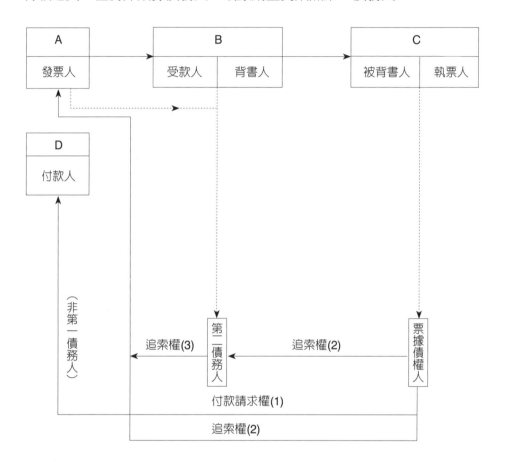

第二節　非票據關係

非票據關係，指票據關係以外，票據當事人間在實質上所互相存在之權利義務關係而言，亦稱票據實質基礎關係，此關係雖非票據關係，但與票據行為關係密切，茲將票據基於民法關係所成立之非票據關係分述如下：

一、票據原因關係

乃票據當事人簽發或轉讓票據之實質原因，此原因通常所見者如買賣、贈與、借貸、清償等，票據之簽發與轉讓即本於前述各原因而產生，然票據行為一經成立即與票據原因關係脫離，無論該原因關係是否有效成立，對各項票據行為之效力不生影響，此原因關係與票據關係之所以分離獨立，旨在助長票據之流通，保護善意執票人。或票據執票人尚不得僅依持有之票據，即主張雙方有票據之實質關係，仍應負舉證責任[1]。

二、票據資金關係

乃指匯票承兌人或支票付款人與發票人間之票據金額償還關係，本票因係發票人自己付款，無所謂資金關係可言，通常票據關係與資金關係分別獨立存在，發票人與付款人間之資金關係是否存在，不影響票據行為之效力，至付款人違背發票人付款之委託或發票人拒絕清償等資金關係之請求，皆屬民法債權債務關係，與票據關係無涉[2]。

---

1 最高法院59台上3243號判決：「按票據之實質原因甚多，或為贈與，或為買賣，或為確保當事人間已存之法律關係，或為消滅已存之法律關係，不勝枚舉，非僅圍於金錢借貸一端使用之，上訴人謂被上訴人系爭支票向其借款，則關於借貸契約之成立，尚應由上訴人負舉證責任。」

2 最高法院65台上1253號判決：「甲種存戶，簽發支票，委託銀行於見票時無條件付款與受款人或執票人者，則存戶與銀行之間即發生委任關係，觀票據法第4條、第125條第1項第5款、第135條等規定自明。既為委任關係，受委任人即有遵照委任人之指示處理委任事務之義務，否則如因其過失或越權行為所生之損害，對於委任人應負賠償之責。」

第三節　票據關係與非票據關係圖解

一、匯票

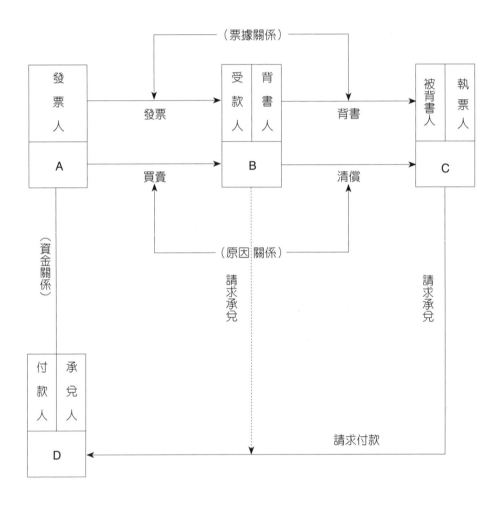

二、本票

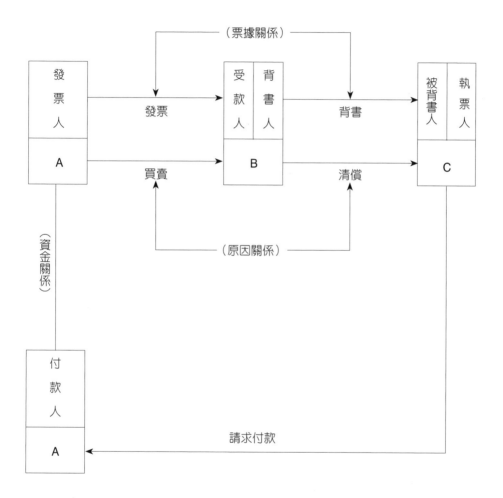

三、支票

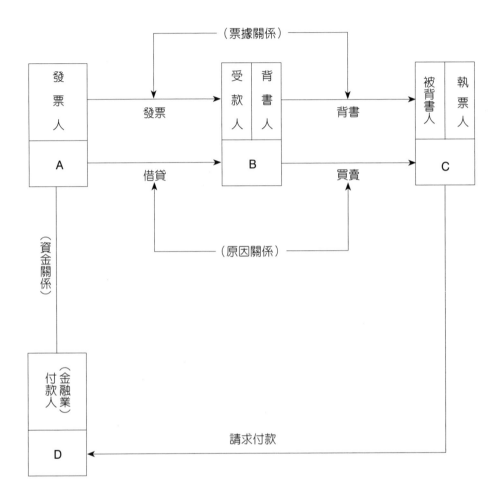

第二十三章　票據時效（票§22）

第一節　票據時效之意義

　　法律上私權之行使，首應尊重當事人之意思，此為私法自治原則之表現，但如權利人長期不行使權利，或如他人侵害其權利而不加以排除，長久繼續將形成另一種新的事實狀態，影響原有法律程序之正常維持，為適應既成事實狀態並承認新法律程序之建立，乃有時效制度之產生。

　　時效區分為取得時效與消滅時效兩種。消滅時效指因長期間不行使權利而使請求權減損效力之時效制度，為喪失權利之原因。民法上一般請求權之消滅時效期間為十五年，票據上所表彰之權利為一定金額之給付請求權，應有請求權消滅時效之適用，惟票據為流通證券，法律為維持票據之信用及流通，對於票據債務人課以較嚴格之責任，如使票據上之權利亦依民法一般長期時效久不消滅，將使票據債務人長期負擔其義務，則收受票據者，均將視票據為畏途，足以影響票據之流通，故本法第22條特設票據短期時效之規定，俾利早日結束票據關係。

第二節　票據消滅時效之期間

　　茲將各票據時效期間分別以下圖示之：

票據種類	權利內容	權利人	義務人	時效期間	時效起算點	圖解
匯票	付款請求權	執票人	承兌人	3年	自到期日起算。	承兌人 發票人 受款人 背書人 執票人（3年）（6月）（6月）（1年）（1年）
	追索權	執票人	前手	1年	自作成拒絕證書日起算。另免除作成拒絕證書自到期日起算。	
	追索權	背書人	前手	6月	自清償或被訴日起算。	
本票	付款請求權	執票人	發票人	3年	自到期日起算。見票即付，自發票日起算。	發票人 受款人 背書人 執票人（3年）（6月）（1年）（1年）
	追索權	執票人	前手	1年	自作成拒絕證書日起算。另免除作成拒絕證書自到期日起算。	
	追索權	背書人	前手	6月	自清償或被訴日算。	
支票	付款請求權	執票人	發票人	1年	自發票日起算[1]。	付款人 發票人 受款人 背書人 執票人（1年）（2月）（4月）（4月）
	追索權	執票人	前手	4月	自作成拒絕證書日起算。免除作成拒絕證書，自提示日起算。	
	追索權	背書人	前手	2月	自清償或被訴日起算。	

1　最高法院66年6月11日第五次民庭庭推總會議：
院長交議：票據法第136條第2款規定，支票發行滿一年時，付款人不得付款，如果於民國64年9月5日簽發之支票，執票人於民國65年9月5日提示，付款人可否付款？有甲、乙兩說：甲說：付款人應不予付款，查票據法第22條第1項對於票據上之權利，「對支票發行人自發票日起算，一年間不行使而消滅」之特別規定，則同法第136條第2款但書所謂「發票滿一年時間」云云，亦應以發票日為期間之始日，以免前後兩岐，徒滋紛擾。（參司法行政部47年函參字第5933號「陳世榮著票據手冊第141頁」同部65年台65函參字第03867號函覆財政部），況票據法第22條係規定於通則章，以後各章關於期間之計算，當一體適用，無待乎重複特別規定，又支票為文義證券，見票即付，其簽發（發行）之日為期間之起算，若謂時效期間，從發票日起算，而除斥期間則依民法之規定，自翌日起算，則關於票據上之權利義務之算法趨於複雜，殊不合理。
乙說：付款人應予付款，票據法第136條第2款既未特別規定其起算日，當依民法之規定，即應自64年9月6日起至65年9月5日最後終止時為期間之終了。
以上兩說，究以何說為當，提請
公決。
決議：採乙說。

第三節　票據時效之中斷

　　本法僅就消滅時效期間規定，至時效中斷、時效不完成及時效利益等仍適用民法有關規定；另時效因請求而中斷者，依民法第130條之規定，若於六個月內不起訴，視為不中斷，但本法之短期時效，有少至二個月或四個月者，則上開中斷時效之六個月期間，解釋上應縮短至二個月或四個月[2]，逾期則無時效中斷可言。

　　另票據執票人固應於本法所定之期限內為付款之提示，惟執票人所為之提示，雖已逾票據法規定之提示期限，但此項提示仍應視為執票人行使請求權之意思通知，具有中斷時效之效力[3]。

　　票據時效因受確定判決而中斷後，重新起算時，在外國法律有定為延長時效期間至一般長期時效之期間者，如日本民法第174-2條[4]，我國民法就此並無明文規定，因之票據債權人於受確定判決並聲請法院強制執行，經執行法院依強制執行法第27條第2項發給債權憑證後，因其執行程序而

2　最高法院51年12月10日第六次民刑庭總會決議：
　　民三庭提：支票執票人對前手之追索權四個月不行使因時效而消滅，為票據法第22條第2項所明定，此項時效期間較民法第130條規定六個月內起訴之期間為短，茲有甲執乙於49年9月15日背書之支票一紙，當日提示未獲兌現，乃於同年11月2日催告乙付款，並於翌年5月1日對乙提起給付之訴，就新時效期間之進行言，已逾四個月，就起訴期間而為計算，則尚在六個月以內，裁判上究應如何解決，分為兩說。子說：時效期間較民法第130條規定六個月內起訴之期為短者，在新時效期間內，若另無中斷時效之事由發生，則使新時效期間經過後，請求權仍因時效而消滅。丑說：（略）。決議：採用子說。
　　最高法院70台上950號判決：「支票執票人對前手之追索權，四個月間不行使，因時效而消滅，為票據法第22條第2項所明定，此項時效期間，較民法第130條規定六個月內起訴之期間為短者，在新時效期間內，若另無中斷時效之事由發生，則俟時效期間經過後，請求權仍因時效而消滅。本件上訴人就系爭支票為付款之提示，遭退票後，雖曾於69年1月6日以存證信函向被上訴人催告，請求給付票款，然其既未於新時效四個月之期間內起訴，而遲至69年7月5日始行提起本件訴訟，顯已逾新時效四個月之期間，且另無中斷時效之事由發生，被上訴人復以上訴人之追索權因時效經過而消滅為抗辯，則上訴人對本件票款之請求權自因而消滅。」
3　最高法院56台上2474號判例、71台上4105號判決、司法院71年12月21日(71)廳民一字第0914號復台高院函參照。
4　日本民法第174-2條：「一、以確定判決所確定之權利，雖定有十年以下之時效期間，其時效期間亦視為十年。依裁判上之和解、調解及其他與確定判決有同一之效力者所確定之權利，亦同。二、前項之規定，於確定當時尚未至清償期之償還權者，不適用之。」

中斷之時效，重行起算時究應適用一般長期時效期間（即十五年），抑仍應依原來票據權利之性質定其時效期間（即一年），發生疑義，民國50年10月最高法院依司法院第2447號解釋[5]，謂我國民法就請求權消滅時效之規定乃依其請求權之性質而異，並非因法律關係是否確定而定，則票據上之請求權因確定判決或執行無效果而發給債權憑證，權利本質既未變更，時效期間亦必須依法條明文為據，我國民法既未如德日法例定有變更適用長期時效之明文，斷難擅引他國法例以變更我國法律明定之效果。至謂實務上有困難，乃立法上之修改問題，亦非由司法機關代行立法職權所能解決，因之其時效期間經中斷重行起算時，事實上既並不能變更原有請求權之性質，則仍應依票據法原定一年為時效期間[6]。

---

5 司法院院字第2447號解釋（31年12月31日）：「執行名義命債務人交付利息清償原本之日為止者，依強制執行法第27條第2項再予強制執行時，其利息自應算至清償原本之日為止，至其利息總額是否超過原本，在所不問，惟執行法院，依同條項發給憑證交債權人收執時，執行行為即為終結，因開始執行行為而中斷之時效，由此重行起算，始再予強制執行時，利息請求權之消滅時效已完成者，債務人得依同法第14條提起異議之訴。」

6 最高法院50年10月17日民刑庭庭會：
民三庭提：短期時效（例如票據債務），因受確定判決而中斷後重新起算時，在外國法律有定為延長時效期間至一般長期時效之期間者，如日本民法第174-2條是我國民法就此並無明文規定，因之計算時效，是否仿外國立法例予以延長，抑仍依原來權利性質定其長短，不因裁判上之確定而有變更，見解上尚未一致，提請公決。決議：依院字第2447號之解釋辦理。
關於此問題有兩派主張：甲說認為票據之時效期間，因判決確定或法院之和解而適用一般長期時效之期間，其理由乃以執行法院依強制執行法第27條第2項發債權憑證交債權人收執時，執行行為即為終結，因開始執行行為而中斷之時效，由此重行起算固經院字第2447號解釋在案，惟該號解釋既未表示重行起算時效應適用原來之短期時效，現行法亦無明文規定，自不得牽強附會，而法律所定之短期時效，依指其法律關係未確定時之狀態而言，如該法律關係業經法院判決確定後則應解為適用長期時效，蓋時效制度之立法理由，乃在維持權利之和平確保交易之安全，及避免舉證困難，茲其法律關係既經判決確定，自不應舉證有何困難，且如謂仍應適用短期時效，則債務人不旋踵間即可免其責任，何得為事理之平，況執行法院發給債權憑證時，既未於憑證上載明其債權之種類，僅載明其債權數額，為免再為強制執行發生困難亦以解為適用長期時效期間為宜，德日立法例有使短期時效因判決確定而重行起算時改適用長期時效期間之規定，我國法律既未設明文，自宜比照此項立法而解釋，適用十五年之時效期間。至於和解有創設效力，請求票款案件經法院和解成立者，當事人因和解取得之權利，為完全新的權利自屬一般債務，其時效應為十五年。
乙說認為：我國民法就請求權消滅時效之規定，乃依其請求權之性質而異，並非因法律關係是否確定而定，則票據上之請求權雖因確定判決或執行無效果而發給債權憑證或法院之和解；權利本質既未變更，時效期間亦必須依法條明文為據，我民法既未如德日法例定有變更適用長期時效之明文，殊難擅引他國法例以變更我國法律明定之效果。至謂實務上有無困難，乃立法上之修改問題，亦非司法機關代行立法職權所能解決。

　　如依前述結論，一般金融業行使票據追索權時將無法達到預期效果，因金融業聲請票據強制執行時，常遇債務人無財產可供執行，致生執行無結果之情形，依強制執行法第27條規定，由執行法院發給憑證交債權人收執，載明俟發現有財產時，再予強制執行。依民法第137條規定時效中斷者，自中斷之事由終止時重行起算，聲請強制執行與起訴有同一效力，亦為中斷時效事由之一，今強制執行既因法院發給債權憑證而終結，中斷之時效自應從執行終結時重行起算。依票據法第22條第1項，票據上之權利對匯票承兌人、本票發票人之消滅時效時間僅有三年，而對支票發票人更短，僅有一年。就金融業而言，支票情形最多，因此自執行終結後一年，如金融業不再中斷時效，其債權將罹於消滅時效而生無法清償之結果，金融業如再次聲請強制執行，此時債務人如仍無財產可供執行時，法院將以無財產無執行實益駁回所請，依民法第136條規定，強制執行聲請被駁回，時效視為不中斷，如此金融業只得任債務人享受時效之利益，從立法觀點而論，前述司法院解釋似未合於社會現實需要，似應從創設性之司法觀點解釋較妥。一般而言，目前法律之解釋仍受十九世紀「概念法學」之影響甚大，爭議問題常僅按法律條文，依論理原則推演分析獲致結論，對於其產生背景皆忽視之，以致推演出之結論，縱在法學理論上無懈可擊，但在實用上未必妥當。為濟其窮，自十九世紀末二十世紀初以來，欣見自由法學、實用法學、利益法學之興起，法律解釋逐漸重視法條適用之客觀性與實際環境需求。**票據法係一重技術規定甚於理論規定之法律，因此筆者認為在法條之解釋上，尤應重視適用環境之妥當性，而不可偏廢於純理論，法律之生命非邏輯而係經驗，所謂經驗即社會之需要，一部法律發展史，可謂經驗克服「邏輯上不可能之事」之紀錄。**

　　筆者在此建議，當票據債權人於提起票據訴訟時，為避免前述因短期時效致請求權罹於時效消滅，應先確切瞭解債務人之財產狀況，若債務人無財產可供執行，不宜先提起給付票款之訴，應先依票據原因關係如買賣、借貸等提起本訴，勝訴後再依強制執行法規定處理，其重行起算之時效可適用一般長期時效較具保障。

第二十四章　票據之利益償還請求權
（票§22）

第一節　利益償還請求權之意義與性質

　　票據上之權利雖依本法因時效或手續之欠缺（如未依法為承兌或付款之提示，或應作成拒絕證書而未作成）而消滅，執票人對於發票人或承兌人於其所受利益之限度，仍得請求償還，此項權利稱為利益償還請求權。其立法意旨係票據上權利之行使，本法規定有嚴格之程序，而其得行使之期間，又較一般債權為短，如執票人怠於行使或不踐行保全手續，則因罹消滅時效或手續之欠缺而喪失權利，即執票人之地位較諸一般債權人更為不利，而發票人或承兌人不僅因此免除票據上之責任，且發票人坐享其於發票時所得之對價，承兌人坐享由發票人所給之資金，衡情論理實有失法律之公平性，為救濟此種不平之結果，始有此利益償還之規定。此利益償還制度為德國法系票據法特有之制度，考慮票據之對價關係及資金關係，而以緩和票據法形成之嚴格性及維持票據債權人、債務人間之衡平為主要目的。本法關於利益償還請求權之規定，係仿照日舊商法第443條及德舊票據法第83條等規定。

　　關於利益償還請求權之法律性質若何，學者見解紛歧，有謂利益償還請求權，係票據上權利之殘存物，此說殊難贊同，蓋利益償還請求權之發生，以票據之債權因時效或手續之欠缺而消滅為前提，既非本於票據行為而生，自非票據上權利之殘存物。有謂係民法上之不當得利或損害賠償請求權，然損害賠償係基於債務人之侵權行為或債務不履行而生，而利益償還請求權，係依本法第22條第4項而生，且償還義務人之得利，並非無法律上之原因，其得利又不以直接得自損失者之利益為必要，與民法上之不當得利有異，故此種見解亦難苟同。通說以此種權利為票據法上之一種特

殊請求權,具有民法上指示債權之性質,並非票據上之權利,亦非民法上
之不當得利或損害賠償請求權[1]。

第二節　利益償還請求權之發生要件

　　利益償還請求權與民法不當得利返還請求權不同,不當得利係以債務
人無法律上原因而受益,致他人受損害為要件,而票據債務人因執票人未
能於法定期限內行使其權利,或因手續欠缺而喪失權利,其所取得之利益
則係出於法律規定之結果,其利益亦不以直接取自執票人為必要,故利益
償還請求權係依本法於票據外關係所生之特別請求權,其要件如下:

一、須票據上之權利形式上有效成立

　　利益償還請求權雖非票據上之權利,但仍係因持有合法有效成立之票
據而生,如持有形式欠缺之票據,其執票人自不得享有利益償還請求權。
如屬有效之票據,其票據是否存在或能否提出在非所問,縱使票據喪失,
經法院除權判決,義務人亦負有受益償還之責。

二、須票據債權全部消滅

　　例如匯票執票人對於匯票發票人及背書人之追索權,雖已因一年時
效屆滿而消滅,但對承兌人之消滅時效尚未完成時,該項票據上之債權仍
未消滅,執票人並非不可持以向承兌人請求付款,尚不成立利益償還請求
權。

1　司法行政部45年9月19日台(45)令參字第4726號函:「按票據法第19條第4項所定執票人
　　對於發票人或承兌人之請求權,學者稱之為『利益償還請求權』,其發生必在票據債權
　　消滅之後,故非票據上之權利,但與民法上之不當得利償還請求權或損害賠償請求權亦
　　有不同,因此,依一般學者之通說,此種權利應認為票據法上特種請求權,而非票據上
　　之權利。」

三、須其消滅之原因由於時效或手續之欠缺

所謂消滅之原因由於時效，係指票據上之權利因時效完成而消滅，所謂消滅之原因由於手續之欠缺，係指執票人未能於法定期限內作成拒絕證書，致對其前手無法行使追索權，此二種原因有一存在，即可成立利益償還請求權，惟亦以該二項情形為限，若因其他事由致票據上權利消滅者，則仍不能發生利益償還請求權。在其票據債權之消滅原因，是否基於執票人之過失所生，在所不問。

四、須票據義務人（發票人或承兌人）受有利益

發票人必須因免除票據上之責任，而享有發票所得之對價，或承兌人因票據上權利之消滅，享有因不為付款所獲之利益，始能成立利益償還請求權。故請求利益償還之執票人，對於發票人須證明其已得對價；對於承兌人須證明其已受領資金[2]。至發票人或承兌人所負償還責任之範圍，以其所受利益為限，早期判決認為此項利益應包括積極利益（例如因票據之簽發而取得金錢或其他財產）與消極利益（例如因代替債務之履行前簽發票據）在內[3]，且僅以發票人或承兌人曾有取得此項利益之事實，即可據以向其行使償還請求權，至其利益存在與否，及是否得自權利人皆非所問，其與民法上之不當得利並不相同。但近年來法院之判決以積極利益為限[4]。

---

2 最高法院47台上1768號判決：「票據債權，雖依票據法因時效或手續之欠缺而消滅者，執票人對於發票人或承兌人，於其所受利益之限度得請求償還，固為票據法第19條第4項所明定，惟此項得利返還請求權之存在與否，係民法上之關係，故發票人或承兌人實際是否受有利益及其所受利益若干，應由為原告之執票人負舉證責任。」
3 最高法院45台上87號判決：「所謂受利益，不僅以積極利益為限，消極利益亦包括之，即發票人或承兌人之財產，有應減少之事由而不減少者，亦應認為受有利益，故執票人本諸上項情形，行使其利益返還請求權時，因發票人或承兌人應行支出之票款得免支出，通常可推定其受有票面金額之利益，如發票人或承兌人對於票據之真正並無爭執，僅否認受有此項金額之利益時，應由發票人或承兌人負舉證責任。」
4 最高法院59台上1909號判決：「票據法第22條第4項規定，票據上之債權，雖依本法因時效或手續之欠缺而消滅，執票人對於發票人或承兌人，於其所受利益之限度，得請求償還。此項利益，僅以積極利益為限，不包括消極利益在內，即應以發票人或承兌人實

五、須法律上無其他救濟之途徑

法律允許利益償還請求權存在之理由，乃因執票人因時效或手續上之欠缺，致票據上權利消滅，在法律上無其他救濟方法而設，若執票人另有救濟之道，則儘可循以請求，無適用利益償還請求權之必要。

第三節　利益償還請求權之當事人

一、償還請求權人

償還請求權人須為票據上權利消滅當時之正當執票人，不以最後之被背書人為限，凡已履行票據上追索義務而取得票據之背書人（票§96）、保證人（票§64、124）或因參加付款而取得執票人權利之參加付款人（票§84）均屬執票人，皆享有此請求權。惟背書人不僅指依有連續之背書取得票據之執票人或償還而收回票據之背書人，即自此等執票人或背書人處依繼承、合併、一般債權讓與、支付命令或拍賣之移轉及期後背書等而取得票據之執票人皆不失為正當之執票人，至於持有背書不連續之票據者，其票據權利人之形式資格欠缺，但執票人如能就不連續之處證明其具有實質之關係時，既為實質上之權利人，應解為享有此權利。

二、償還義務人

償還義務人為發票人（匯票、本票、支票）或承兌人（匯票），背書人則不在此限，因背書人以背書轉讓票據時，通常雖多自被背書人受有對價，但其於獲票據時亦多付出對價，故背書人並無受益，自不得對之行使償還請求權，然背書人之為票據債務之保證，得一定之對價而為背書者亦或有之，日本票據法第85條增列背書人為償還義務人，以符實際，此種立法為我國現行法所不採。同樣，發票人或承兌人之保證人雖均可為票據付

_____

際所受之積極利益範圍為限，負償還責任。」

款請求權或追索權之對象，但亦因無受益可言，均非此請求權之義務人。

第四節　利益償還請求權之消滅時效

　　利益償還請求權因與一般債權之消滅原因相同，其消滅時效之期間，本法雖未規定，實例上認為應依民法規定之十五年長期時效[5]，自票據上權利消滅之日，即票據之時效期間或權利保全手續期間屆滿日之翌日起算[6]。行政院於62年票據法修正時曾建議以明文規定其時效為五年，以期票據關係早日結束，惟未獲立法院同意[7]。

　　票據權利因怠於行使致失時效者，此時當可依票據關係賴以成立之原因關係，如買賣、借貸等，依民法之規定請求，惟筆者感到票據法為規範票據關係之法律，以助長票據流通為最大任務，票據法上所採之各種制度，包括利益償還制度在內，無不為助長票據流通而設，然何以必須助長票據流通？蓋以票據於經濟上有其效用之故。法律因發揮票據功能而因此所給予票據權利人之特殊權利，在本於權利與義務相對之觀念下，亦應負有使票據發揮其經濟上之效力。法國法系否認利益償還制度，認為票據上

5　最高法院37台上8154號判例：「票據之出立，不問其原因如何，其權利義務應依票據法之規定，貸款債權，既因票據之出立而不存在，自不能再以貸款請求權消滅時效業已完成為抗辯，至票據上之權利，對支票發票人雖因一年間不行使而消滅，但執票人對於發票人，於其所受利益之限度，仍得請求償還，為票據法第19條第4項所明定，被上訴人即執票人對於上訴人即發票人，於其所受利益之限度之償還請求權並未經過民法第125條所定十五年之期間，固仍得合法行使。」

6　法律問題：票據法第22條第4項利益償還請求權，其時效期間應適用如何之規定？起算點如何計算？
　　研討意見：
　　甲說：利益償還請求權非票據上權利，而為票據法第22條第4項所規定之特別權利，其消滅時效期間，因票據法未另設明文規定，自應適用民法第125條所定十五年之規定（最高法院29台上1615號、37台上8154號決例參照），至於其時效期間之起算點，原則上應解為自票據權利消滅之日，即票據債權罹於時效或權利保全手續之欠缺，而無法對發票人或承兌人行使追索權之翌日開始計算。
　　研討結論：採甲說。
　　座談機關：司法院司法業務研究會第3期
　　司法院第一廳研究意見：同意研討結論。

7　王德槐，新票據法釋論，第56頁。

權利消滅後，僅可基於其原因關係視同一般債權之請求，英美法系更是如此，而我國關於票據權利消滅後，非但有票據法上賦予之利益償還制度，甚仍可基於原因關係之請求權而達到救濟票據債權人之目的，更甚者利益償還請求權之時效期間長達十五年之久，似有過分保護票據債權人之嫌，應非法律公平、正義概念所能容。

第五節　利益償還請求權之行使

利益償還請求權係屬指示債權，應向受有利益之發票人或承兌人以意思表示為之，無論於訴外請求或訴訟上請求，均無不可。惟行使請求權是否需執有票據或提示票據，最高法院判例及前司法行政部均採否定說[8]。

8　一、最高法院57台上1732號判決要旨：「原審以票據法第22條第4款規定有償還利益請求權者，限於執票人，而此種利益償還之請求，因非行使票據上之權利，固不以提示票據為必要，但為證明其係執票人之方法，自以提出票據為必要，如已喪失，除非已經法院除權之判決，尚難認有利益償還請求權，被上訴人既不承認系爭支票係其自己或其父因向上訴人借款所簽發，上訴人又未提出結本或在書狀內或辯論時表明支票帳戶及其號碼，供為查封，自屬無從認定上訴人現仍為該支票之執票人，其本於執票人地位向被上訴人為利益償還之請求，即非正當，殊不知票據上權利消滅當時之正當執票人，即為利益償還請求權之權利人，利益償還請求權，既非票據上之權利，則其移轉及行使均不以持有證券或其代替之除權判決為必要，雖為證明利益償還請求權之實質上由其取得起見，證券或除權判決，不失為十分有利之證據，究亦非唯一之證明方法，上訴人既謂前此曾訴請給付票款，則上訴人是否曾執有被上訴人簽發之支票，應予以調卷查明認定，竟僅以上訴人未能提出該支票，而為其不利之判斷，猶嫌疏略。」
二、前司法行政部民事司台(65)民司函字第0003號函：
法律問題：利益償還請求權之行使是否須執有票據或經除權判決為必要？
討論意見：
甲說：利益償還請求權並非票據上之權利。失效之票據，只係利益償還請求權之證書而已，其行使自不以執有票據或經除權判決為必要。
乙說：利益償還請求權係票據上權利之變形物，且票據輾轉流通，在利益償還請求權發生前，該票據有被善意取得之可能性。自利益償還義務人之立場言，殊有確認正當利益償還請求權人以避二重清償之必要，為此須執有票據或經除權判決始得行使利益償還請求權。
結論：多數贊成甲說。
研究結果：
利益償還請求權為票據法上一種特別之請求權，具有指名債權之性質，並非票據上之權利，行使此項請求權之人，祇須證明其係票據上權利消滅當時之實質的權利人即可，其票據之是否存在或能否提出，抑或有無除權判決均非所問。

　　另執票人行使利益償還請求權者，由執票人負舉證責任；惟發票人對於執票人主張之原因事實及票據之真正並不爭執，而主張票款已因清償、抵銷等原因而消滅者，由發票人負舉證責任[9]。

9　最高法院48台上389號判決要旨：「執票人，依票據法第19條第4項（現行法第22條第4項）之規定，對支票之發票人行使利得償還請求權者，固應由執票人負舉證責任，惟發票人對於執票人主張之原因事實及票據之真正並不爭執，而主張票款已因清償、抵銷等原因而消滅者，則舉證責任應由發票人負之。」

第二十五章　匯票、本票、支票之主要區別

序號	項目	票據種類		
		匯票	本票	支票
1	票據關係當事人	票據關係主體由發票人、付款人及受款人三方面構成。	票據關係主體由發票人、受款人及付款人三方面構成，惟發票人與付款人為同一人。	票據關係主體由發票人、付款人及受款人三方面構成。
2	票據資金關係	發票人無需先有資金存放於付款人處即可簽發匯票。	本票由發票人自己擔任付款，故發票人不必與他人有資金關係，隨時可簽發本票。	發票人於付款人處，必須有存款或簽有透支契約，始可簽發支票（票§141）。
3	票據主債務人	承兌人（票§52）。	發票人（票§121）。	發票人（但保付支票之主債務人為付款人）（票§126、138）。
4	票據效用	為信用及匯兌工具，票面上可記載發票日、到期日及利息。	為信用工具，票面上除記載發票日外，可另行記載到期日及利息。	為支付工具，限於「見票即付」，票面上僅有發票日之記載。
5	發票人責任	擔保承兌及擔保付款（票§29）。	擔保付款（票§121、52）。	擔保付款（票§126）。
6	背書人責任	擔保承兌及擔保付款責任（票§39）。	擔保付款責任（票§124準用39）。	擔保付款責任（票§144準用39）。
7	承兌及參加承兌	有承兌、參加承兌之票據行為（票§42、53）。	無左列行為。	無左列行為。

序號	項目	票據種類		
		匯票	本票	支票
8	保證	匯票之債務得由保證人保證之（票§58）。	本票之債務得由保證人保證之（票§124準用58）。	因係支付工具，不能有保證人之記載，但可請求付款銀行保付（票§138）。
9	付款人資格	付款人之資格無限制，任何人均得為付款人，發票人或承兌人得指定擔當付款人代理付款人或承兌人辦理付款。	由發票人自己擔任付款，並得指定擔當付款人代其辦理付款（票§3、120）。	由發票人委託金融業者付款，不得再另行指定擔當付款人（票§4、127）。
10	付款提示期間	到期日或其後二日內（票§69）。	同左（票§124準用69）。	付款提示期間： (1) 發票地與付款地在同一省（市）區內者，發票日後七日內。 (2) 發票地與付款地不在同一省（市）區內者，發票日後十五日內。 (3) 發票地在國外，付款地在國內者，發票日後二個月內（票§130）。
11	分期付款及一部付款	可分期付款（票§65）亦可一部付款（票§73）。	可分期付款，亦可一部付款（票§124準用65、73）。	不得分期付款，但付款人得為一部付款（惟實務上，如發票人存款不足，均以退票處理）（票§137）。
12	參加付款	有（票§77）。	有（票§127準用77）。	無左列行為。

序號	項目	票據種類		
		匯票	本票	支票
13	擔當付款人及預備付款人之指定	可指定（票§26）。	可指定（本票亦可委託金融業者為擔當付款人）（票§124準用26）。	支票無擔當付款人，且不得指定預備付款人。
14	付款人及付款地之記載	得不記載（票§24）。	得不記載（票§120）。	必須記載（票§125）。
15	到期日、發票日及利息之記載	有到期日、發票日，並可記載利息（票§65、28）。	有到期日、發票日，並可記載利息（票§124準用65、28）。	僅有發票日，不得記載到期日及利息（票§128）。
16	拒絕證書之種類	有拒絕付款證書、拒絕承兌證書及拒絕複本交還證書（票§86、87、117）。	有拒絕付款證書及拒絕見票證書（票§122、124準用86）。	僅有拒絕付款證書（即實務上之退票理由單）（票§131）。
17	複本及謄本	二者均有（票§114、118）。	僅有謄本，而無複本（票§124準用118）。	二者均無。
18	平行線及保付	無平行線及保付之規定。	同左。	可劃平行線二條，限制付款人僅能對金融業等支付票據金額（票§139）。另有保付之規定（票§138）。
19	行使追索權之方式	對票據債務人行使追索權，應以起訴方式行之。	對本票發票人行使追索權，可聲請法院裁定後強制執行（票§123）。但對發票人以外之其他票據債務人追索，則仍需以起訴方式為之。	對票據債務人行使追索權，應以起訴方式行之。

序號	項目	票據種類		
		匯票	本票	支票
20	票據時效	(1) 對承兌人自到期日起算三年。 (2) 執票人對前手追索權，自作成拒絕證書日（免除作成拒絕證書者自到期日）起算一年。 (3) 背書人對前手追索權自為清償或被訴之日起算六個月。	(1) 對發票人自到期日（見票即付之本票，自發票日）起算三年。 (2) 執票人對前手追索權，自作成拒絕證書日（免除作成拒絕證書者自到期日）起算一年。 (3) 背書人對前手追索權自為清償或被訴之日起算六個月。	(1) 對發票人自發票日起算一年。 (2) 執票人對前手追索權，自提示日起算四個月。 (3) 背書人對前手追索權自為清償或被訴之日起算二個月。

第二十六章　匯票、本票、支票之流程

第一節　匯票之流程

一、匯票流程之一：由受款人提示承兌後再請求付款（無背書行為）。

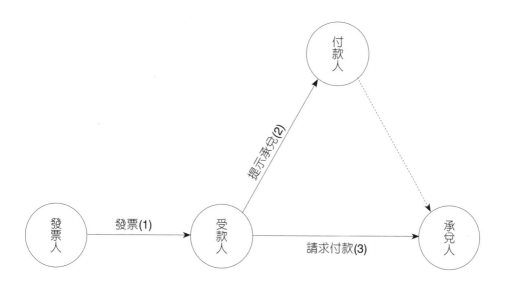

二、匯票流程之二：由受款人直接請求付款（無承兌、背書行為）。

三、匯票流程之三：由受款人提示承兌後背書讓與被背書人後，由被背書人請求付款。

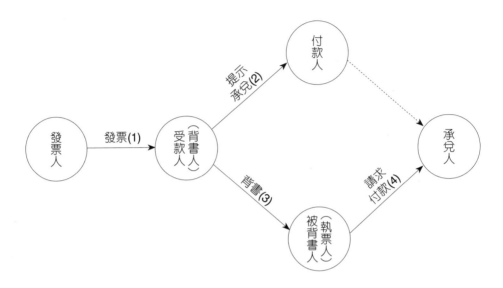

四、匯票流程之四：由受款人先背書讓與被背書人，再由被背書人提示承兌後請求付款。

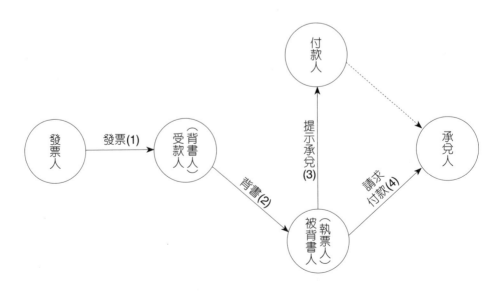

　　五、匯票流程之五：由受款人背書讓與被背書人後，由被背書人直接請求付款（無承兌行為）。

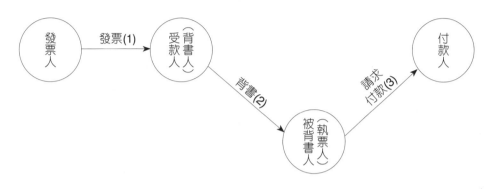

第二節　本票之流程

　　一、本票流程之一：發票人簽發本票交與受款人，由受款人於到期日請求發票人付款（無背書行為）。

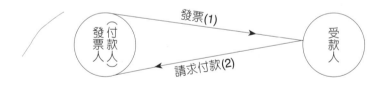

　　二、本票流程之二：受款人於到期日前背書讓與被背書人，被背書人於到期日請求發票人付款。

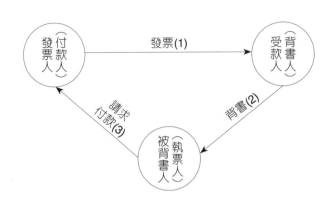

第三節　支票之流程

一、支票流程之一：由受款人直接請求付款金融業付款（無背書行為）。

二、支票流程之二：由受款人背書讓與被背書人後，由被背書人請求付款金融業付款。

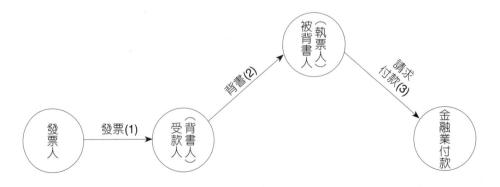

第二十七章 匯票（票§24-119）

匯票依本法第2條之規定係指發票人簽發一定金額委託付款人於指定之到期日無條件支付與受款人或執票人之票據。只要票載事項符合本法第24條之規定即已成立。關於匯票之各種法律關係如發票、承兌、背書、到期日、付款及追索權等詳見前述各章。

「匯票」（Draft）與向銀行取款之「支票」（Check），在外國同屬Bills of Exchange，因均有「發票人」、「付款人」、及「受款人」三造當事人，但本法則係將「匯票」、「本票」、及「支票」併列，通常在商業交易中，賣方交貨並簽發以買方為付款人匯票，請買方承兌，或由買方簽發以第三者如銀行或自己為付款人之匯票交與賣方，即完成信用交易，匯票在商業上應為優良之信用工具，然國人商業交易利用匯票並不多，主要原因在於以往遠期支票之大量使用，支票本係單純之支付工具，遠期支票卻喧賓奪主成為使用最多之信用工具，匯票、本票反而退居次要地位，在匯票之使用上，目前我國皆著重由國際貿易而簽發之「匯票」，即所謂「商業匯票」（Commercial Bills），國內交易使用匯票之事例較少。茲將各類匯票分述如下：

第一節　商業承兌匯票

一、商業承兌匯票之意義及形式

匯票係指發票人簽發一定金額委託付款人於指定之到期日，無條件支付與受款人或執票人之票據。只要票載事項符合本法第24條之規定即已成立。承兌則係付款人在匯票上承諾支付之委託，願照票載文義付款所為之票據附屬行為。匯票付款人並不因發票人之付款委託而當然成為債務人，必須承兌後付款人始成為匯票之主債務人，惟並非一切匯票均須承兌，除匯票記載應為承兌或見票後定期付款之匯票執票人必須請求承兌外，承兌

與否悉依執票人之自由。商業承兌匯票依銀行法第15條之規定係指以出售商品或提供勞務之相對人為付款人而經其承兌者之匯票謂之。依前述定義觀之,商業承兌匯票的範圍較本法所稱之承兌匯票為小,僅指有實際交易行為為基礎而產生的匯票而言。一般短期票券交易商所能買賣之匯票應僅限於此類,且依「短期票券交易商管理規則」第4條第2項之規定更縮小範圍為「依法登記之公司」所發行之匯票為限,其餘非公司之個人、獨資、合夥所發行之商業承兌匯票應仍不得買賣。

```
                              商業承兌匯票
┌──────────────────────────────────────────────────────┐
│  憑票於一〇二年十月二十日祈付        企業股份有限公司或其指定人  │
│  新臺幣壹拾萬元整                                       │
│       此  致                                          │
│  付 款 人  中華企業股份有限公司                          │
│  付款人地址  臺北市南海路三號                            │
│                      發票人  世界企業股份有限公司          │
│                      地  址  臺北市開封街一段三三號        │
│  發票日期民國一〇二年七月二十一日                         │
│                      此票免除作成拒絕證書                 │
├──────────────────────────────────────────────────────┤
│  茲經承兌准於右記日期照付不誤                            │
│                      承兌人  中華企業股份有限公司          │
│                      地  址  臺北市南海路三號            │
│     中華民國一〇二年七月二十一日                         │
└──────────────────────────────────────────────────────┘
```

圖27-1　商業承兌匯票式樣

二、商業承兌匯票之各項法律關係

關於商業承兌匯票的各項法律關係如發票、承兌、背書、保證、到期日、付款及追索權等項皆與匯票相同,詳見本書前述各章。

三、商業承兌匯票之產生方式

商業承兌匯票產生方式可分為下列二種:

(一)買賣交易之賣方按買賣契約交付買賣標的物或提供勞務後,簽發以賣方本人為受款人,買方為付款人之匯票請買方承兌,買方於驗明買

賣契約條件相符後，在匯票上承兌並將匯票交與賣方，賣方於付款日到期前，如需用資金，可持向往來銀行貼現或於貨幣市場中賣出，以取得匯票金額加以運用，無需等待到期日始得請求付款。其流程以圖示如下：

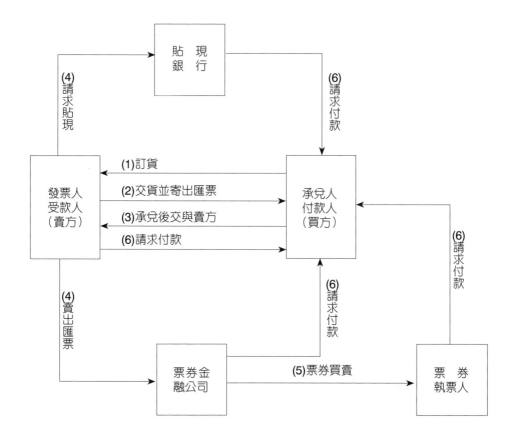

（二）買賣交易之買方於按買賣契約交付買賣標的物或提供勞務後，簽發以買方自己為付款人，賣方為受款人之匯票交與賣方，賣方於匯票指定之時間內要求付款人（買方）承兌，付款人（買方）於驗明買賣契約條件相符後即予承兌，並將匯票交付與賣方。賣方於付款日到期前，如需運用資金，可持向往來銀行貼現或於貨幣市場中賣出，以取得匯票金額加以運用，其流程以圖示如下：

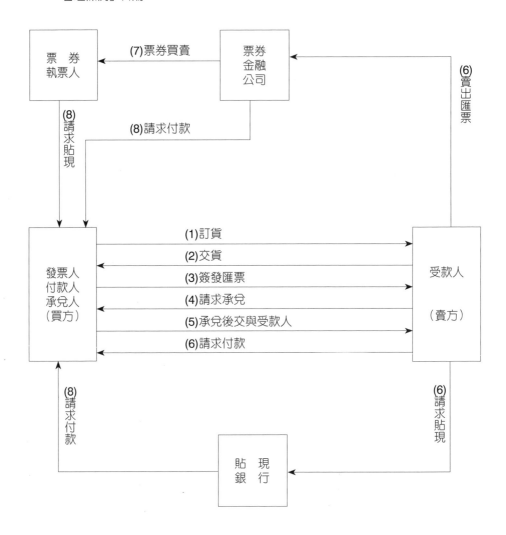

四、商業承兌匯票之優點

（一）對執票人、受款人或賣方

因匯票上有發票日、到期日及受款人、付款人之記載，可與交易憑證印證實際交易行為，自償性高，風險低；另於需要資金時可於銀行取得較高成數之貼現或在貨幣市場賣出，流動性較高。

（二）對付款人（承兌人）

　　可控制賣方依契約交貨，否則將拒絕承兌或依本法第14條之規定拒絕付款；另可節省資金成本，增強競爭能力。

　　一般而言，企業在貨幣市場出售商業承兌匯票之成本，因不須負擔承兌費、承銷費、簽證費，雖貼現利息可能較同期間銀行承兌匯票為高，但總成本仍然較其他信用工具為低，有助於財務負擔之降低。依據「短期票券交易商管理規則」第4條第1項規定「本規則所稱短期票券，係指政府發行之國庫券、可轉讓之銀行定期存單、商業票據及其他經財政部核准之短期債務憑證」，其中商業票據於同條第2項中明文規定係包括本票、銀行承兌匯票及商業承兌匯票等，故商業承兌匯票亦為短期票券之一種，惟因國人一般商業交易習慣上利用商業承兌匯票作為信用工具較少，在貨幣市場上之交易數量亦不多，近年來由於外商銀行積極承作銀行承兌匯票業務，商場上對承兌匯票之性質已較有認識，接受性亦高，部分較具規模之廠商並已詢及可否不經銀行承兌，而改由其交易之客戶承兌其簽發之匯票，以節省銀行承兌費用之支出，降低財務費用，以實際情形而論，商業承兌匯票作為短期票券之交易工具在操作上並無困難，雖目前一般商業習慣尚不易改變，此類短期票券來源有限，惟如在買入之貼現率上給與較優惠之價格，在總成本低於利用銀行承兌匯票籌集資金之成本時，部分規模較大之企業應會考慮利用此一信用工具，有助於此項業務之推展，加以近年來財政部為減少一般人以遠期支票作為信用工具使用，積極要求金融機構推展本票、商業承兌匯票之貼現業務，商業承兌匯票未來在商場上、貨幣市場上可望具有較重要之地位，故本章特別對商業承兌匯票作一簡述，以加強我國人對該匯票之正確認識。

第二節　銀行承兌匯票

一、銀行承兌匯票之意義及形式

　　依本法第2條之規定，匯票係指發票人簽發一定之金額委託付款人於指定之到期日無條件支付與受款人或執票人之票據，只要票載事項符合本法第24條之規定即成一完整之匯票。承兌則係付款人依本法第43條之規定，在匯票上承諾付款之委託，願照票載文義付款所為之票據附屬行為。匯票一經付款人承兌即成為承兌匯票，承兌人並成為匯票之主債務人，應依本法第52條之規定負票據到期付款之責任。銀行承兌匯票係指發票人以銀行為付款人所簽發之匯票，經銀行承兌者；其發票人得為任何第三者，亦可由銀行本身自任為匯票之發票人，一般國際貿易或國內貿易之延期付款，常因賣方（或出口商）對買方（或進口商）缺乏信任，而無法透過遠期商業匯票之融通而進行，為解決此項困難，乃由買方先洽妥與其有往來之銀行提供承兌信用，由賣方簽發以該銀行為付款人之匯票，經銀行承兌者稱為銀行承兌匯票，亦即依銀行法第15條規定依國內外商品交易或勞務提供之相對人委託銀行為付款人而經其承兌者之銀行承兌匯票。如與本法相較，可以看出銀行法有關銀行承兌匯票性質之規定較本法匯票之規定為嚴。其特點有二：第一，銀行法規定銀行承兌匯票須以商品交易或勞務提供為產生之基礎，顯示此種票據為具有自償性質之真實票據（Real Bill），而與純為融通資金所簽發之融通票據（Finance Bill）不同。第二，銀行法規定銀行擔任匯票之付款人（或承兌人），須接受交易之賣方（出售商品或提供勞務之相對人）之委託或委任而後為之；在實際上，買方須於匯票滿期前將票款存入承兌銀行，故買方為真正付款人而銀行僅為形式上之付款人。此外，在行政命令方面，關於銀行承兌匯票亦有補充性之類似規定。例如財政部62年公布之「銀行辦理票據承兌保證及貼現業務辦法」第3條及第4條規定，銀行承兌之票據以由合法商業行為所產生者為限，向銀行申請承兌之人須為依法登記之工商企業或其他經濟事業。又如

財政部64年底公布之「短期票券交易商管理規則」第4條規定，銀行承兌匯票係指依法登記之公司所發行基於合法交易行為所產生並經受款人背書者。惟純就票據上債權、債務關係觀之，匯票只要由銀行承兌者，其主債務人均係承兌銀行，自執票人之權益看，其是否符合銀行法之定義無關重要。

　　銀行承兌匯票固為承兌銀行到期無條件付款之票據，但買方在匯票滿期前須將票款存入銀行，故實際上銀行不過經手付款而已。在此項過程中，銀行僅提供承兌信用而不必動用其資金，即可促進國際或國內貿易之融通，同時並為其本身賺取手續費之收入，因之目前銀行承兌匯票已成為貨幣市場上極優良之信用工具。其式樣如下圖所示：

匯　　票
匯字第○○一七五號
一、憑票准於　102　年　10　月　9　日祈付
或其指定人
新臺幣壹佰伍拾捌萬元整
二、付款處所：華南商業銀行總行營業部（地址：臺北市館前路43號）
三、本匯票係依據華南商業銀行總行營業部中華民國　102　年　6　月　5　日
第　75010-002-035　號國內信用狀開立
四、本匯票免除作成拒絕證書
此　致
華南商業銀行總行營業部驗付
發票人　立正企業股份有限公司　【印】
住　址　臺北市開封街一段33號
中華民國　　102　年　7　月　9　日
茲經承兌准屆期照付
新臺幣壹佰伍拾捌萬元正
承兌人　華南商業銀行營業部
地　址　襄理　張　立　【印】
臺北市館前路43號
承兌日期中華民國　102　年　7　月　11　日
經副襄理　　　　　　　會計　　營業　　記帳員　　驗印

二、銀行承兌匯票之各項法律關係

關於銀行承兌匯票的各項法律關係如發票、承兌、背書、保證、到期日、付款及追索權等項皆與匯票相同，詳見本書前述各章。

三、銀行承兌匯票之產生方式

國內銀行承兌匯票產生之方式可分為下列四種：

（一）買賣交易之買方請往來銀行簽發即期信用狀向賣方購貨，於贖單後因產銷過程須短期周轉資金，可於取得開狀銀行承諾後簽發遠期匯票連同交易憑證送請銀行承兌，並向銀行貼現或在貨幣市場賣出以取得資金。其過程如下圖：

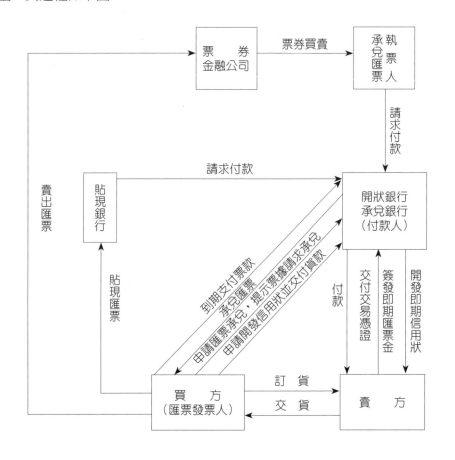

　　（二）買賣交易之買方請往來銀行開發國內遠期信用狀向賣方購貨，只要賣方依信用狀條款之規定出貨，即可持有關憑證並開發以開狀銀行為付款人之匯票請銀行承兌，賣方於需要資金時可持向往來銀行貼現或在貨幣市場賣出以取得資金。其過程如下圖：

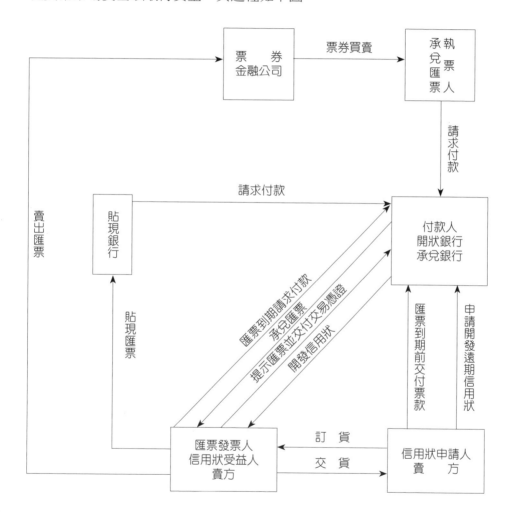

　　（三）買賣交易之買方與往來銀行簽訂在一定期間內循環使用之承兌額度，在此期間內買方就其合乎規定之實際交易行為簽發以銀行為付款人之匯票連同交易憑證送請銀行承兌後將匯票交與賣方，賣方於需要資金時可持向銀行貼現或在貨幣市場上賣出以取得資金。其過程如下圖：

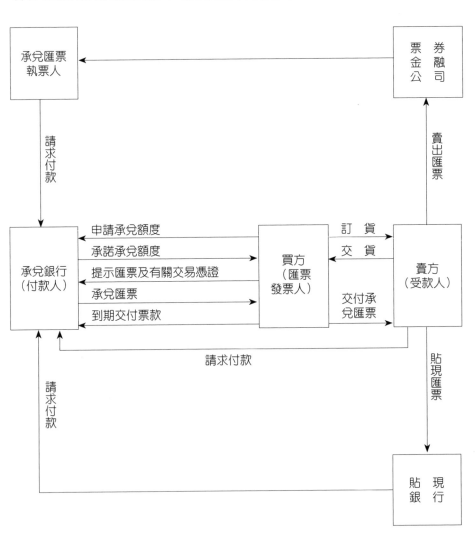

　　（四）買賣交易之買方於給付賣方貨款後，因產銷過程須短期周轉資金，可於取得往來銀行匯票承兌之承諾後，簽發遠期匯票連同交易憑證送請銀行承兌，並向銀行貼現或在貨幣市場賣出以取得資金。其過程如下圖：

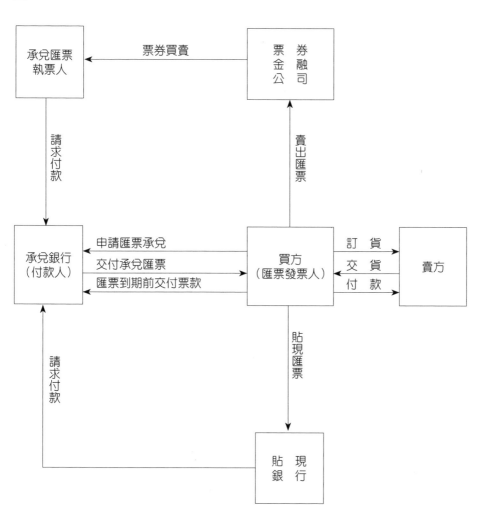

四、銀行承兌匯票之優點

（一）對買方而言

　　買賣交易之買方以前述銀行承兌匯票產生方式（一）、（二）向賣方
購貨，因銀行係匯票承兌人，債信可靠，賣方可安心接受延期付款。另買
方購貨因有銀行信用介入，債信可靠，可不必向賣方提供擔保，採購對象
富選擇性，可不必受賣方控制，因而交易靈活，交易量亦隨之大增，如買
方以（三）、（四）方式於給付貨款後，以其交易行為產生銀行承兌匯票
獲取資金時，有助於買方從事進貨後之產銷活動，資金調度靈活增加交易
量。

　　一般而言由於銀行承兌匯票須基於實際交易行為產生，自償性高，
資金成本通常較直接向銀行借款節省，銀行要求之擔保品比例亦較其他授
信方式為低，目前銀行收費標準大部分均按承兌面額收取年息百分之一之
承兌手續費，擔保品比例則依個別客戶之信用而定，又銀行承兌匯票在貨
幣市場賣出時不用支付簽證費、承銷費，雖貼現率較整批發行商業本票略
高，惟就總成本而言仍稍低。

（二）對賣方而言

　　現金交易對賣方而言固然是最好之交易方式，可是事實上一般之買賣
信用交易仍難免，若由銀行介入交易過程，以其信用取代買方之信用，以
銀行作為匯票之承兌人，非但可增大交易量且貨款又有保障，於需要資金
時復可在貨幣市場賣出，安全而又富流動性，是極為理想之交易方式。

（三）對銀行而言

　　銀行辦理此項業務因自償性高，風險較其他授信低，且僅憑其信用而
無須貸出資金，不影響其可運用之資金，且可收取承兌費用，本輕利重；
另藉辦理此項業務銀行可深入了解客戶營運情況，與客戶建立良好關係，
有助於吸收存款及承作其他業務之參考。

第三節　國外匯票

　　前述之商業承兌匯票，係國內買賣交易賣方向買方所開發並由買方承兌之匯票。而國外匯票（Foreign Draft）則為發票人（出口商）於運送貨物出口時，向不同國家之付款人所簽發之匯票，其交易條件通常係於開票前即由買賣雙方議訂，其依到期日之不同，國外匯票分為即期匯票（S/D, Sight Draft）與定期匯票（T/D, Time Draft）二種：

　　一、即期匯票英文亦稱Demand Draft（簡稱D/D），即見票後即時付款之匯票，於國際貿易上，均由出口商或出口商之往來銀行，向國外進口商簽發並令其於見票時無條件交付一定金額之出口國家貨幣，或進口國家貨幣或第三國家貨幣之票據。

　　二、定期匯票則非見票付款之匯票，而規定於較遠之日期付款。定期匯票到期日因推算方法不同，可分為三種：（一）定期付款匯票。（二）發票日後定期付款匯票。（三）見票後定期付款匯票。然於國際貿易上，無論何種形式之定期匯票均採用「承兌交單」條件，經進口商於該匯票上承兌後，寄還發票之出口商，若出口商營運資金充裕，可將該匯票保存至到期日再請求往來銀行託收，否則可於到期日前持向銀行貼現。

　　另國外匯票可分為光票（Clean Bill）及押匯匯票（Documentary Bill）二種：

　　一、所謂「光票」，謂匯票不附隨提單（Bill of Lading）、倉單（Warehouse Receipt）、及保單（Insurance Policy）等附屬單據，故「光票」亦可以全無貨物交易成立，即使有貨物交易，且其貨運單據亦隨匯票寄出，但無確實約定使該項單據成為該匯票之附件，則仍屬「光票」性質，此值得經營國際貿易者之注意，至光票並不一定減低轉讓性（Negotiability），全視發票人之信用而定，然從賣方而言，則安全性較低。

　　二、所謂押匯匯票亦稱跟單匯票，其與光票相異，所有前述貨運單據均為匯票之附件，至貨運單據於何種條件，始交與買方，可分為下列兩

類：

（一）付現押匯匯票（Documents Against Payment Bills，簡稱D/P）：亦可譯為「付款後交付單據之匯票」，即「押匯匯票」須買方將匯票金額付清後，始能將貨運單據隨匯票交與付款人，以便提貨。此種交易方法在交貨物運輸期間，一直在到達後，買方支付貨款取得貨運憑證以前，貨物所有權仍屬賣方，在買方付款贖取匯票後，始可取得貨運憑證，辦理提貨手續，故國際貿易賴此可使買賣雙方減少風險，此為目前最普遍之交易方法。

實際上，「付款交單條件」亦即「貨到付款條件」（C.O.D,Cash oN Delivery），其與國內交易時所用之「附有提單之即期匯票」（S.D-B.L, Sight Draft with Bill of Landing）本質上並無不同，因此，出口商正如國內交易之賣方，無形中也冒進口商（購貨）之道德風險，故貨物運出後，若進口商電告出口商，謂目前銀根很緊，必須遲延給付時間，且請求於付款前先行交付單據，於此情況下，出口商若接受其請求，謂可能發生呆帳損失，若予拒絕，則不但喪失該項銷貨之利潤，尚須負擔雙程運費，另出口商即使能要求進口商於見票後立即航空或電報匯款，於付款交單條件下，也無法避免「貨到付款」（C.O.D）條件下所難以避免之道德風險。

（二）承兌押匯匯票（Documents Against Acceptance Bills，簡稱D/A）：亦可譯為「承兌後交付單據之匯票」。與前項「付現押匯匯票」不同之處，為貨運到買方口岸後，由買方在匯票上承兌，就可取得貨運憑證，辦理提貨手續，但匯票則仍由賣方所指定之受款人保持至期滿日向承兌人收款，如此，則貨物不再由賣方持有。賣方對於買方之信譽應較具深切瞭解，否則將可能發生呆帳之虞。

第二十八章　本票（票§120-124）

第一節　一般本票

　　本票者，謂發票人簽發一定之金額，於指定之到期日，由自己無條件支付受款人或執票人之票據。本票英文名稱為Promissoy Note，日文稱為「約束手形」，與匯票同為信用工具，其法律關係相近，因之，依本法第124條規定關於發票、背書、保證、到期日、付款、參加付款、追索權、拒絕證書及謄本等有關票據行為，凡與本性質無牴觸者皆準用之，因之關於本票之各項票據法律關係詳見前述各章。

　　本票係信用工具，受款人收受本票，即同意發票人於一段期間內賒欠貨款或借用款項，然受款人何以要發票人簽發本票而不立以其他字據？此乃因本票除具強力之證據力外，尚有高度之流通性，受款人在本票到期日前可以背書方式，將本票上之權利移轉給他人。反之若一般字據所載明者僅係普通債權，雖亦可移轉，但手續繁瑣，且一般債權之受讓人尚需承受讓與人對原有債權之瑕疵，對受讓人十分不利，故一般人多不願接受，其移轉流通之可能性亦自然降低。另為確保本票債權，依照本法第123條規定，執票人在不獲付款而對發票人行使追索權時，可以憑本票及拒絕證書（如退票理由單上載明免除作成拒絕證書者免附），向法院聲請裁定，准予強制執行，此為非訟事件，其程序簡單，原則上不經言詞辯論，而執票人只須負擔少許聲請費即可達到追索之目的。此外，本票如經過保證更可強化確保債權。例如甲賣貨給乙，為確保該筆貨款債權，即可要求乙簽發本票，由第三人丙在該本票上以保證人之身分簽名。如此，藉本票之保證，甲、乙間之交易行為既可順利完成，而甲之售貨債權更可獲致更多保障，上述優點皆係以往使用遠期支票所未有。

第二節　委託金融業者為擔當付款人之本票

　　一般商號、公司企業組織每日皆需處理若干票據，各項進出貨價之支付、收受及股息之發放等如用本票，執票人均須向發票公司提示票據請求付款，甚為不便，因之本法第26條第1項規定由發票人指定一人為擔當付款人，一般均指定金融業為擔當付款人，俾得利用票據交換自動轉帳，求取便利，惟指定之人並不限於金融業，任何第三人皆可為之，僅金融業以外之第三人不得參加票據交換，一般使用較無實益，使用情形較少（擔當付款人詳見第三章第二節）。擔當付款人一般用於本票者較多，以往財政部為有效遏阻遠期支票之蔓延，於民國60年曾頒布「銀行受託為本票擔當付款人辦理要點」，積極推動民間使用本票以代替遠期支票，於是以金融業者為擔當付款人之本票漸受歡迎。

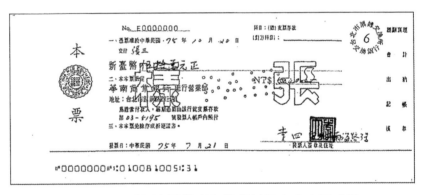

圖28-1　委託金融業者為擔當付款人之本票式樣

　　以金融業者為擔當付款人之本票與一般本票所不同者，在於前者由金融業者擔當付款，而後者則由發票人自己承諾到期無條件支付票款，「銀行受託為本票擔當付款人辦理要點」於75年底廢止，並將原有關規定納入現行「支票存款戶處理辦法」，比照支票戶處理。金融業者在接受委託本票擔當付款時，須發票人先行在該等金融業者開立支票存款戶，並訂定由該帳戶付款之委託契約，如本票發票人未曾開立支票存款戶，金融業者即

無法接受本票發票人之擔當付款委託。本票付款人委託金融業者為擔當付款人，應在本票到期日提示付款前，於其支票存款戶內存有足敷支付其本票金額之款項，倘因存款不足而退票，在票據交換記錄上視同支票退票，合併計算，一年內退票三張以上者，應即由金融業者予以拒絕往來。由於一般非金融業者擔當付款本票之提示付款並不方便，甚少為人採用，惟以金融業者為擔當付款人之本票，其發票人須為支票存款戶並須有足敷支付之存款，且空白本票用紙均由金融業者發給，不致浮濫，此等設計均在於便利執票人提示票據及增強本票發票人之信用，有利於本票之使用。

以金融業者為擔當付款人之本票與支票之使用雖大致相同，但性質上仍與支票有若干差異，茲將二者異同分析如下：

一、相同點：

（一）均為票據法上之票據。

（二）均由付款銀行辦理付款工作。

（三）均得經由票據交換所提示付款。

（四）付款銀行於存款不足支付票款時，均作存款不足退票紀錄，其退票紀錄合併計算，一年內未經註銷退票紀錄達三張者，發票人將受拒絕往來處分。

二、相異點：

序號	項目　　　　　　票據種類	支票	委託金融業者為擔當付款人之本票
1	到期日	無	有
2	保證	無	有
3	保付	有	無
4	平行線	有	無
5	貼現	無	有
6	向發票人行使追索權時，可否聲請法院裁定後強制執行	否	可

第三節　商業本票

一、商業本票之意義

　　所謂「本票」，依本法第3條規定，係指發票人簽發一定之金額，於
指定之到期日，由自己無條件支付與受款人或執票人之票據。「商業本
票」亦為「本票」，其有關發票、背書、保證、到期日、付款、參加付
款、追索權行使等各項有關票據行為，皆與「本票」相同，因之如欲瞭解
「商業本票」，首先需確立「商業本票」即為「本票」之觀念。

　　目前我國商業法規中出現商業本票之規定如下：

　　（一）銀行法第15條規定，所稱商業票據，謂依國內外商品交易或
勞務提供而產生之匯票或本票。

　　（二）依財政部所頒「票券金融管理法」第4條，所稱短期票券指公
司及公營事業機構發行之本票或匯票。

　　（三）財政部為配合行政院「改善投資環境實施要點」，於66年11月
頒訂「工商企業於貨幣市場發行無金融機構保證商業本票處理要點」，規
定股票上市發行公司及股份有限公司組織之公營事業，經徵信調查確屬財
務結構健全，營運情況良好者，在貨幣市場發行之商業本票亦包含在內。

　　國際間對商業本票並無統一之定義與解釋，美國將商業本票解釋為發
票人承諾在指定之到期日，支付受款人一定金額而無須擔保之短期本票。
日本則謂商業本票係工商企業為籌措短期資金所發行之無擔保本票。通常
情形下，由於本票發票人同時亦為付款人，本票發票人之信用與資力究竟
如何，不得而知，以致一般人多不願收受本票，故在商業交易上，本票之
發票人為加強其本票之信用，多係透過金融機構為其保證人，或謂金融機
構為其擔當付款人，最後委由票券金融公司承銷，俾達籌措資金之目的，
而形成一般所謂之「商業本票」。

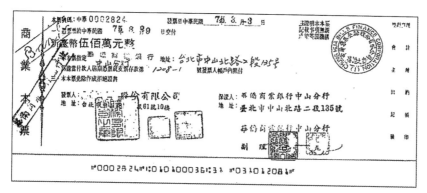

圖28-2　商業本票式樣

二、商業本票之種類

商業本票可依不同標準而分成很多種類，茲以其較顯著之性質分類則有下列二種：

（一）交易性商業本票：即基於合法交易行為所產生之本票，亦所謂之Trade Bill，業者稱之為第一類本票，由於此類票據係以真實交易為基礎，學者稱之為真實票據或自償性票據（Real Bill or Selfliquidating Paper）。

（二）融資性商業本票：係指依法登記之公司，為籌集短期資金，經金融機構或票券公司保證而發行之本票，此類本票純為財務調度之目的而發行，學者稱之為理財票據（Finance Bill），相當於美國貨幣市場之Commercial Paper。業者稱之為第二類本票，或整批發行之本票。

三、商業本票之發展沿革

民國40年代，我國尚屬農業經濟階段，政府為求經濟持續成長，自民國42年起相繼推動四年經濟建設計畫，促使我國經濟獲得高度成長，惟以銀行體系為主之金融市場已漸難滿足經濟發展之需。50年代遂建立資本市場以活絡長期資金之交易，而短期資金之交易則尚無有組織之貨幣市

場[1]（僅有民間資金市場）：當時，信孚銀行或國際金融公司等專家曾建
議我國推廣商業本票以建立有組織之貨幣市場，由於國人習慣用遠期支票
作為支付工具或信用工具等因素，以致商業本票一直未能推廣。財政部鑒
於經濟發展對短期資金交易之需求日益迫切，乃積極推動短期資金交易市
場之設立，遂於民國64年12月頒布「短期票券交易商管理規則」。次年
5月，中興票券金融公司設立，並開始積極經營短期票券之承銷與交易，
商業本票乃正式在貨幣市場上推出。爾後國際、中華票券金融公司陸續成
立，貨幣市場上短期信用工具如經金融機構保證之商業本票、免保證商業
本票、銀行承兌匯票等初級發行市場及次級交易市場逐漸完備，不但短期
票券之利率結構逐漸合理化，票券期限日趨完整，且各類短期票券之發行
量、交易量大幅成長，已形成一個相當有秩序的貨幣市場。對工商企業而
言，貨幣市場是銀行貸款以外，另一個短期資金取得之途徑，且因貨幣市
場利率隨資金市場供需狀況快速調整，往往短期票券利率甚至低於銀行貸
款利率，因此，對於講究財務管理的現代化企業，宜充分瞭解各種短期票
券的性質。

四、商業本票發行之當事人

發行商業本票，除發票人（資金需求者）及投資人（資金供給者）

1　金融市場基本上可分為資本市場（Capital Market）及貨幣市場（Money Market），前者
指長期資金的供需交易市場，後者則為短期資金的交易市場。貨幣市場即透過交易商的
媒介，以短期信用工具做為交易籌碼，使短期資金的供給與需求作適當密切的配合。無
論個人、企業、金融機構、機關團體及政府，均可經由貨幣市場，調度或運用其短期資
金。貨幣市場係自由競爭的市場，故其效率相當高。在金融體系中，它所占的地位已愈
來愈重要，尤其在金融自由化、證券化的潮流下，貨幣市場應能發揮其作用。
我國建立貨幣市場之議始於1971年代初期，中央銀行以貼現方式發行乙種國庫券，後又
核准銀行發行可轉讓定存單，到了1976年5月，第一家專業票券交易商──中興票券金
融公司率先成立，二年內，國際及中華亦相繼開業，從此貨幣市場漸次發展起來，各種
貨幣市場工具陸續增加，交易制度亦見確立。
1980年4月，銀行間之拆放市場成立，1982年元月起，中央銀行在貨幣市場開始公開市
場操作，貨幣市場因之更臻健全。目前國內貨幣市場流通的交易標的，主要有國庫券、
商業本票、銀行承兌匯票、銀行可轉讓定期存單等。1992年政府開放銀行得兼營貨幣市
場票券業務，1994年再開放新設票券金融公司。截至2001年底止，我國有十五家票券金
融公司及六十三家銀行辦理貨幣市場票券業務，貨幣市場已進入完全競爭之戰國時代。

外，尚有協助商業本票發行及交易之中介者，茲分述如後：

（一）發票人

依「票券金融管理法」規定，依法登記之公司及公營事業皆可發行商業本票；惟實際上銀行、票券公司、信託公司等金融機構因礙於法令規定，皆未能發行，是以目前國內商業本票之發行公司僅限於一般工商企業。若將發行公司依民營企業及公營企業之方式分類，我國商業本票之發行公司以民營企業為主。其主要原因係公營企業較易獲得銀行投資。

（二）保證人

我國商業本票市場是以融資性商業本票為主，其發行亦多經金融機構加以保證，以提高其信用。依有關規定，我國目前可擔任商業本票之保證機構者，計有銀行、信託投資公司及票券金融公司等。

（三）承銷人

短期票券交易商是我國貨幣市場短期票券之唯一專業中介金融機構，又稱為票券金融公司，或簡稱票券公司。64年12月財政部頒布短期票券交易商管理規則時，並指定由台灣銀行、中國國際商業銀行、交通銀行等分別籌劃設立短期票券交易商。65年5月20日，我國第一家短期票券交易商——中興票券金融公司在台灣銀行籌設下正式成立；而國際票券金融公司及中華票券金融公司亦分別在中國國際商業銀行及交通銀行之籌設下，於66年1月15日及67年12月1日相繼成立。另自84年6月至87年8月核准新設十三家票券金融公司。

票券公司依規定除可擔任商業本票之保證人、背書人及簽證人等，有關商業本票之發行及買賣均須經由票券公司來辦理，是以票券公司居於票券市場之橋樑地位。由於票券金融積極推廣商業本票之發行與交易，使商業本票在貨幣市場之地位日益重要，成為貨幣市場內最主要之交易工具，對國內經濟貢獻良多。

（四）投資人

　　銀行、信託公司、票券公司、工商企業、機關團體、社團及個人等
均可參與商業本票市場之投資而購進商業本票，並可於急需資金時予以出
售。就目前情形來看，我國商業本票市場之投資者是以金融機構及工商企
業為主；惟保險公司等由於受到法令束縛，以致未能積極參與投資。

（五）中央銀行

　　中央銀行透過公開市場操作及重貼現作業，藉以調節信用，成為市場
資金之調節者及最後之融通者。

五、商業本票發行之方式

　　商業本票依其發行是否透過承銷商，可分為直接發行和間接發行二
種，茲分述如下：

（一）直接發行

　　即由發行公司將商業本票直接售予投資者，而不透過承銷商。

（二）間接發行

　　企業將發行之商業本票透過承銷商售予個別投資者，目前我國商業本
票均係透過票券金融公司予以承銷發行；其方式可分為下列三種：

1. 標售制

　　承銷商受發行公司之委託，以公開招標之方式代為發行商業本票，其
未能銷售部分由發行公司自理。公開標售之商業本票原則不訂底價，並按
參與競標者所出標價之高低，依次得標，至標售之商業本票額滿為止。若
經發行公司指定底價者，須參與競標者所出標價超過底價者方可得標，惟
承銷商得依市場情況提請修正底價。

2. 代銷制

承銷商受發行公司之委託，依商定之承銷期限及承銷價格，代辦門市或通信銷售，期滿未售出部分由發行公司自理。

3. 包銷制

承兌商與發行公司參酌市場情勢，議定承銷價格與承銷期限，再由承銷商代辦門市或通信銷售，期滿若有未售出部分，承銷商須按約定價格承受。

六、商業本票發行之程序

我國商業本票之發行，除上市股票發行公司及股份有限公司組織之公營企業，可不經保證發行（免保本票）外，絕大多數廠商都須經銀行、信託投資公司或票券金融公司保證後才能發行（金融機構保證之支票）。發行之條件，除對前已發行之本票債務完全兌償，無違約或遲付利息之情事外，還必須在最近三年內之稅後平均淨利，已達擬發行本票按銀行最高存款利率計算之年息總額，發行之限額以申請廠商現有資產減去全部負債再減去無形資產之後，所得之餘額為最高限額。其發行程序如下：

（一）首先由發行公司向金融機構提出申請發行商業本票之申請書。

（二）金融機構於接受申請後，即向發行公司收取有關資料，辦理徵信調查及授信審核。若同意給予保證，即可通知客戶簽訂保證契約，並通知票券金融公司。

（三）發行公司於接獲金融機構同意承保通知後，除需與金融機構簽訂保證契約等有關事項外，並應赴票券金融公司洽商有關商業本票之簽證承銷等事項。同時，票券金融公司應再辦理徵信調查，查證發行公司之發行計畫及償還財源，憑以決定發行數額，並須準備對買賣該項短期票券之客戶提供詳細資料與說明。票券金融公司經審核後，若予同意承銷，則與發行公司辦理簽約，安排有關發行事宜。

（四）發行公司洽得票券金融公司承銷後，可領取空白本票，經填列

有關事項，加蓋公司印鑑後，再請保證機構於商業本票正面加蓋保證人印章，並出具保證函述明發行公司、保證金額及期限等事項，連同保證人印鑑證明卡一併送交票券金融公司核對發行。同時，商業本票之擔當付款銀行須復函票券金融公司同意為擔當付款，並證明發票人印鑑與留存印鑑相符。

（五）經上述手續後，票券公司即予辦理簽證。

（六）商業本票經簽證後，發行公司即委託票券公司承銷。目前，票券公司辦理商業本票之承銷方式有三種：標售、代銷、包銷，均屬間接銷售方式。

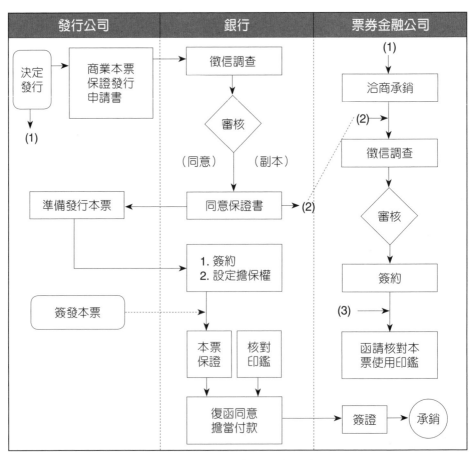

圖28-3　商業本票發行程序

七、商業本票之效力

（一）發行公司之法律責任

發行商業本票之公司即本票之發票人，就其所簽發之本票，依票據法第29條規定應負擔保付款之責任，所謂擔保付款者，即票據到期不獲付款，發票人應負償還責任，此項擔保之責任為絕對之責任，不得以特約免除。另執票人向發票人行使追索權時，得聲請法院裁定後強制執行。

（二）票券金融公司之法律責任

票券金融公司依票券金融管理法之規定，得經營買賣商業票據、擔任商業票據簽證人、承銷人、保證人或背書人等業務，其於擔任商業票據之簽證、承銷、保證或背書時，須對發行此項商業票據之公司辦理徵信調查，查證其發行計畫與償還財源，憑以決定其發行數額，並須對買賣該短期票券之客戶提供發行公司之公開說明書，票券商於簽證或承銷無金融機構保證之商業本票時，即應依照上述規定處理；至於已由金融機構提供保證之商業票據，票券商則得免辦徵信調查，此乃由於商業票據既經金融機構保證，必已先經該金融機構之徵信調查；而發行公司無支付能力時，該提供保證之金融機構依法負與發票人相同之責任，對投資人而言，幾可免除不獲付款之慮，故而對發行公司之財務狀況即無提供詳細徵信資料之必要。

票券商因其承銷或簽證之任務不同，茲將其法律責任分述如後：

1. 承銷責任

承銷係指依約定包銷或代銷發行人所發行商業票據之行為，票券商既未就本票為保證或背書，則無票據責任。惟票券商既係本票之出賣人，仍應依民法之規定負權利出賣人瑕疵擔保責任，即應擔保其權利確係存在，且其所承銷之商業本票未因公示催告而宣示無效，對於發票人之支付能力，則不負擔保之責任。

2. 簽證責任

簽證係指票券商簽章證明商業票據之內容及發行事項記載屬實之行
為。單純簽證之行為不足構成任何票據法上之責任，若其因故意或過失而
就不實之事項予以簽證，致第三人受有損害者，除應負民法上之損害賠償
責任外，就故意之不法行為，行為人應負刑法上偽造文書之罪責。

（三）銀行之法律責任

發行公司發行之商業本票如經金融機構保證，金融機構則負票據保
證人之責任，票據保證人與被保證人（發行公司）負同一責任。如未經金
融機構保證，銀行自無承擔保證之責任，惟發行公司發行商業本票先決條
件之一，需取得銀行授予信用額度之承諾，此為票券商簽證事項之一，因
之票券商為作此簽證時，皆要求發行公司提出業已獲得銀行授信承諾之證
明。由於銀行授信種類不同，而自法令內容復無法觀察其要求銀行授信之
意旨為何，銀行遂基於其對發行公司確有授信承諾之事實，簽署證明書，
然而其所承諾之授信，實際上可能係為信用狀融資或其他目的，且其授信
額度之動用或終止條件，仍應依各該授信契約之規定，亦即該授信額度可
能已依契約規定撥供其他用途，或因借款人（即發行公司）未滿足撥款條
件，從而銀行得拒絕對其撥款。再者，縱然發行公司仍然保有撥款之請求
權，但商業本票到期時，授信承諾期間亦可能同時屆滿，則商業本票未經
兌現，發行公司亦已喪失請求撥款以償兌票款之權利。此外，自另一角度
來看，即使授信額度依然存在，若發行公司不提出撥款之請求，銀行亦無
主動撥款之根據，是以銀行作之授信證明，與其說是支持商業本票之發
行，毋寧認其係證明發行公司銀行往來情況之徵信文件。財政部有鑒於
此，於71年6月間函令票券公司日後受理無金融機構保證之商業本票之簽
證時，對銀行所提出之授信證明函應查實際已記載對本次發行支持之意思
表示，依法而論，此所謂「支持」，在法律上究係如何之責任，依然甚不
明確，充其量得認為銀行有撥款供發行公司償付票款之同意，至其撥款條
件，依照財政部函固應列載於證明書中，惟其條件內容仍得由借貸雙方以

合意定之，雖經公諸於世，亦仍不免僅具徵信之價值，並無強制撥款之效力。綜此所述，銀行簽署授信證明之行為，尚不足以構成令其就商業本票之償兌負任何法律責任之效果。

第二十九章　支票（票§125-144）

　　支票為發票人簽發一定金額，委託金融業者於見票時無條件支付與受款人與執票人之票據。支票在形式上異於本票，而類似於匯票，支票有發票、付款、受款三方面之法律關係，與本票僅有發票、受款二方面法律關係者不同，如就支票之付款係限於金融業者而論，亦與匯票有所不同，故英美票據法上稱支票為銀行支票，其原因亦在此。匯票及本票性質上均屬於信用證券，而支票則屬於支付證券，發票人發行支票即代現金之支付，故支票限於見票即付，與匯票、本票之為信用證券者不同，關於支票之各項票據法律關係詳見本書前述各章。

　　支票之立法體例，大陸法系國家之票據立法例與英美法系國家之票據立法例不同，大陸法系國家向認支票為別於一般票據之票據，以1930年之日內瓦國際統一票據法為例，其票據法中僅包含匯票及本票二種，支票則另於1931年議定之支票法中予以訂定，現日、德、法、意等二十六個日內瓦國際統一票據法簽字國之票據立法均從此例，英美等海洋國之票據立法例則不同，此等國家向視支票為匯票之一種，其票據法包括匯票、支票、本票三種，不於票據法外另立支票法，我國票據法如就票據之分類而言，實仿諸日本商法，而就票據為單獨之立法，並納支票於票據法中，則又與英美法體例近似。

第一節　保付支票

一、保付支票之意義

　　依本法第138條規定，支票付款人於支票上記載照付、保付或其他同義字樣，並簽名於支票者謂之保付支票。保付雖非票據行為，但支票因保付而發生一定之法律效果，故保付在性質上亦有稱之為準票據行為者，保付支票制度盛行於美國，並為日本等國所採，美國統一商法第三篇第411

條規定[1]，支票經付款銀行予以保付者，該項保付行為與承兌同，因美國一向視支票為匯票之一種，乃有視保付為承兌之觀念，該條同時規定支票經付款人承兌或保付者，發票人及全體背書人均得免除其對支票所負之責任。因以銀行為保付人，執票人所持有之保付支票顯有不獲付款之情形，故可因保付行為而免除其他支票債務人所應負之責任，本法之規定與美國票據法大致相同，規定付款人如於支票上簽名保付，即應負與匯票承兌人同一之義務，對於支票應負付款之責，付款人如就支票為保付後，依本法第138條第2項規定，發票人及背書人即因此而免除其責任；在實務上，付款銀行客戶就支票為保付時，即將該經保付之支票金額由發票人之銀行帳戶內劃出，將支票金額悉數提存於「其他應付款」項下，專供支付該支票之用，發票人就該款項即喪失其處分權，因此時之保付人已成為支票之主債務人。

二、保付與票據保證之區別

（一）保付僅適用於支票。票據保證適用於匯票及本票。

（二）支票經保付後，發票人與背書人均免責。票據保證，其保證人與被保證人負同一責任，亦即負擔保承兌及付款責任，發票人、承兌人、背書人均不因保證行為而免責，如於保證人代為清償債務後，得行使執票人對被保證人及其前手之追索權。

（三）支票之保付限於發票人委託之金融業，其他人不得為保付。票據保證，除票據債務人之外，不問何人均得為之。

（四）支票保付，保付人付款後，票據權利消滅，無追索權存在。票據保證，其保證人清償票款後，得對於被保證人及其前手行使追索權，票據權利僅一部分消滅。

1　美國統一商法第三篇第411條：支票之保付：「支票之保付係屬承兌。執票人取得保付者，發票人與（保付）前全體背書人，均解除責任。除另有約定外，銀行對支票無保付之義務。銀行對支票得先行保付，再因欠缺適當背書而退還（執票人）。銀行為上項保付，發票人解除責任。」

（五）票據保證得就金額之一部為之。支票保付無此規定。

三、保付與匯票承兌之區別

（一）保付僅適用於支票。承兌則僅匯票有之。

（二）支票經保付後，執票人權利不受付款提示期間之限制，縱提示期間經過後，執票人仍得請求付款。匯票經承兌後，執票人若未於到期日及其後二日內為付款之提示，喪失對前手之追索權。

（三）保付支票不得為止付通知。匯票經承兌後，仍得為止付之通知。

（四）支票付款人拒絕保付，執票人亦不得行使追索權。匯票付款人若拒絕承兌，執票人得行使追索權。

（五）匯票之承兌，無論付款人與發票人有無資金關係之存在，均得為之。而支票之保付，發票人如無存款，則付款人不得為之。

四、保付支票之效力

（一）付款人負絕對付款責任：一般支票付款人應於發票人有足夠支付資金，且未收到發票人受破產宣告通知時，始負付款責任。但支票經過保付後，付款人之付款責任與匯票承兌人同，不論發票人有無足夠支付之資金，付款人均應付款。

（二）發票人及背書人即免除擔保付款之責任，即使保付人不付款，執票人亦不可再向發票人或背書人追索。

（三）保付支票遺失時，執票人不可向金融業者為止付之通知，因此支票之付款人既負絕對付款責任，應隨時付款，已與貨幣所差無幾。所以縱有喪失，執票人亦應自行負責，不得為止付之通知，但仍可辦理公示催告及除權判決，再憑除權判決領取票款。

（四）保付支票不受提示期限之限制，即提示期限經過後，付款人仍應付款。發票人破產，亦不影響其付款責任。

（五）支票經保付後，縱發行滿一年，付款人仍負付款之責。

第二節　平行線支票

一、平行線支票之意義與作用

　　平行線支票亦稱劃線支票或橫線支票,其濫觴於英國,先係各銀行職員,在辦理支票存款之際,習慣上以本行名稱記載在票據上,俾使票據交換工作人員得以快速、準確鑑別票據所屬金融機機而分別記帳,積時既久遂成習慣,至1882年英國票據法始為之規定,1890年加拿大制定票據法亦仿平行線支票之制,此後歐洲各國皆相繼沿用,我國票據法也於「支票」一章第139條明文規定,**平行線支票係指發票人、背書人、執票人或其他票據關係人於支票正面畫平行線二道,或於線內記載金融業名稱之支票。**

　　支票為支付證券,一般支票無論記名或無記名,一經付款,不易查究提款人為誰,倘支票遺失或被竊,真正權利人易生意外損失,然支票一經畫有平行線,該支票即僅得對於金融業者為支付,此支票雖經流通而付款,發票人仍可經由領款之金融業查明實際領受票據金額之人,對於防止票據遺失,避免票款被冒領等情形有甚大助益,其行使方便手續簡單,故為多數國家所採用。惟前述平行線之規定,僅限於支票,對於匯、本票則無,故在匯、本票劃平行線二道或於其線內記載銀行或特定銀錢業之商號者,亦不發生同支票上平行線之效力[2]。

二、平行線支票之種類

　　依本法第139條規定,平行線支票可分為下列二種:

2　司法院34年院字第2830號解釋:「票據上記載票據法所不規定事項者,不生票據上之效力,此在票據法第9條(現為第12條)定有明文。票據法對支票,固於第124條(現為第139條)設有關於畫平行線之規定,對於其他票據則無此種規定,故在其他票據畫平行線兩道,或於其線內並記載銀行、公司或特定銀錢業者之商號者,不能發生如同條所定票據上效力。」

（一）普通平行線支票

　　此種支票僅於票面上畫有平行線二道，支票上有此記載時，付款人僅得對於金融業者支付支票金額。如下圖所示。

（二）特別平行線支票

　　此種支票除於票面上畫有平行線外，並於線內記載特定金融業者名稱，支票上有此種記載時，付款僅得對於該特定金融業者為支票金額之支付，但支票平行線內雖記有金融業字樣，而未記明特定金融業者之名稱者，該項支票仍非特別平行線支票，而為普通平行線支票，付款人得對任一執有該支票之金融業者為付款。如下圖所示。

三、平行線支票之記載方式

平行線究應記載於支票何處，日內瓦統一支票法及英國票據法均僅規
定應於票面上為之，本法亦然，實務上均以支票左上角為之，至於在右上
角劃二道斜線，仍係票據法上平行線支票，然票據背面上之平行線尚不能
認為有本法規定之效力。

平行線支票依本法第139條規定，應劃平行線二道，二道平行線並非
必須絕對與數學上平行線之概念相符而正確地平行始可，凡劃有二道線即
可，但絕不可交叉，否則客觀上已非平行線甚明。僅在支票正面劃一道
線，不能視為平行線支票。在支票正面劃三道以上平行線，在解釋上應認
為有效，以免非真正執票人添加一道以破壞平行線記載之效力。實務上一
般不用筆劃，而用橡皮章蓋，有些在平行線內還蓋有BANK字樣等，仍與
劃平行線效力相同，並無特殊之處。

另何人有權為平行線之記載，本法並無明文規定，解釋上發票人、背
書人或執票人均得為之，劃線無須劃線人簽名，不論何人所劃，其效力均
屬相同。

四、平行線支票之效力

（一）普通平行線支票

支票經正面畫平行線二道者，付款人僅得對金融業者支付票據金
額，亦即唯有金融業者始得為付款之提示，否則不生提示之效力[3]。因之

---

3 最高法院51台上581號判決要旨：「平行線支票依票據法第139條之規定，固僅得對銀錢
業者支付之，其提示人亦僅以銀錢業者為限，否則不生提示之效力，惟平行線支票倘遇
當地並無其他行庫，或行庫本身恰為付款人時，則行庫受委託後，一面居於提示銀行之
地位，向其本身為提示，一面將該支票予以進帳或因空頭而不能進帳時，則固於付款銀
行之地位而為拒絕付款之證明，俾便追索權之行使，核與上開法條規定之精神尚無牴
觸。」
　最高法院59台上3002號判決要旨：「系爭支票為平行線，依票據法第139條第1項（舊）
規定，僅得對銀錢業支付，其提示人亦僅以銀錢業者為限，否則不生提示之效力，上訴
人將系爭支票交由訴外人洪某逕向高雄市第二信用合作社鹽埕分社直接為付款提示，未
將該支票存入其鼓山分社甲存221號帳戶，已據洪某到場結證，與該合作社58年11月21

執票人如非金融業者，應將該項支票存入其在金融業之帳戶，委託其代為取款[4]。簡言之，支票劃有平行線二道者，金融業不得支付現金，但得以之為轉帳處理。

（二）特別平行線支票

支票上平行線內記載特定金融業名稱者，付款人僅得對該特定金融業者支付票據金額。惟如非該特定金融業者為執票人時，應存入其在該特定金融業者之帳戶，委託其代為取款。另為便利起見，平行線支票內之特定金融業者為執票人時，得以其他金融業者為被背書人，背書後委託其取款[5]。

五、平行線支票之撤銷

依本法第139條第5項規定，劃平行線之支票，得由發票人於平行線內記載照付現款或同義字樣，由發票人簽名或蓋章於其旁，支票上有此記載者視為平行線之撤銷。但支票經背書轉讓者不在此限，依法理上之解釋，平行線之記載可由背書人、執票人或其他票據關係人所劃，此等人所為之記載均有其特殊之目的，由各個記載平行線之人取消自己所劃之平行線，應屬合理，然平行線究為何人所記載，認定不易，為避免銀行實務處理上之困擾，且僅有發票人在銀行留在印鑑，辨識容易，**因之有發票人始**

日函復之情節相符，其非經由銀錢業者為付款提示甚明，核諸前開說明，自不生提示效力，對居於背書人之上訴人已喪失追索權利，上訴人仍據以請求給付票款，難謂有理。」

4 劃線支票不能提示請付現款，持票人如在付款行已開有存戶者，可予送請進帳，否則須委請其他行庫託收，俟提交換收妥抵用。（北市銀行公會第2屆第200次會議通過）

5 查銀行委託業代收之支票，為期安全（允其防範郵送中途遺失），必須加蓋特定平行線，惟經委託行加蓋本身之特定平行線支票，由受託銀行提出交換時屢遭付款行以「特別劃線支票，應由指定銀錢業者來收」，拒絕付款。為此，特定補救辦法如次：（一）付款銀行為受託代收銀行時，除加蓋「委託銀行特定平行線」外，另於背面為代收之背書。（二）付款銀行非受託代收銀行時（如信用合作社支票），如原無特定平行線者，可加蓋「受託銀行特定平行線」外，如已蓋委託行特定平行線者，應先將特定平行線內委託行自己之商號塗銷，記載受託之商號後，再為背書委託其取款。（北市銀行公會第2屆第130次會議通過）

得撤銷平行線之規定。基上理由，平行線支票經背書後復塗銷者，其塗銷究為何人所為不明，既屬不明，貿然撤銷平行線，即無法防止冒領而達保護執票人權利之目的，有違平行線支票之作用，**因之劃平行線之支票，如其背書經塗銷後，發票人亦不得撤銷該平行線。**

　　依前開規定看來，似乎普通平行線支票與特別平行線支票，均得由發票人撤銷，然依據法務部56年6月13日台(56)函參第3188號函解釋，平行線支票得由發票人於平行線內記載照付現款或同義字樣，由發票人簽名或蓋章於其旁，支票上有此項記載者視為平行線之撤銷，此僅為擬制之塗銷規定，即僅得由發票人於平行線內記載照付現款或同義字樣並簽名於其旁視為撤銷平行線，惟此項規定係對平行線內並無記載任何文字之場合而言，如平行線內業已記載金融業者之商號者，如再由發票人記載照付現款或其同義字樣，則該支票付款人勢將難於判斷，應向何者為付款，是以特定平行線由發票人撤銷，似於法無據。**因之特別平行線無論為何人所記載，僅得對特定金融業者付款，不能由發票人記載照付現款或同樣字樣予以撤銷。**

　　目前銀行作業上，發票人僅在平行線上蓋章，代表已撤銷平行線，一般銀行為客戶方便，通常會自動代蓋「照付現款」字樣之印章，而完成撤銷手續，然仍有少數銀行不論客戶是否書明照付現款字樣，僅憑平行線蓋章即視為撤銷平行線，事實上，此仍不能視為平行線之撤銷[6]，一旦訴訟雙方相互主張，此平行線是否撤銷，影響執票人對於票據提示之期限，關係執票人權益甚鉅，不可不慎。因之銀行行員辦理支票存款時，應特別留意，發票人取銷平行線，一定要記載照付現款或同義之文字，銀行不能代填，否則不得視為有取銷平行線之意思，且取銷平行線之文義應記載於兩

6　最高法院50台上1661號判決：「……按發票人、背書人在支票正面劃平行線二道，其支票僅得對銀錢業者（按修正後為金融業者）支付之，票據法第139條第1項定有明文，雖系爭支票正面所劃之平行線二道，曾經發票人林某於其內加蓋印章，但並未於平行線內記載照付現款或同義字樣，顯與票據法施行法第10條（按已修訂為票據法第139條第5項）規定之撤銷要件不相符合，自不生平行線撤銷之問題。上訴人執有平行線支票，而未於法定期間內委任銀錢業者為付款之提示，依票據法第132條之規定，對於背書人即已喪失追索權，應認上訴人請求被上訴人連帶清償系爭票款為無是項請求權不在。」

條平行線之線內，如記載於線外，當然無效，惟所劃之兩條平行線過於狹窄，不能將文義填於內者，應記載於兩條平行線上。

第三節 遠期支票（預開支票）

一、遠期支票之意義及性質

一般俗稱之「遠期支票」，係指支票發票人於發票時，將票據發票日填寫為實際發票日以後之日期謂之。例如支票實際發票日期為92年10月10日，但票面上發票日卻記載為92年12月10日，依本法第128條第2項規定，執票人在票據發票日（92年12月10日）以前，不得為付款之提示，因之支票雖在92年10月10日簽發，但卻無法依支票見票即付之本質即時請求付款，必須至12月10日始得請求付款。遠期支票一詞，本法並無規定，僅係一般習慣上及判決上之用語[7]。

依本法第65條規定，票據到期日分為四種，即（一）定日付款、（二）發票日後定期付款、（三）見票即付、（四）見票後定期付款，上述第（一）（二）（四）種到期日稱之為「遠期票據」，第（三）種到期日稱之為「即期票據」，依本法第124條規定前述到期日於本票準用之，但對支票並無準用之規定，支票本質上係支付證券，而於本法第128條第1項另有特別規定：「支票限於見票即付，有相反之記載者，其記載無效。」另依本法第125條第1項支票之必要記載事項中並無「到期日」之規定，綜上，在法律上支票應無遠期支票之可能。遠期票據可將票據發票日填前或填後，即期票據亦可將發票日填前或填後，均應為法所不禁，因之支票票載發票日填後之支票絕非法律上所稱之遠期票據，僅可認為將發票日填後之即期票據，因之一般俗稱之遠期支票，其實非遠期，應稱為「預開支票」或「填遲支票」較為適切。

---

7 最高法院52台上236號判決：「發票人所發遠期支票，如執票人……。

二、遠期支票之各國立法例

（一）英美法系

英美法系票據法之特點，係將支票視為匯票之一種，因之承認有遠期支票之存在，茲將各國規定分述如後：

1. 美國統一商法

美國統一商法第三篇第114條第2項規定：「記載過去日期或未來日期之票據，付款時間之決定為票上記載之日期，如係見票即付或到期日後定期付款者，其付款期日係決定於票載日。」

2. 英國票據法

英國票據法第73條規定：「稱支票者指由銀行即期付款之票據。除本章另有規定外，本法條文之中，適用於即期匯票者，均應適用支票。」

（二）統一法系

統一法系指日內瓦統一法系而言，其特點係匯票與本票規定於同一法典，而支票則另有單一法典，不承認遠期支票，茲將各國規定分述如後：

1. 日內瓦統一支票法

日內瓦統一支票法第28條：「支票限於見票即付，有相反之記載者，視為無記載。支票於票載之發票日前，提示付款時，仍得於提示日付款。」

2. 德國支票法

德國支票法第28條：「支票限於見票即付，有任何相反之記載者，均視為無記載。支票於票載發票日屆至前，提示付款者，應於提示之日付款。」

3. 日本支票法

日本支票法（小切手法）第28條：「支票限於見票即付。一切相反

之記載均視為無記載。於票載之發票日前，提示付款之支票，應於提示日支付之。」

4. 法國支票法

法國支票法第28條：「支票限於見票即付，有相反之記載，視為無記載。支票於票載之發票日前，提示付款時，應即付款。」

由上述兩大法系立法例觀之，英美法系認為填後日期之支票，其付款仍以該填列日期為準，不得提前請求付款，一般認為承認遠期支票。而統一法系則不承認遠期支票，而明定於票載發票日期前提示付款者，應於提示日付款，以強調支票之見票即付性。

三、我國票據法對遠期支票之規定

本法有關遠期支票之規定及其修正沿革分述如後：

（一）民國18年10月3日本法公布時，第128條：「支票限於見票即付；有相反之記載者，其記載無效。」

（二）民國43年5月14日第一次修正時上述條文未變。

（三）民國49年3月31日第二次修正時，上述條文修正為第1項，內容未變，增列第2項：「執票人於票載日期前，提示付款時，應即付款。」

（四）民國62年5月28日第三次修正時，第2項改為：「支票在票載發票日前，執票人不得為付款之提示。」

（五）民國66年7月22日第四次修正時，上述條文不變。

遠期支票係發票人將票載發票日期往後填遲若干時日，此種填遲開票日期之支票，依各國立法先例，既不能認為支票本身為無效，則其所載日期究生何種效力？適用上難免發生疑問，一般學者之見解及司法實務上則多認為此項日期既係由於受授雙方之合意，則於票載日前自不得提示請求付款，前述民國49年本法第二次修正時，以遠期支票日益氾濫，且為造成空頭支票之主要原因，為補正此項缺失，一方面增列本法第123條許可本票執票人得以裁定對於發票人為強制執行，以鼓勵商業交易多使用本票，

另方面則仿日內瓦統一支票法第28條立法例，於本法第128條增列第2項，規定支票於票載日前提示付款，應即付款，特別強調其見票即付性，以濟遠期支票之弊，盼因此而導正商業交易使用支票之習慣，但此條款在理論上是否妥當，值得研究，若干學者謂此為一不合誠信之規定，表面看似乎不承認遠期支票之效力，其實無異加強其效力，有鼓勵他人違背誠信之危險，且當初發票人之所以簽發遠期支票，其主要原因即為發票時存款不足，執票人既與發票人約定，將票載發票日填寫為將來之日期，應俟該日期屆至始得提示付款，現如許執票人得不顧約定，提前提示請求付款，必將對發票人造成損失，不但鼓勵其違約背信，且造成執票人於票載日屆至時得提示付款，屆至前亦得提示付款之結果，享有雙重保障，事實上自本法第128條增設此項規定後，遠期支票之使用不但未見減少，反有更增加之趨勢，且因社會經濟具有連鎖性，遠期支票普遍流通之結果，使一般信用大為擴張，結果偶一遭受意外，發生周轉不靈情形，即因一家廠商之破產而導致多家廠商連鎖倒閉之危險。

　　在立法方式上，財政部就本法第128條一度曾擬採英美立法例，以明文規定遠期支票之合法地位，視票載日期前之支票為匯票，但此意見經公開後，國內學者專家因顧慮我國一向視支票為支付證券之觀念，大多反對，財政部亦認為此構想如付諸實行，在技術上亦有甚多困難，後經再三研究，於62年提出建議將本法第128條第2項修正為：「支票以未屆至日期為發票日者，執票人於票載發票日屆至前，不得提示請求付款。」同時增添第135條第2項，規定「以未屆至日期為發票日之支票，發票人於票載日屆至前，得撤銷付款之委託。」及第141條第5項，以明文排除遠期支票之不獲支付者在刑事處罰上之適用，並同時以行政命令修正銀行受託為本票擔當付款人辦理要點[8]，規定銀錢業者辦理支票存款戶開戶時，得由客戶同時領用支票及本票，另配合修改印花稅法，使以銀錢業為擔當付款人之本票，得比照支票按本貼花，以上各項措施，其目的均在疏導使用遠期支票者，改而使用本票，俾改變當時將支票作為信用證券普遍流通之不正常

---

8 (61)台財錢第11038號令。

現象，當時此法案經提出於立法院後，立法院除對本法第128條第2項所持之修正原則表示同意外，對其他兩項修正均不贊成，而對第128條第2項修正草案所擬之文字亦認為有承認遠期支票之嫌，而決定予以修改，立法院最後決定將第128條第2項修正為：「支票在票載發票日前，執票人不得為付款之提示。」其對此項修正文字之解釋謂：「發票日依第125條第1項第7款規定，為支票上必須記載之事項，而該項記載必須為具體及實在，否則雖有記載之形式，而無實在之內容，則該項記載尚非有效。故支票如以未來之日期為發票日，則於該日期未曾到來前，實際上既尚無該項期日，則此項支票亦僅具支票之雛型，並非一般所指之支票，因此在票載日期到來前，自不能為付款之提示。」換言之，即此種支票在票載發票日期前，尚未具備支票之法定要件，無支票應有之效力，當然不得為付款之提示，從根本上否定了部分人士主張遠期支票合法化之推想，立法院依此理由同時否決了行政院所提對第135條第2項允許發票人於票載發票日屆至前得撤銷付款委託，及第141條第5項以未屆至日期為發票日之支票，屆期經提示不獲支付者，不適用第141條處罰規定之條文，亦即在票據法上徹底除去類似或可能影射有關承認遠期支票意義之文字，換言之，支票雖可預先簽發，但票載之發票日屆至前，等於支票未發行，並非支票未屆到期日，正是不承認遠期支票，惟各報章雜誌及學者間有未能明瞭此項修正理由，結果招致社會誤解，反認為此次修正已承認遠期支票[9]，筆者在此特將現行票據法第128條第2項立法及修正經過詳細列述，以利大眾對遠期支票之觀念有所正確認識。

---

9 立法院公報第62卷第32、33期。

第四節　空頭支票及廢除支票刑罰規定經過

一、空頭支票之意義

　　支票刑罰未廢除前，空頭支票泛濫市場，嚴重破壞金融秩序，妨害
交易安全，影響工商企業正常發展，因之如何消滅空頭支票，重建工商信
用，使支票使用導入正軌，為工商社會關切之話題。所謂空頭支票並非法
律用語，實乃社會上之俗稱，簡單定義即發票人無存款或存款不足，無法
兌現之支票。詳言之，即舊票據法第141條所規定三種情形之總稱謂之：

　　（一）發票人無存款餘額，又未經付款人允許墊借而簽發支票，經執
票人提示不獲支付者。

　　（二）發票人簽發支票時，故意將金額超過其存數或超過付款人允許
墊借之金額，經執票人提示不獲支付者。

　　（三）發票人於本法第130條所規定之期限內，故意提回其存款之全
部或一部或以其他不正當方法，使支票不獲支付者。

二、世界各國對支票退票之處罰規定

　　空頭支票中絕大多數為遠期支票，故欲探討空頭支票問題，應從遠期
支票之性質談起（有關遠期支票問題詳見本章第二節），支票本質上為支
付工具，與匯、本票之為信用工具者，有所不同，而以往商業交易，何以
大眾捨匯、本票不用，而以支付工具之支票轉作信用工具之用？其真正原
因係舊票據法對於空頭支票有刑事處罰，匯、本票則無，因以往支票有刑
法之保障，一般債權人樂於接受，結果由於票據刑罰，引出遠期支票，而
遠期支票又導致空頭支票，故欲消滅空頭支票，必須先消除遠期支票，欲
消除遠期支票，必先得廢除票據刑罰問題，始能澈底解決支票不當使用之
問題。茲將各國支票處罰之立法例分述如後：

（一）英美法系

英美法系對空頭支票，除有詐欺之情形依刑法處罰外，對於單純不兌現之支票，即無犯罪故意而簽發之支票，如不兌現時則無處罰之規定。

美國模範刑法典第224及225條規定：「明知付款人不為支付，簽發或使用支票或其他見票即付之匯票者，即犯輕罪。關於本條之適用，在下列所定場合，推定簽發人明知其支票或匯票不能兌現：對於以空頭支票為手段所犯竊取罪之訴追時亦同，(1) 簽發支票或匯票時，簽發人與付款人之間，並無帳戶；(2) 於簽發後三十日內提示時，付款人以存款不足為理由拒絕支付、簽發人接受拒絕之通知後十日內不為存款之補充時。」

（二）統一法系

1. 法國支票法

法國支票法第64條規定：(1) 不記載發票地或發票年月日而簽發支票，或記載虛偽日期，或以銀行業以外之人為付款人者，處該支票金額百分之六之罰金；但此項罰金不得超過一百法郎。(2) 事前無可處分之資金，而簽發支票者亦同。(3) 資金較支票金額為少者，僅就資金額與支票金額之差額處罰之。法國支票法對空頭支票之發票人，係採罰金之處罰。

2. 日內瓦統一支票法

日內瓦統一支票法第3條規定：「支票應以銀行業者為付款人，發票人須儲存資金於銀行，並以明示或默示之約定，有權發出支票以使用該資金。如未照本條規定發出支票者，仍屬有效。」其僅規定發票人須在銀行有可處分之資金，無資金之發票仍具支票之效力，對於發票人應如何處罰，則未設明文規定。

3. 德國支票法

德國支票法第3條規定：「支票應以發票人有得處分資金之銀行為付款人，並須有明示或默示該項資金得以支票處分之約定，且依此而簽發支票；但不依此規定而簽發支票者，該票券仍有支票之效力。」但不依上開

規定之支票，其發票人應如何處罰，德國支票法並無規定。

4. 瑞士債務法

瑞士債務法第1103條第3項規定：「發行支票者，對於付款人指示無權處分之金額時，對於執票人，除所致之損失外，應賠償其指示未得償付金額之百分之五。」瑞士債務法對空頭支票之發票人，係採民事賠償責任。

5. 韓國支票法

韓國支票法第3條及第67條規定，凡一般空頭支票之發票人，處以五十萬元以下之過怠金，以維護票據信用，亦以懲罰發票人之過怠（疏於注意），其有惡意或故意違反票據法規定，則科以五年以下之拘役或支票金額十倍以下之罰金。法人或團體違反者，則罰其代表人並科法人或團體以支票金額十倍以下之罰金。代理人違反者，除罰其本人外，並罰其代理人。

另韓國不正支票團束法第2條規定：「發行或作成不正支票，有下列情形之一者，科以五年以下的懲役（拘役）或支票金額之十倍以下罰金：(1) 以杜撰人之名義發行支票者；(2) 與金融機構支票契約或受金融機構停止結束之處分後，而發行支票者；(3) （甲）與登錄於金融機構之事（例如簽名、記名蓋章）相違反者而發行支票者，（乙）發行或作成支票者，於發行後因存款不足，受停止往來處分解除或中止支票契約，於提示日期不能支付者，（丙）因過失犯兩項之罪者，科以三年以下有期徒刑或支票金額五倍以下之罰金。」其第3條規定：「於前條情形，發行人為法人或團體時，處罰其記載於支票之代表人或作成者。法人或團體，並科以前條之罰金。」

6. 日本支票法

日本支票法第3條規定：「支票應以銀行為付款人，發票人須於支票提示之時，在銀行有得處分之資金，並依明示或默示之約定，有權發票以處分該資金；但雖未照本條發票時，仍屬有效。」同時第72條規定：「支

票之發票人違反第3條之規定，處五千圓以下之罰鍰。」日本支票法對空頭支票之發票人，係採取行政罰。

三、以往我國票據法對支票刑罰之規定

（一）本法於民國18年立法時，對於空頭支票僅設有罰金之規定與法國支票法同，當時本法第136條規定：「明知已無存款又未經付款人允許墊借而簽發支票者，應科以罰金；但罰金不得超過支票金額。簽發支票時，故意將金額超過其存數，或超過付款人允許墊借之金額者，應科以罰金；但罰金不得超過票面之金額。發票人於第126條所定期限內，故意提回其存款之全部或一部，使支票不獲支付者，準用前二項之規定。」

（二）民國43年第一次修正時，第136條未變更。

（三）民國49年第二次修正時，改為第141條規定：「明知已無存款又未經付款人允許墊借而簽發支票者，處一年以下有期徒刑、拘役或科或併科該支票面額以下之罰金。簽發支票時，故意將金額超過其存數或超過付款人允許墊借之金額者，處一年以下有期徒刑、拘役或科或併科該超過金額以下之罰金。發票人於第130條所定之期限內，故意提回其存款之全部或一部，使支票不獲支付者，準用前二項之規定。」並增加第142條：「依前條規定處罰之案件，不適用刑法第56條之規定。」排除連續犯得加重其刑至二分之一規定之適用。

（四）民國62年第三次修正時，其第141條規定改為：「發票人無存款餘額，又未經付款人允許墊借而簽發支票，經執票人提示不獲支付者，處二年以下有期徒刑、拘役或科或併科該支票面額以下之罰金。發票人簽發支票時，故意將金額超過其存數或超過付款人允許墊借之金額，經執票人提示不獲支付者，處二年以下有期徒刑、拘役或科或併科該不足金額以下之罰金。發票人於第130條所定之期間內，故意提回其存款之全部或一部，或以其他不正當方法，使支票不獲支付者，準用前二項之規定。犯第1項至第3項之罪，而於辯論終結前清償支票金額之一部或全部者，減輕或免除其刑。」該項徒刑修正增為二年，但增設有減免之規定。第142條未

變更。

（五）民國66年第四次修正時，其第141條規定：「發票人無存款餘額，又未經付款人允許墊借而簽發支票，經執票人提示不獲支付者，處三年以下有期徒刑、拘役或科或併科該支票面額以下罰金。發票人簽發支票時，故意將金額超過其存數或超過付款人允許墊借之金額，經執票人提示不獲支付者，處三年以下有期徒刑、拘役或科或併科該不足金額以下之罰金。發票人於第130條所定之期限內，故意提回其存款之全部或一部或以其他不正當方法，使支票不獲支付者，準用前二項之規定。前三項情形，移送法院辦法，由中央主管機關定之。」該次修正，有期徒刑增為三年，刪除減免規定，而增加移送法院之規定，第142條仍未變更。

以往司法實務上，對票據案件量刑標準如下：

1. 退票金額每張二十萬元以下者，判處面額三成之罰金。

2. 退票金額在二十萬元到六十萬元間，每張判處與「萬」元面額相之拘役，例如退票二十萬元判拘役二十日，退票三十萬元判拘役三十日，餘類推。

3. 退票金額在六十萬元以上者，判徒刑二個月以上，每增加二十萬元，加徒刑一個月，例如退票六十萬元判徒刑二個月，退票八十萬元判徒刑三個月，退票一百萬元判徒刑四個月……依此類推。

4. 退票金額在一百五十萬元以上，則判處徒刑六個月以上，依規定票據刑責在六個月以上者，不得易科罰金。

單就違反票據法而言，以往我國法定刑實已較各國為重，至於以簽發無存款支票行詐欺者，依刑法第55條後段牽連犯之規定，當可從詐欺罪而為從重處斷，如犯刑法第339條一般詐欺罪，可處以最高本刑五年以下有期徒刑、拘役或科或併科一千元以下罰金，如犯刑法第340條以詐欺為業者，可處以一年以上七年以下有期徒刑，得併科五千元以下罰金，其刑度不可謂不重。但空頭支票退票案件仍未見減少，不僅遺害工商交易安全，影響司法警政正常運作，甚且引起其他經濟社會問題。

四、廢除不獲支付支票科處刑罰之規定經過

為澈底解決前述票據法問題，早在民國69年2月司法行政部依據行政院所頒「經濟犯罪之長期性預防措施」，即邀集財政部等有關單位會商研擬修正票據法，當時決定基本原則為：（一）符合刑法理論。（二）減少經濟犯罪及防止簽發支票為詐欺工具。（三）不影響經濟發展及工商業營運。會中雖提出多項修正構想，惟均未獲致結論。

70年4月財政部首度提出票據法修正案，建議刪除舊票據法第141條及第142條有關不獲支付支票處以刑罰之規定，但行政院以本案對票據權利人之權益及票據之功能關係重大，認為宜有其他配合措施，並應先行宣導民眾正確使用票據之觀念，財政部遂於71年5月起出版「如何正確使用票據」一書，開始推動對工商民眾票據常識宣導工作，同時採取各項配合措施，例如修訂「支票存款戶處理辦法」放寬開戶條件、推廣限額保證支票與簽帳卡、廢止有關客票融資辦法而將之暫時納入「銀行對企業授信規範」中，並更名為墊付國內票款。

72年間財政部兩度邀集學者、專家及工商界代表舉行座談會，從各種不同角度作廣泛而深入的探討，藉收集思廣益之效，根據共同討論與輿論反應結果，作成改進方案，並經專家學者再三衡酌，對於困擾多年之兩項票據法問題獲致最後結論，亦即：

（一）遠期支票問題方面，輿論對於本法第128條第2項規定之存廢，有正反相對之主張，雖然遠期支票盛行與空頭支票日增有其關連，在政策上自不應鼓勵其流通，惟因其由來於商場長年的習慣，本屬經濟制度問題，非法律所得強制禁絕，從法律觀點，並無非廢止不可之充分理由；從經濟觀點，更不宜輕言變更，因此與其恢復舊制，使法律與社會現實脫節導出更多問題，毋寧以經濟之手段，在其他行政措施上減弱遠期支票使用上之有利條件，使民眾衡酌利弊，樂於收受匯票、本票，因勢利導以創造一個取代遠期支票之環境，俾使票據使用步入正軌。

（二）支票刑罰規定之存廢問題，主張尚應加重處罰者認為支票刑罰雖未能產生顯著效果，但若非屢次提高刑度，則違反票據法案件必將數

倍於現有數字，此項論調僅係推測並無統計上之依據，誠不足採，主張維持現制論者，主要是以目前信用體制尚未建立，缺乏社會制裁力量為由，唯恐一旦廢除刑罰規定，或將影響社會與交易秩序之安寧，實質上並非全然反對，至於贊成刪除刑罰論者，也有認為現行制度行之數十年，驟然改變，可能造成經濟社會重大衝擊，並建議採行緩進措施。比較雙方見解，主要爭議似不在於刑罰應否廢除，而係修正時機究在何時。

由於信用制度與社會制裁之建立並非短期即可完成，仍待政府與民眾長期多方配合，另則在現行票據制度下，一般人迷惑於刑罰制裁，而忽略注意債務人信用，如不廢除現行制度，將無從建立良好之信用體制，因此有關支票刑罰規定允宜先行修正，並訂定緩衝期間，使工商社會得以從容因應，同時配合修訂有關行政規章，調整銀行授信功能，加強信用制度並繼續促進民眾正確使用票據等各項措施，皆事所必需。

依據上述結論，財政部於會商法務部及中央銀行後，在73年7月提出第二次票據法修正案，經行政院核轉立法院審議，審議過程中，雖曾因意見紛紜，景氣低迷，而延擱一時，終經各方協調並聽取學者專家意見後，於75年6月三讀通過，並經總統於6月29日明令公布廢除不獲支付支票科處刑罰之規定。

第五節　廢除支票刑罰後收受票據應有之認識

支票刑罰之取消，係意味一個「沒有信用，就無法在社會立足」時代之來臨。因此，受款人必須改變以往「認票不認人」之觀念，而需積極採取若干因應措施，俾於支票刑罰取消後仍能繼續促進事業經營與發展，至於究應採取如何之配合措施，始能妥當適應新票據法取消支票刑罰後之新局面，在此特提出以下三種比較妥適而有效之方式，以供讀者、工商企業及大眾參考：

一、加強徵信能力，慎選交易對象

　　較大規模之工商企業可自行成立徵信部門，但規模較小、力有未逮或限於各種因素無法自行設立徵信部門之工商企業者或個人，則可委由民間正規經營之專業徵信所或設法指派專人調查，以客觀之態度，查明客戶財產及財務狀況、銀行往來情形、營運狀況、將來發展性、業界評價及主要負責人之經營理念、理財能力、處事方式、家庭背景等資料，建立信用資料檔案，重新評估往來客戶信用，分等級決定交易條件。

　　一般新往來之客戶，尚未經過詳細徵信調查前，如未採取相當之確保債權配合措施，例如：提供足額擔保品、由有資力人士保證等，不宜輕易授予信用交易額度，而對於已經過徵信調查之客戶，亦應運用各種方式隨時加以觀察、追蹤，並注意各種內外因素的變化，定期重新評估調整其信用等級，適時取消、縮小或擴大信用交易額度，必要時應重新選擇交易對象，為了便利取得徵信資料及充分瞭解各戶動態，對於業務員應施予基本的信用調查觀念與方法的訓練，俾其能隨時獲取最新客戶徵信資料。

二、以本票、匯票或國內信用狀代替支票作為信用工具使用

　　以往支票之信用甚多依賴舊票據法之刑罰約束，發票人因畏懼刑罰制裁，多不敢輕率退票，致一般收受支票者，誤認可不必花費時間、金錢去對發票人作徵信調查，即可接受任何第三人所簽發之支票，而有相當保障，且金融業者以往均辦理遠期支票客票融資業務，因之工商企業習慣上偏愛接受支票，但如今票據法上之支票刑罰已自76年1月1日起取消，因此，同一人所簽發之支票與本票、匯票之信用度已大致相同，工商企業在收受票據時，就應考慮改變收受票據之態度與習慣。

　　為因應新修正票據法之規定，首先，要認識支票僅係一種支付工具，本票、匯票才是一種真正之信用工具。其次，要瞭解目前政府在支票刑罰取消後，將大力推行本票、匯票之使用，建立便利本票、匯票之貼現融資管道，遠期支票之融資額度勢將自然縮減。所以說，如果收受本票、匯票，對工商企業未來融資管道與可融資額度，均較收受支票有利，況且

本票如遇不獲兌付時，對本票發票人追償，可不必經由煩瑣之訴訟程序，得僅以少許費用直接向法院聲請裁定後進行強制執行，立即扣押發票人財產，對執票人而言，手續簡單方便，省時又省錢，另一方面，如果對方往來之信用交易額度較大，宜要求對方透過往來銀行開立國內信用狀，待自己依信用狀所載條款履行義務完成交易時，即可利用簽發匯票方式取得貨款，甚為方便，因該匯票之簽發有銀行開立之國內信用狀為基礎，開發信用狀之銀行屆時對該匯票一定會加以承兌或付款，故使用開發國內信用狀所進行之交易，無異銀行擔任該項交易之保證人，對於進行交易之雙方非常安全。

三、增進票據常識，保障票據權利

以往中小企業收受票據因信賴票據刑罰保護，均以支票為主，如遇支票退票被倒帳時，常以發票人可能負有刑責之免除或減輕程度作為談判、解決之籌碼，而不沿用法律規定之方式及制度來處理，所以工商企業從業人員對於票據常識及如何保障票據權利，過去往往很少認真去注意研究、瞭解，缺乏正確之觀念。

支票刑罰取消後，已無刑責之減免可作為執票人討債之工具，無論交易時所收受之票據為支票、本票或匯票，均必須具備有相當之票據常識，始能利用法律規定催討票款以確保票據債權。因之一般收受票據者應特別注意下列事項：

（一）實質上應注意之事項

1. 注意前手（發票人及背書人等）之信用問題，由於票據債務人之償債能力及償債意願係使票據得否順利獲得付款之關鍵，故受讓票據時，應設法瞭解票據債務人之信用，如認為其信用不佳，應拒絕收受該票據，或請其覓具信用可靠之人在票據上為保證；在受讓支票之情形，因支票上之保證不生票據法上之效力，故宜洽請前手提供國內遠期信用狀或其他保證票據。

2. 注意前手行為能力之有無，因無行為能力人或限制行為能力人不能完全有效地作成發票、背書等票據行為。

3. 注意前手取得票據有無正當之權源，例如前手係以詐欺、盜取及拾得等方式取得票據者，為無正當權源；如認為前手有無正當權源之點甚為可疑，或已知前手有無持有票據之正當權源，應拒絕受讓該票據，如冒然受讓票據後，債務人可能提出票據抗辯或主張執票人非善意取得而拒絕付款。

（二）形式上應注意之事項

1. 注意票據絕對必要記載事項是否齊備

例如票據上是否已記載發票日期、金額及無條件支付等文句。

2. 注意發票人及背書人之簽名或蓋章是否清晰完整

所謂不完整，例如公司發票時只蓋公司章而未加蓋負責人私章或僅蓋公司章或未具負責人姓名之職章等情形。收受非屬前手本人之票據，一定要求交付票據者在票據背面上簽章，將來萬一票據不獲付款，交付票據者負有背書人擔保承兌或付款之責任。

3. 注意票據金額是否明確

(1) 大寫金額漏記貨幣單位（如「元」字），則將因金額不確定而可能被退票。

(2) 大寫金額不得改寫，如有改寫，則付款銀行將不予付款，小寫金額雖得改寫，但改寫後之金額應與大寫金額相符，且改寫處須經發票人加蓋留存印鑑予以證明。

(3) 大寫金額模糊不清，難以辨認，該票據亦難獲得付款。

4. 注意票據記載事項之改寫、塗銷是否依規定辦理

(1) 其他事項如有改寫，亦應由發票人於改寫處簽蓋留存印鑑以資證明，否則付款銀行亦將不予付款。

(2) 發票日期之改寫，例如將支票發票日93年10月10日改為93年12月

10日，不僅須由發票人在改寫處加蓋留存印鑑，而且須背書人在改寫處蓋章，或於票背簽章表示同意，否則執票人對背書人之追索權可能因而喪失。

5. 注意背書是否連續

票據背書連續，執票人方得證明其為正當權利人；如票據之背書不連續，銀行應予拒絕付款。

6. 注意有無回頭背書情事

以前手為被背書人所為之背書，稱為回頭背書。例如張三簽發以台灣銀行為擔當付款人之本票，載明李四為受款人交付李四，李四將該票據背書轉讓王五，王五又將之背書轉讓發票人張三，其中王五以張三為被背書人所為之背書即為回頭背書。此時執票人張三對李四、王五均無追索權。

7. 注意有無記載禁止轉讓文句

票據為流通證券，本可自由流通轉讓，但若發票人記載「禁止轉讓」之文句，則受款人就該票據不得再為轉讓，受讓此種票據之人，將無法取得票據權利。又若票背上有背書人記載禁止轉讓文句，則該票據雖仍得再為背書轉讓，但因記載禁止轉讓文句之背書人僅對其直接後手負責，故受讓此種票據後，將來行使追索權，仍受相當限制。

8. 注意有無偽造、變造之痕跡

經偽造、變造之票據，付款銀行應不予付款。

9. 注意是否已逾消滅時效期間

票據上之權利，對匯票之承兌人及本票之發票人，自到期日起算；見票即付之本票，自發票日起算，三年間不行使而消滅。對支票發票人自發票日起算，一年間不行使而消滅。是故受讓票據時，應注意是否已逾上述時效期間，如已逾時效期間，票據權利可能因而消滅，付款銀行將不予付款。

10. 注意是否已逾票據之提示期限

　　按票據皆有一定之提示期限，若受讓票據時，已逾該提示期限者，將喪失對前手之追索權，且在支票之情形，既已逾提示期限，發票人更得撤銷付款委託，使執票人難以順利取得票款。

　　上開各項有關正確使用票據之基本常識，工商業者必須設法適時灌輸給每位相關之從業人員，並促其充分瞭解，俾可在簽發票據時能慎重，收受票據時能注意，可減少意外之損失，確實保障自身之票據權利。

第三十章　新票據信用管理制度

第一節　票據信用管理制度之變革

我國自從實施票據交換制度以來，提示之票據如因存款不足等理由予以退票，即由票據交換所列入紀錄；又支票存款戶如票據信用顯著不良，即由金融業者予以拒絕往來。此種票據信用管理制度，早期係由參與票據交換之金融業者相關之同業公會訂定自律公約，並由票據交換所訂定章程，付諸實施。其後為求規範更為明確，並利於行政上之管理，一方面由財政部於其主管之「銀行業及信用合作社甲種活期存款戶處理準則」，就金融業者辦理退票及拒絕往來應注意事項加以規定。該項處理準則迭經修正後，即為已廢止之「支票存款戶處理辦法」。另一方面由中央銀行於其主管之「中央銀行管理票據交換業務辦法」、「支票存款戶存款不足退票處理辦法」及「偽報票據遺失防止辦法」等行政命令，就票據交換所及各參加票據交換行庫辦理退票及拒絕往來應行遵守事項，加以規定。施行迄今，已歷四十年之久。民國88年起中央銀行為因應金融自由化的趨勢，以及符合行政程序法的規定，特邀集產、官、學界組成「改進票信管理制度」業務改革小組，共同研商推動票信管理新制度，期盼在法規鬆綁的過程中，建立更為健全的票據流通環境。

歷經近二年之研商，新票據信用管理制度於90年7月1日起正式實施，新票信管理制度係由中央銀行依照「改進票信管理制度」業務改革小組研商之結果規劃而成。除對於票據交換所之管理，仍由中央銀行依中央銀行法等相關法令加以管理外，票信管理制度原則上不以公權力介入，而由中央銀行以行政指導之方式，輔導票據交換所、金融業者及支票存款戶加以推行。

第二節　票據票信管理新制之內容及與舊制之差異

一、退票紀錄及註銷（註記）

（一）新制

1. 退票後三年內清償贖回、提存備付或重提付訖者，均可由票據交換所「註記」其日期，但不註銷其紀錄。

2.「註記」資料可提供查詢。

（二）舊制

1. 退票後七個營業日內清償贖回、提存備付或重提付訖者，「註銷」其紀錄。

2. 已「註銷」之退票紀錄（俗稱退補紀錄）不提供查詢。

二、拒絕往來

（一）新制

1. 一年內發生退票，未經辦理清償註記達三張，票據交換所即通報其為拒絕往來戶。

2. 拒絕往來期間一律為三年；取消六年及永久拒絕往來之規定。

3. 拒絕往來期間屆滿，或於屆滿前對於構成拒絕往來及其後發生的全部退票，已辦妥清償贖回、提存備付或重提付訖之註記者，均得申請恢復往來。

（二）舊制

1. 一年內發生退票，未經辦理清償註銷達三張，票據交換所即公告其為拒絕往來戶。

2. 一年內發生退票，未經辦理清償註銷達三張，拒絕往來期間為三年；超過三張，拒絕往來期間為六年；經兩次拒絕往來，應予永久拒絕往來。

3. 拒絕往來期間屆滿，得申請恢復往來。

三、票信查詢方式與內容

（一）新制

1. 查詢方式：以書面、網際網路或電話語音等方式查詢。

2. 查詢內容：書面與網際網路查詢，除提供被查詢者三年內全部列管之退票相關資料外，也提供清償贖回註記及退票之明細資料；但電話語音查詢則衹提供被查詢者有無拒絕往來，以及最近一年內存款不足退票與清償註記的張數。

（二）舊制

1. 查詢方式：書面查詢。

2. 查詢內容：提供有無拒絕往來及一年內未經註銷退票張數之一般查詢，或除提供前項資料外，另包括被查詢者關係戶資料之開戶徵信查詢。

第三節　中央銀行在實施新制所採取之配合措施

由以上新舊制之重大差異比較，可以看出新制在自由化之推進、票信資料、揭露與透明化，以及對持票人權益之保障等都較舊制邁進一大步。中央銀行並採取下列處理措施，俾使我國信用制度更趨健全：

一、研訂票據交換所與金融業者間之「辦理退票及拒絕往來相關事項約定書範本草案」[1]及金融業者與支票存款戶間之「支票存款約定書補

1　參閱附錄九。

充條款範本草案」[2]，就中央銀行以行政指導方式推行退票及拒絕往來新制與公平交易法之規定有無不符，函徵行政院公平交易委員會之意見。經公平會審查結果，已於89年11月29日以(89)公台字第8913191-003號函復央行，認為尚無限制競爭或不公平競爭之虞，應不受公平交易法聯合行為之禁制規範。

二、將上述研訂之二約定書範本草案，就其內容與消費者保護法有無不符一節，函徵行政院消費者保護委員會意見。經消保會審查會審查竣事、修正通過，已於89年12月22日以台89消保法字第01457號函復央行。

三、將上述核定之二約定書範本函送票據交換所及各金融業者，輔導其配合辦理。

四、會同中華民國銀行公會及台北市票據交換所印製「票信管理新制之問與答」宣導小冊八十萬冊，發放各銀行、信用合作社、農漁會信用部、郵局各支局及各地票據交換所。並將宣導小冊內容張貼於央行及台北市票據交換所網站，供各界上網查閱。希望金融業者、工商企業及社會大眾充分暸解新制之內容。

票信管理新制能否順利實施，關鍵在於票據交換所與金融業者所簽定之「辦理退票及拒絕往來相關事項約定書」，及金融業與支票存款戶所確認之「支票存款約定書補充條款」能否順利進行而定。前者台北市以外十五家票據交換所，已委託台北市票據交換所代表與金融業總機構辦理簽約手續，而後者各金融業均已通知支票存款客戶，在接到通知後一個月內回覆，若逾期不回覆者，有被終止支票存款往來契約之可能；其中值得支票存款戶注意的是，自90年7月1日實施票信管理新制後，退票紀錄只能註記，不能註銷；一旦所開支票退票，退票紀錄就會永遠存在。因此，在簽發票據時須注意帳戶內有無足額存款，以免發生退票，影響票信。而持票人收到票據時，應隨即利用票據交換所提供之資訊，以書面、網際網路或語音查詢發票人之票信資料，以保障權益，如雙方都能如此做到，則我國

---

2 參閱附錄十。

將朝建立健全之票信制度實質邁進，實施以來，各界皆能順利適應新票信管理制度，使我國票信管理制度更趨健全。

Part2　電子支付

第一章　台灣金融支付工具之發展歷程

第一節　我國現行金融主要支付工具

　　所謂支付工具係指用於資金清算和結算過程中的一種載體，其為記錄和授權傳遞支付指令及信息發起者的合法金融機構帳戶證明文件，也可謂支付發起者合法簽署可用於清算和結算的金融機構認可的資金憑證。我國現行金融主要支付工具一般可分為現金與非現金兩種，早期社會發展中，現金是最重要的支付媒介，一旦買賣雙方完成現金支付，此項交易即可謂完成。隨著工商業發達，為因應交易之便利性需求，逐漸發展出各種非現金支付工具，如票據、信用卡、帳戶付款（金融卡、款項撥款、直接扣款）及非銀行支付之電子錢（電子票證、第三方支付及電子支付）等，取代現金之使用，目前我國支付工具分類參閱下列圖示：

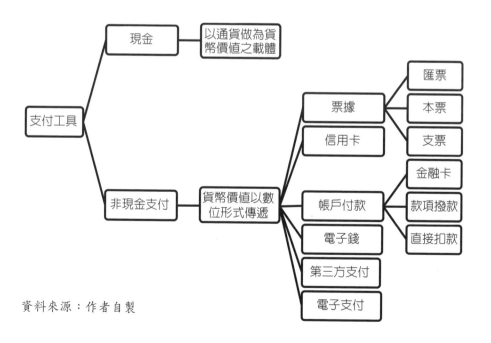

資料來源：作者自製

第二節　我國現行非現金支付工具種類

本節介紹主要非現金支付工具，包括：票據、金融卡、信用卡、款項撥轉、直接扣款及電子貨幣支付等。

一、票據

票據係以支付一定金額為目的，並依據票據法規定發行之有價證券。票據種類分為匯票、本票與支票三種，依其性質不同，各具有匯兌、信用及支付的功能，為我國主要的非現金支付工具[1]。隨著電子支付興起，但依據台灣票據交換所統計資料顯示國內票據交換張數與金額未見有逐年下降趨勢，顯示此類紙本支付工具尚未為其他非現金支付工具所取代[2]。

二、信用卡

信用卡係指由發卡銀行授予持卡人特定信用額度，同意持卡人於消費後特定期間到期時，支付全額或部分消費金額[3]。目前信用卡之使用在台灣社會已相當普及，隨著電子商務發展，透過網際網路線上刷卡購物情形日益增加，多數金融機構並發行及集合預借現金、提款、循環信用等多功能之信用卡，然為避免信用卡被盜刷或偽冒使用之情形，各金融機構亦積極推行信用卡晶片之轉置作業，俾提高信用消費的安全性。

1　李開遠，票據法理論與實務，五南圖書公司，2014年2月，第13-15頁。
2　台灣證券交易所全國每月交換票據交換張數統計：105年1月7,318,901張、106年1月8,144,782張107年1月9,762,457張、108年1月9,549,958張。
3　信用卡（Credit Card），是一種非現金交易付款的方式，是簡單的信貸服務。信用卡一般是長85.60毫米、寬53.98毫米、厚0.76毫米的塑膠卡片，由銀行或信用卡公司依照用戶的信用度與財力發給持卡人，持卡人持信用卡消費時無須支付現金，待帳單日（Billing Due Date）時再進行還款。除部份與金融卡結合的信用卡外，一般的信用卡與借記卡、提款卡不同，信用卡不會由用戶的帳戶直接扣除資金。

三、帳戶付款

（一）金融卡

　　金融卡係指由金融機構發行，具備提款、轉帳與查詢等功能的塑膠卡片，依資料儲存媒體之不同，分為磁條金融卡與晶片金融卡[4]。為防止磁條金融卡交易資料與密碼於傳輸過程中遭側錄、盜用等風險，中華民國銀行商業同業公會全國聯合會推動磁條金融卡之晶片化作業，2006年3月起取消磁條金融卡跨行交易功能，至此我國已全面完成晶片金融卡之建置。晶片金融卡除具備原磁條卡之提款、轉帳、查詢、繳（費）稅等交易功能外，並新增消費扣款之交易功能。

（二）款項撥款

　　款項撥款係指由付款人與金融機構約定將其帳戶內之金額移轉至受款人指定之帳戶。此項支付不僅適用於遠距離匯款或大額資金移轉，以免除實際運送現金之風險外，尚可辦理定期性、循環性之小額支付，例如公司行號薪資、股利之發放等。款項撥款多係透過電子資金移轉系統辦理，例如中央銀行資訊系統辦理各金融機構間之大額資金移轉，財金資訊公司跨行通匯系統提供政府單位與一般民眾各類匯款服務，而小額資金移轉則透過票據交換所媒體交換自動轉帳系統或財金資訊公司全國性繳費（稅）系統辦理。

（三）直接扣款

　　直接扣款係指由受款人與金融機構約定，直接從付款人指定的帳戶扣款，轉入受款人帳戶，例如代收公用事業水費、電費及稅捐等。採用此種支付方式，受款人需事先取得付款人同意付款行扣款之授權書。

4　金融卡係指除可在ATM進行各項便利金融服務外，也可在實體商店消費購物，或在網路繳稅、繳費、轉帳及購物；另因應金融機構「近端小額支付」需求，財金資訊公司研發完成「感應式金融卡」，以協助金融機構提供消費者及特約商店「快速結帳」的購物服務，逐步邁向「無現金交易」環境。

　　此外，「第三方支付」、「電子支付」、「電子票證」都被歸類為「行動支付」，這是因為「第三方支付」與「電子支付」多在手機裝置上使用，而「電子票證」也發行手機電子票證，亦可兼營電子支付。

　　而Apple Pay基本上屬於「信用卡的延伸使用」，並不是第三方支付、電子支付，因為其支付綁定在消費者的信用卡，資金並沒有停留在Apple、未提供代收代付。換言之，Apple Pay是一種數位行動信用卡，因為其透過手機裝置進行支付，屬於「行動支付」的一種。

第三節　加強我國非現金支付服務提升經濟效率

　　為促進非現金支付交易的發展，金融監督管理委員會110年3月表示將訂定衡量指標為「非現金支付交易金額」及「非現金支付交易筆數」，並將目標值設為112年我國非現金支付交易金額目標達到新臺幣6兆元。衡酌推動非現金支付政策意義之明確性、我國支付市場環境發展之成熟度與民眾消費生活習性等因素，並參採國際衡量指標，新訂定衡量指標為「非現金支付交易金額」及「非現金支付交易筆數」。其中「非現金支付交易金額」係為現行衡量指標之分子，選擇該指標係因其得以延續原執行成果，持續觀察我國非現金支付交易之成長情形。至於選擇「非現金支付交易筆數」作為另一衡量指標，主要考量推動非現金支付政策之目的，依電子支付機構管理條例第3條第3款、第5款規定，係為讓民眾舉凡從小額交易如搭乘公車、捷運等大眾運輸工具或夜市小吃，至大額交易如旅遊娛樂或消費購物等日常生活開支，皆能享受到科技進步及非現金支付工具帶來之方便，因此，該指標更能反映民眾於日常生活消費使用非現金支付之成長情形。另為配合「電子支付機構管理條例」110年7月1日起施行，為我國非現金支付營造良好發展環境，使民眾享受更安全便利的支付服務，俾提升我國非現金支付交易之發展。

第二章 台灣電子商務發展與法制建構

第一節 電子商務之定義與架構

電子商務（Electronic Commence）廣義而言係指在網際網路（Internet）、內部網路（Intranet）和增值網（Value Added Network, VAN）上以電子交易方式進行商務交易及相關服務活動。電子商務包括電子貨幣交換、供應鏈管理、電子交易市場、網路行銷、線上業務處理、電子資料交換（EDI）、存貨管理及自動資料收集係統等。在其處理過程中，其使用之資訊技術包括網際網路、互聯網、電子郵件、資料庫、電子目錄及行動電話等。**簡言之，電子商務就是網際網路（Internet）加上商務（Commerce）就稱之為電子商務**。現行商業交易活動已不再是傳統直接面對面檢視實體貨品後，再依紙介質單據（包括現金）進行商品買賣交易，主要係透過網際網路，經由網上各項商品訊息，加以完善的物流配送系統及便利安全的資金結算系統，直接進行各項商品交易買賣，一般所稱企業內部網（Intranet）、企業電子商務（B2B）、企業與消費者電子商務（B2C）、消費者間之電子商務（C2C）及現正發展中之新形式電子商務模式，例如企業與政府機構間的電子商務（B2G）、消費者與政府機構間的電子商務（C2G）、企業與相應產品的銷售者或經理人之間的電子商務（B2M）等皆屬之。目前電子商務涵蓋廣泛的商業行為，從電子銀行到資訊化的物流管理，電子商務的應用促進了支援系統的發展和進步，包括後台支援系統、應用系統和中介軟體，例如寬頻和光纖網路、供應鏈管理模組、原料規劃模組、客戶關係管理模組、存貨控制模組和會計核算／企業財務模組等。依據美國密西根大學Kalakota & Whinston 兩位教授[1]以產

---

[1] Dr. Ravi Kalakota is a pioneer in the area of e-commerce. He is the CEO of e-Business Strategies, a technology research and consulting practice, and has consulted extensively with

業區隔為導向，渠將電子商務之產業架構、相關公共政策、法律及隱私問題及文件安全性、網際網路協定之技術標準兩大支柱等以下列圖示區分各層級之相互關聯性[2]：

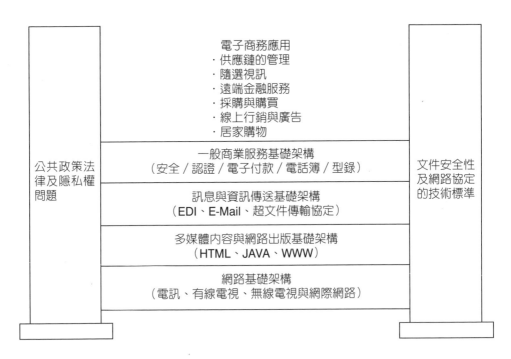

第二節　行動支付（mobile payment）

　　交易行為與支付方式係我們社會存在已久之商業模式，不論時代如何轉變，貨幣始終在交易行為中扮演重要的功能，要轉變行之多年之交易行

---

start-ups and Fortune 1000 companies.

Andrew B. Whinston is the Cullen Chair Professor of Information Systems, Computer Science and Economics, IC2 Fellow, and Director of the Center for Information Systems Management at the University of Texas at Austin. His recent research interests are Internet pricing and application of client/server computing to support groups working collaboratively.

2 Ravi Kalakota, *Frontiers of Electronic Commerce*, Addison-Wesley Publishing Company, 1996, p. 850.

為，其絕非僅依政策即可帶動轉變，而是需藉助社會經濟行為上之各項誘因，始能使長久之支付行為轉換至另一交易平台。**事實上目前我國並無任何一項支付工具稱爲行動支付，那只是一種「行爲上的定義」，而非「產業之變革」，簡言之那是對目前使用非傳統貨幣與非塑膠貨幣支付的一種通稱**[3]，所以行動支付又稱行動付款、數位付款、電子付款、感應支付、掃碼支付、數位支付、電子支付和掃碼支付，是指用行動裝置進行付款的服務，在不需使用現金、支票或信用卡的情況下，消費者可使用行動裝置支付各項服務或數位及實體商品的費用。以往我們民眾較習慣使用現金及信用卡進行各項消費活動，但現金有找錯錢、遺失及不易整理計算之繁雜，信用卡則有盜刷、遺失之風險，當智慧型手機興起使用之後，廠商迅速研發應用手機作為支付之載體，非但方便且安全性較高，因之行動支付的概念開始成型發展，由於行動支付係消費行為帶動發展出之新模式，因之各家廠商運用不同模式實施，導致消費市場混亂缺乏一致標準，如先將銀行端和客戶端之金流過程及技術安全方案等較為複雜之議題排除不論，目前行動支付方式有五種類型：簡訊為基礎的轉帳支付、行動裝置網路支付（WAP）、應用程式支付（APP）、條碼支付（Barcode, QR Code）[4]和感應支付（NFC）。部分需要網路支援，亦有部分則可離線使用，情況大不相同，原本在國外已發展多樣化的行動支付市場，當引進我國後，差異化更加複雜，由於國內媒體在專有名詞使用上不盡統一，另由於法律規範和消費者實際認知之差異，行動支付整體概念逐步發展出手機支付、電子支付等不同名詞，導致消費者開始出現認知差異，再加上本文其後介紹之「第三方支付」，一般使用者更無法輕易分辨出該等名詞用語之差異性。

3　行動支付係指使用行動裝置進行付款的服務。在不需使用現金、支票或信用卡的情況下，消費者可使用行動裝置支付各項服務或數位及實體商品的費用，雖然使用非實體貨幣系統的概念已存在許久，但支援此系統的科技直到近年來各國才開始以不同形式應用於商品支付。

4　QR碼是一種正方形的二維條碼。QR碼能夠簡單地將資料輸入行動電話中，能夠輸入網址或複製一段文字變得簡單。QR碼最早在1994年誕生。最早的應用為對倉庫內的貨品進行追蹤管理，QR碼是為取代傳統的1D條碼而設計。傳統的條碼僅能儲存數字資訊，必須與資料庫對照後才能轉換為有用的內容。QR碼則可直接在條碼中儲存文字資訊，在亞洲和歐洲有著廣泛的使用。

　　事實上行動支付係指使用行動裝置進行付款的服務，在無需使用現
金、支票或信用卡等傳統金融支付系統之情況下，消費者可使用行動裝置
支付各項服務、數位及實體商品之消費費用，雖然使用非實體貨幣系統
之概念早已存在，但支援此系統之科技發展至近數年來始為普及，**簡言
之，行動支付就是將支付工具從現金、個人電腦、卡片、ATM等支付方
式轉移到手機或其他穿戴裝置之載體上，其僅係行為上之定義，而非產業
上之變革，消費者只要取出手機並完成付款動作，無論使用之服務或APP
為何，即可被視為行動支付。**目前手機信用卡主要以 Google Pay、Apple
Pay 與 Samsung Pay，國際三大 Pay 為主要推手。Apple 與 Google 分別在
iOS 及 Android 裝置上，透過NFC近場通訊功能[5]，再加上軟、硬體的配
合，將手機變身成感應式信用卡，輕碰觸即可進行付款。目前消費者對於
Google Pay 及 Apple Pay 最常存在之困擾問題，就是它們究竟是不是電子
支付？ **Google Pay 、 Apple Pay及Samsung Pay 雖然是行動支付中之一種
方式，但它們本質仍然屬於信用卡支付，並非電子支付，此觀念必須先行
確立。**

　　目前北歐各國已宣布未來將會是無現金貨幣交易的社會，其發展原因
除貨幣提取保管成本較高外，消費大眾願意接受政府經由電子交易設備記
錄與確認交易金額作為課稅資訊來源，此因素正是促成北歐各國社會得以
快速成為無現金社會的重要關鍵之一，由於買賣雙方對於政府監督交易資
訊的揭露與管理都有相對的認知與信賴，因此造就北歐各國得以快速發展
成為無現金交易之社會，但在我國目前地下經濟普及盛行之情形下[6]，無

5　近場通訊（NFC）支付方式經常在實體商店或交通設施中使用。消費者須使用配備有智
　　慧卡的行動電話，並將行動電話置於感應器模組前。大多數交易並不需要額外授權，但
　　也有部分交易在完成前要求輸入密碼或使用指紋授權。支付的款項可由預付帳戶或銀行
　　帳戶中扣除，或計入電信費用中收取。

6　地下經濟是處於政府管理、監督之外，未誠實向政府申報和納稅，且產值和收入未納入
　　政府統計的各種經濟活動的統稱，是不合法、不公開的經濟行為，同時也被國際社會
　　公認為經濟黑洞。地下經濟的存在對守法的人產生不公平，間接鼓勵人們從事地下活動
　　來逃避政府管制及租稅負擔，不僅不利於國家稅收，更扭曲了經濟指標，對社會所造成
　　的影響實不容忽視。通常我們都知道有地下經濟的存在，也可感受到地下經濟對我們的
　　影響，但是確很難去估計一國的地下經濟規模究竟有多大。近代許多經濟學者不斷地探
　　索，同時也提出不同的理論及估計方法，以期能窺探地下經濟的變化趨勢。然而在這些

現金交易之推動較不易成功。另一關鍵係北歐各國在資通訊基礎技術方面的領先，使行動電子支付可在安全迅速的環境下完成，這需要的不僅是消費者金融支付行為觀念的改變，更需要在數位資訊技術上持續不斷投資，建構消費者安心之交易技術環境。事實上我國在電子支付科技發展上起步甚早，但在大多數的公共服務支付系統，如悠遊卡、一卡通、ETC等支付卡片，在發展早期受到地域性及使用用途限制等因素所限，無法擴充成為全國皆可用之支付系統，而營運模式更是受限於小額消費支付用途，無法應付大額交易之需求。此外在相關法規限制開放後，使用範圍及相關限制已大幅放寬，行動支付已漸成為我國電子支付的主要使用模式。事實上我國在行動支付運作模式上仍有甚多需進一步發展之空間，例如如何改善卡片與行動裝置綁定使用之簡便程度，如何便利儲值卡片成為行動載具的支付來源；另亦可研究在卡面上印製QR Code，勢將更便利行動載具掃描使用，此外亦可結合行動網路銀行技術直接支援虛擬帳號與實體卡片儲值，使消費者使用過程更加方便。政策上如能再降低店家收單成本與機器設備設置門檻要求，將會使得收費電子化普及率快速上升，此外鼓勵店家利用讀卡機與雲端分析工具，協助店家進行帳務分析，使收單店家營運效率得以提升，總之為加速提升我國行動支付之普及化，使行動支付應用成為我國發展數位經濟之重要原動力，解決實體電子商務最需要的交易數位化問題，政府實應參考北歐各國無現金社會發展經驗，思考未來我國應採行之數位科技發展策略與步驟。

第三節　第三方支付（Third party payment）

第三方支付係隨著近年來電子商務興起而產生之新興交易支付方式，其主要架構係透過建立介於買賣雙方的第三方平台，在買家付款後，先將貨款保存於平台，待賣家出貨且買家確認貨品無誤後，款項才會移交至賣家的帳戶中，透過此方式確保交易安全進行。以下為第三方支付之圖示：

為數可觀的理論及方法中，到底哪一種才是最能反應出現實狀況，這是一個相當難解的問題。地下經濟的存在對各國經濟上的衝擊，亦是各國相當關切的問題。

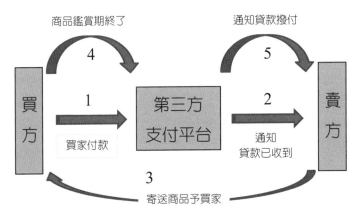

資料來源：作者自製

　　此種創新之支付模式除可降低以往消費者對於線上購物的安全顧慮
外，尚可保障賣家出貨必能收到價款之疑慮，交易資金停留於平台期間，
第三方支付業者亦可利用資金投資獲利，交易手續費是業者利潤主要來
源。隨大數據和電子商務產業的蓬勃發展，第三方支付實已成為全球目前
最新之交易模式，例如眾所熟悉的PAYPAL、支付寶、線上購物和日常生
活中各類支付，第三方支付現正全面性推廣至各項交易行為，不僅是考驗
傳統商業的因應能力，也正興起另一場交易支付方式的創新運動。第三方
支付名稱出現於媒體用語甚早，此項支付工具大多數人對其認知係指非銀
行的支付業者擔任交易最終付款人，此名稱最早緣起於中國大陸媒體稱呼
支付寶和微信支付等業者的付款方式，只是社會大眾對非銀行支付業者的
一種俗稱，大陸電子商務法制範圍包括網路支付、預付卡支付及銀行卡
收單等業者，主要法律規範行為皆規定於「非金融機構支付服務管理辦
法」。在我國現行概念下，第三方支付係指進行線上代收代付的業者，其
服務就是先收受交易雙方當事人的交易金額，再依據指示把價款交付收款
人或是代收款人收款，服務模式可以是單純地轉交金錢或是搭配履約保障
的模式，而最為我們所熟知的就是收到貨後再指示第三方支付業者付款方
式。第三方支付之概念大致可分為狹義和廣義兩種，**狹義的就是所謂我國
的定義，限於線上的代收代付（PChome的支付連）；廣義就是只要是非**

銀行的支付業者，**都可以稱它爲第三方支付**，包含現流通的電子票證（悠遊卡）、狹義第三方支付（支付連、Pi行動錢包）和電子支付業者（街口、一卡通）。

　　如單就第三方支付之性質探討，有認為第三方支付的營運本質為代收轉付，其基礎法律關係為民法第528條之委任契約，一般國際通行之第三支付模式，多為第三方支付業者於收受買方付款之款項後，以第三方支付款項的名義存放於銀行，就民法理論而言，對具有「完整支付」之第三方支付業者而言，第三方支付業者與消費者所成立的法律關係**應解爲委任與消費寄託的混合契約**。就字面意義而言，第三方支付實應採前述廣義定義，包含所有買方非直接向賣方支付，而係經由第三人支付交易價金之付款模式，而非僅限於附加於金融機構的衍生支付型態或信用卡交易。鑑於中國大陸第三方支付市場的快速發展及國內業界呼籲下，2015年1月，第三方支付法律規範 「電子支付機構管理條例」立法完成[7]，終於開放我國第三方支付市場，其後透過金融業和非金融業者相繼加入，筆者認為各項消費金融支付模式未來除相互競爭外，彼此間應存在更多合作之空間，第三方支付體系勢將更為穩健，為我國數位金融與電子商務發展開啟全新之局面。

　　目前在政府方面，金管會已提出五年內倍增國內電子支付比率的願景，希望加速國內電子支付普及率[8]，資策會也看好國內第三方支付市場的發展，如何在恪守法規的同時，開發消費市場接受度，將是業者在未來百家競爭的環境中脫穎而出的主要關鍵。

　　雖然第三方支付平台可作為買賣雙方的擔保，但何者能成為第三方

---

[7]　中華民國104年2月4日總統華總一義字第10400012581號令制定公布全文58條；施行日期，由行政院定之；中華民國104年3月5日行政院院臺金字第1040010316 號令發布定自104年5月3日施行；中華民國106年6月14日總統華總一義字第10600073191號修正公布第58條條文；刪除第53條條文；並自公布日施行；中華民國107年1月31日總統華總一義字第10700011001號令增訂公布第3-1條條文。

[8]　107年9月17日自由時報報導政府雙劍齊飛邁向無現金社會，金管會在2015年已經訂出「電子化支付5年倍增」，也就是在2020年占整體支出比重達到52%；根據統計，我國電子化支付占比在2015年底為26%，2016年為34%、2017年為38%。

支付平台之擔保，尤其在資金停留於平台期間，若缺乏完善監管制度，
將會出現業者運用停留累積之資金進行非法牟利之金融炒作，甚至侵占
停留貨款，捲款潛逃之金融犯罪行為，2013年5月美國就曾發生第三方支
付商Liberty Reserve創辦人Arthur Budofsky及其同夥七人被美國紐約南區
地方法院控訴利用虛擬貨幣（at the digital currency exchange）涉及洗錢
（money-laundering operation）60億美元的重大弊案[9]，該公司標榜其為最
古老、最安全和最流行的付款處理者，服務數百萬世界各地用戶，正因如
此使弊案長久以來都未曾被發現，此即第三方支付會產生弊端關鍵問題之
所在。第三方支付平台的擔保來自於自身的風險控制及政府法令規範，我
國第三方支付專法「電子支付機構管理條例」固然較為保守，但卻有其嚴
謹之必要性，多一分法律規範即能少一分金融風險，該專法對於保障我國
電子支付安全機制可謂功不可沒。此外第三方支付產業進入技術門檻較
低，近年許多業者紛紛投入，未來發展勢將導致業者不當競爭，演變成類
似國內電信業者惡性競爭演變成為價格戰，為求壓低成本而降低服務品
質，勢將為行動支付產業帶來負面影響，在消費者方便購物之情況下，第
三方支付資金之安全性是行動支付發展應用中不可忽視的重點。

第四節　電子票證

一、電子票證之定義

　　國內民眾近年來幾乎人手一張悠遊卡、一卡通、iCash、Happycash，
使用這一張卡，嗶一聲就能在國內各地通行，任何交通工具皆能使用，電
子票證最早之出現，係為統一國內各大眾交通運輸公司不同票種及收費方
式，此種能夠跨越公司的款項清算機制，為國內各地民眾帶來交通上的便

9　U.S. v. Budofsky, U.S. District Court, Southern District of New York, No.13-cr-00368., Sep.
　23, 2015.

利深受民眾好評。電子票證的輕便與方便使用，使人人都能輕易使用，省去攜帶零錢找零的麻煩。此外在任何超商、連鎖餐飲店皆可付款，對民眾生活創造前所未有之便利，非現金支付時代的來臨幾乎改變了我們日常生活方式，但是何謂電子票證？相信一般民眾還不甚明瞭，以功能而言，電子票證就是一種事先儲值，然後可以支付多種消費活動，是一種多功能及多用途之金融支付工具；從技術原理來說明，電子票證採用的是非接觸式晶片，只要使用相對應的讀卡裝置，即能靠卡感應進行支付扣款。因之電子票證定義為：「指以電子、磁力或光學形式儲存金錢價值，並含有資料儲存或計算功能之晶片、卡片、憑證或其他形式之債據，作為多用途支付使用之工具。」

二、電子票證與儲值卡之異同

儲值卡係就將金錢預先儲存於支付工具之卡片中，其後消費時再進行扣款，其與電子票證概念類似，然其兩者間仍存在單一與多用途之差異性，儲值卡的發行多為單一廠商或企業，其僅可使用在購買特定商家的商品或服務上，其無法支付購買其他商家之商品，相對而言，儲值卡是針對單一店家的預付型交易，而電子票證在定義上則是明確規範其係可使用在不同商家的預付交易工具，可算是一種多用途之消費金融支付工具。

三、電子票證之種類

目前台灣所通行之電子票證包括下列四種系統：

（一）悠遊卡

悠遊卡係由悠遊卡公司發行，其原為交通部「電子票證系統之多功能卡片規劃書第一版」之電子票證，目前已經升級為交一、交二版同時具備，可於除澎湖縣外台灣各地的大眾運輸使用，亦可於臺鐵之「電子票證乘車區間」使用；此外還結合玉山銀行、台新銀行、中國信託、國泰世華銀行、台北富邦銀行、第一銀行及兆豐銀行共同開發悠遊聯名卡以及與地

方政府共同合作開發的「市民卡」，如桃園市政府的桃園市市民卡、新竹市政府的新竹市市民卡以及嘉義市政府的嘉義市市民卡。另外亦嘗試開拓新加坡、香港、中國大陸等市場。

（二）一卡通

一卡通係由一卡通票證公司發行，為交通部「電子票證系統之多功能卡片規劃書第二版」之電子票證，可用於外島以外台灣各地的大眾運輸工具，亦可於臺鐵之「電子票證乘車區間」使用；此外還結合聯邦銀行、永豐銀行、第一銀行、元大銀行、台新銀行、中國信託、彰化銀行、合作金庫、土地銀行共同開發一卡通聯名卡及與地方政府共同合作開發的市民卡，如臺南市政府的臺南市市民卡、臺東縣政府的臺東卡、桃園市政府的桃園市市民卡，其曾嘗試開拓日本、香港等海外市場。

（三）Icash（愛金卡）

Icash原為統一超商所發行的電子錢包，2013年9月5日獲核可發行電子票證，同年11月19日成立愛金卡公司，2014年將所有業務由統一超商轉移至愛金卡公司經營。

（四）Happy Cash（快樂現金卡）

Happy Cash為遠鑫電子票證公司發行的電子票證，目前可在遠東集團旗下7大通路及超商、交通、加油站等消費支付；該卡在消費時同時可以累積和兌點Happy Go，對促進該公司消費通路頗具成效。

四、電子票證（Non-bank Payment）商品交易、儲值、付款關係圖[10]

---

10 林育廷，支付─行動支付與法律，2017年6月7日自編講義，第6頁。

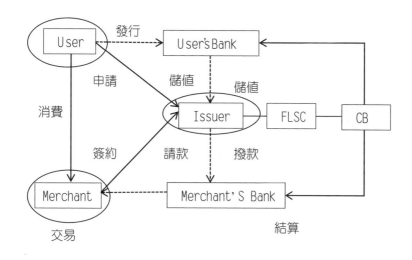

第五節 電子支付（Electronic payment）

一、電子支付之概念

在感應式行動支付逐漸普及化後，隨著法規立法實施，行動支付又開發新的支付領域，本節所探討的「電子支付」係行動支付中之一種付款方式，其被歸納在行動支付之範疇中，事實上電子支付並不等同於行動支付，這是許多人誤解之處。**電子支付最大的特色係支援「轉帳」和「儲值」，而經營組織必須擁有電子支付執照，始能進行各相關服務。**

電子支付屬於行動支付中之一種支付方式，論電子支付須先從第三方支付開始，第三方支付為保障買家與賣家間交易之安全性，買家會先將購物金額寄存在第三方支付單位帳戶中，直到買家確認收到貨品後，再由第三方支付單位將買賣金額交給賣家，此種代收再代付的運作模式，即所稱第三方支付之基本原理。目前台灣經營第三方支付的公司家數高達六千餘家，包含網路家庭的支付連以及 LinePay 等皆屬第三方支付服務。**原經營「代收」、「代付」的第三方支付業者，為擴展服務需求，現可選擇向主**

管機關金管會申請「電子支付執照」，通過後除原本「代收」、「代付」業務外，尚可進行金流處理業務，包含帳戶資金移轉（轉帳）及儲值兩大功能。換言之，電子支付與第三方支付間之最大差異，即在於是否能進行「用戶對用戶間的直接轉帳」，如具備轉帳功能，始可稱為真正的電子支付服務。此外儲值係另一項電子支付之特色，透過與銀行帳戶連結，不僅可以驗證使用者的身份，更能夠儲值、提領帳戶內之現金。目前我國內專營電子支付平台並擁有電子支付執照的廠商原有六家，分別是橘子支付、國際連、歐付寶、智付寶、ezPay 與街口支付，其中智付寶和 ezPay 已經合併且成立了簡單付；另外一卡通公司除電子票證外，也依法申請核准可兼營電子支付，並與 Line 共同推出 LinePay一卡通；此外還有19家銀行兼營電支業務，目前國內總計有25家電子支付業者共同競爭電子支付市場。

擁有電子支付執照始能開辦「儲值功能」，其係所有廠商最期待消費者使用之功能，**因儲值功能係讓電子支付業者擁有一定之現金流，就如同存錢到金融機構相同，只是不會衍生利息問題**。原本街口支付試圖開辦台版「餘額寶」，擬將用戶儲值移轉至電子支付帳戶的金流中，並將該資金用於基金投資，其後再將衍生之利息回饋給用戶，但因爭議過大而宣布停辦，未來法規層面若可開放，電子支付將可能成為金融投資工具，扮演準金融機構之功能。電子支付因具備金流處理能力，政府於2015年1月制定「電子支付機構管理條例」，並指定金融監督管理委員會為主管機關，立法保障消費者金融財產交易之安全。

前論及電子支付屬於行動支付中之一種方式，其具有第三方支付的所有功能，同時更能夠進行轉帳和儲值，事實上經營電子支付平台業者就是一家小規模功能的銀行，使用電子支付業務的消費者，都可謂係此家小銀行的客戶，這也是規定使用者要開通街口支付帳戶或LinePay 一卡通帳戶等電子支付服務時，都需嚴格身分認證審查之原因。目前我國已核准19家銀行兼營電子支付業務，與各大銀行帳戶間可相互進行金融轉帳交易不同，現行我國開辦之電子支付平台僅可支援「同平台轉帳交易」，例如街口支付與 LinePay 一卡通雖然都屬於電子支付服務，但仍無法相互進行現金轉帳，消費者如果要收街口支付款項，就必須請對方用街口支付進行轉

帳，**這正是目前電子支付服務所遭遇到的最大法規限制**，國內相關業者都期盼政府能解決此一限制，俾利我國金融電子支付業務能蓬勃發展。

二、電子支付法律規範立法沿革

隨著電子商務的蓬勃發展，為促使商業行為的改變進而影響傳統金融消費行為，健全網路金流服務為不可或缺的要件之一。我國網路交易環境已提供多樣化的支付工具，例如信用卡、ATM轉帳、超商取貨等，各項交易方式雖然普及，但對於微型商家或個人賣家而言將增加額外的營運成本。然傳統之支付方式使消費者缺乏「信任感」及「安全感」，因此新型態之支付模式「電子支付」已成為消費者近年來金融支付工具新的選擇與討課題。

然電子支付業務常涉及銀行法、證券交易法、消費者權益保護法、財務揭露制度、個人資料保護法、智慧財產權法及貨幣銀行制度等，在電子支付業務中產生許多新的法律問題，如發行電子貨幣的主體資格、電子貨幣發行數量的控制、電子支付業務資格的確定、電子支付活動缺乏完整法律規範加以管理。早期我國金融監管部門亦未有相關法令規範此類新興電子商務業務，當時監管機構僅能對銀行提交的契約範本進行核准，缺乏法律規範的電子支付當產生紛爭時，司法單位僅能使用傳統的法律規範判斷電子支付業務產生之法律爭議。由於網路糾紛之特殊性，僅用傳統法律規範概念來判斷新興科技之爭議，勢將嚴重影響電子商務之創新與發展，數字科技公司訴訟案即為適例不可不慎；但如消極地拒絕受理有關爭議，亦無助電子商務科技問題的解決。由於法律規範的欠缺將使國內各金融機構面臨甚大的法律風險，因之我主管機關展開電子支付相關法規之研議，104年1月16日立法院通過「電子支付機構管理條例」，確立電子支付之明確定義，金融業者、網路購物業者、遊戲平台及網路金流業者紛紛加入電子支付業務的經營，各業者分別展現發展電子支付業務的利基。

106年12月29日為推動金融科技發展，提升電子支付業競爭力、增訂本條例第3-1條規範，經核准之監理沙盒、由主管機關依個案輔導、辦理

金融科技創新實驗,俾確保金融市場及金融消費者之健全發展。

隨著科技發展,智慧型手機等行動裝置發展普及,衍生行動裝置結合支付工具之運用模式,於虛實整合發展趨勢下,電子支付帳戶及電子票證使用場域及運用技術之界線已日趨模糊,且上開法律性質有所雷同,而規範確有其差異,致在執行上常衍生困擾。此外,為擴大電子支付機構及電子票證發行機構業者之業務發展空間及避免法規套利之情形,有必要將二法予以整合為一,以有效落實金融監理、消費者保護及促進我國電子支付產業之發展。鑒於本條例係於104年制定公布,所規範業務範圍較廣及管理規範較貼近新興支付型態,故儲值工具管理法制極需整合,110年1月再度修正公布本條例,並納入電子票證發行機構之管理規範,並同時廢止電子票證管理條例。

另立法院於112年1月3日再度修正通過電子支付機構管理條例第11條及第38條修正案,增訂申請許可得檢具經律師的法律意見書,而電子支付機構有礙健全經營之虞時,主管機關得命其提撥準備金或增資等規範。

三、電子支付之定義

電子支付係指電子交易當事人,包括消費者、廠商和金融機構,透過電子支付系統或電子支付工具進行資金移轉之方式[11],我國已建構完善之電子支付清算體系,中央銀行同業資金調撥清算作業系統及財金公司跨

---

11 電子支付使用中央銀行貨幣或商業銀行貨幣進行資金移轉圖示:

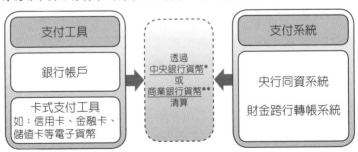

資料來源:中央銀行,台灣電子支付之發展,106年5月3日立法院第9屆第3會期財政委員會第15次全體委員會議報告。

行轉帳系統是其中關鍵的金融基礎設施，並以中央銀行貨幣及商業銀行貨幣為清算資產,運作安全順暢，對我國內多元化電子支付整體運作架構之建立助益甚大。依現行電子支付管理條例規定[12]，本條例所稱電子支付機構，指經主管機關許可，以網路或電子支付平臺為中介，接受使用者註冊及開立記錄資金移轉與儲值情形之帳戶，並利用電子設備以連線方式傳遞收付訊息，於付款方及收款方間經營下列業務之公司。但僅經營下列1至4款業務，且所保管代理收付款項總餘額未逾一定金額者，不包括之：1.代理收付實質交易款項；2.收受儲值款項；3.電子支付帳戶間款項移轉；4.其他經主管機關核定之業務。

四、電子支付與傳統支付之差異

電子支付與傳統的支付方式比較，可以區分下列特性：

（一）電子支付是採用先進的技術通過數字流轉來完成信息傳輸，各項支付方式皆以通過數字化方式進行款項支付；而傳統支付方式則是通過現金流通、票據轉讓及銀行匯兌等實體完成款項支付。

（二）電子支付係基於一個開放的互聯網系統平台；而傳統支付則是在較為封閉之系統中運作。

（三）電子支付使用係最先進的通信工具，如Internet、Extranet，而

---

12 電子支付管理條例第3條：「本條例所稱電子支付機構，指經主管機關許可，以網路或電子支付平臺為中介，接受使用者註冊及開立記錄資金移轉與儲值情形之帳戶（以下簡稱電子支付帳戶），並利用電子設備以連線方式傳遞收付訊息，於付款方及收款方間經營下列業務之公司。但僅經營第一款業務，且所保管代理收付款項總餘額未逾一定金額者，不包括之：

一、代理收付實質交易款項。

二、收受儲值款項。

三、電子支付帳戶間款項移轉。

四、其他經主管機關核定之業務。

前項但書所定代理收付款項總餘額之計算方式及一定金額，由主管機關定之。

屬第一項但書者，於所保管代理收付款項總餘額逾主管機關規定一定金額之日起算六個月內，應向主管機關申請電子支付機構之許可。主管機關為查明前項情形，得要求特定之自然人、法人、團體於限期內提供所保管代理收付款項總餘額之相關資料及說明；必要時，得要求銀行及其他金融機構提供其存款及其他有關資料。」

傳統支付使用則是傳統的通信媒介；電子支付對軟、硬體設施的要求甚
高，一般要求有聯網的微機、相關的軟體及其他一些配套設施，而傳統支
付則未有此等高規格科技工具之要求。

（四）電子支付具方便、快捷、高效率及經濟之優勢，用戶只要擁
有一台上網的PC機，可足不出戶，在很短的時間內即可完成全部支付過
程，支付費用僅需付相當於傳統支付費用十分之一或更少。

五、電子支付之使用工具

現今社會隨著電腦科技之發展，電子支付之大致以分為下列三大
類：

（一）電子貨幣類：如電子現金、電子錢包等。

（二）電子信用卡類：包括智能卡、借記卡、電話卡等。

（三）電子支票類：如電子支票、電子匯款（EFT）、電子劃撥等。

上述方式各具特點和運作方式，可適用於不同的交易過程。以下分別
介紹較傳統之電子現金、電子錢包、電子支票及智能卡：

（一）電子現金（E-Cash）

電子現金係一種以數據形式流通之貨幣。其將現金數值轉換成為一系
列之加密序列數，通過序列數呈現現實帳戶中各種金額之市值，用戶在開
辦電子現金業務之銀行開設帳戶，並在帳戶記憶體存入現金後，即可在接
受電子現金之商店購物。

（二）電子錢包（Electronic Wallet）

電子錢包一直是全世界各國開展電子商務活動中之熱門標的，其係
實現全球電子化交易和網際網路交易之重要工具，全球已有甚多國家正在
建立電子錢包系統以便取代現金交易的模式，目前，我國也正在開發和研
製電子錢包服務系統。使用電子錢包購物通常需要在電子錢包服務系統中
進行，電子商務活動中電子錢包的軟體通常都免費提供，可以直接使用與

自己銀行帳號相連接的電子商務系統伺服器上的電子錢包軟體，亦可從網際網路上直接取出使用，採用各種保密方式利用網際網路上的電子錢包軟體。目前世界上有VISA cash和Mondex兩大電子錢包服務系統，其他電子錢包服務系統還有HP公司的電子支付應用軟體（VWALLET）、微軟公司的電子錢包MS Wallet、IBM公司的Commerce POINT Wallet軟體、Master Card cash、Euro Pay的Clip和比利時的Proton等。

（三）電子支票（Electronic Check）

電子支票係利用數字傳遞，將金錢從特定帳戶轉移到另一特定帳戶的電子付款形式，電子支票的支付係在與企業及銀行相連的網路上以密碼方式傳遞，多數使用公用關鍵字加密簽名或個人身分證號碼（PIN）代替手寫簽名。電子支票支付處理費用較低，銀行亦可為參與電子商務商戶提供標準化的資金信息，故可謂目前金融體系中最有效率之票據支付方式。

（四）智能卡（Smart Card or IC）

智能卡最初係於1970年代中期，法國Roland Moreno公司採取在一張信用卡大小的塑料卡片上安裝嵌入式存儲晶元的方法，率先開發成功IC存儲卡。經過30多年的發展，真正意義上的智能卡，即在塑料卡上安裝嵌入式微型控制器晶元的IC卡，已由摩托羅拉和Bull HN公司於1997年研製成功並於當時金融機構廣為使用。

六、電子支付未來發展之展望

台灣電子支付產業在113年持續蓬勃發展，使用人數年增20%，交易金額大幅成長。其中街口支付、一卡通、全支付等業者表現尤為亮眼，積極拓展海外市場，搶進疫後跨境旅遊商機。此外，第三方支付業者亦紛紛申請電支執照，純網銀則持續擴大業務範疇，提供多元金融商品與服務。依金管會統計，113年第一季全台共有10家專營電子支付機構及20家兼營電子支付機構，總使用人數已達2,800萬人。依使用人數排名，前三大電

子支付業者分別為：（一）街口支付使用人數647萬；（二）一卡通票證使用人數627萬；（三）全支付使用人數474萬。

　　據金管會調查，112年共有7家第三方支付業者，代收付款日平均餘額超過新臺幣10億元，分別為：LINE Pay、拍付國際、藍新科技、綠界科技、foodpanda、Uber Eats及91APP。依現行規範，第三方支付機構代理收付款項日均餘額超過20億元，即需申請電子支付執照，因此上述業者均為潛在符合申請電支執照資格的企業。

　　另112年全台非現金支付交易筆數達69億筆、支付交易金額達新台幣7.27兆元。電子支付已成為非現金支付領域的重要支柱，電子支付機構近年不僅用戶規模與承作業務金額快速成長，在電子支付跨機構共用平台的普及與推動下，電支商業模式已自單純的使用者招募及支付據點擴增，推進至更加完整的深化經營與支付生態體系之建構。目前台灣電子支付業者正積極布局使用場景，共同目標都是努力達損益兩平的成績，以目前發展規模來看，突破600萬名使用者人數的街口支付，最有可能率先達到轉虧為盈的目標；全支付也逐步跟上腳步，挾帶零售龍頭資源取得利基。總之，電子支付業者要創造獲利，首先要先掌握住三大關鍵要素：第一實名驗證用戶數必須超過100萬人以上，並提高使用電子支付工具的黏著度，第二交易金額超過一定門檻，並有能力分析單筆消費金額、交易頻率等相關資料，尤其有關跨境支付的消費行為，是加以利用數據的策略之一。第三是從現有的規模發展出可獲利的商業模式或金融生態圈，例如支付資料行銷、OMO線上線下整合、會員導客、金融產品跨售等合作事項。

第三章　電子支付之法律基礎——「電子支付機構管理條例」解析

第一節　電子支付之發展

電子科技發展日新月異，新興科技之應用已逐漸改變支付模式與型態，除傳統由銀行等金融機構提供支付服務外，因受到國際上容許非金融機構從事支付服務發展之影響，國內部分非金融機構業者，基於因應電子商務及小型或個人商家之支付需求，藉由網路資訊或通信技術之運用，以網路電子支付平台為中介，參與支付服務之提供，形成一般所稱「第三方支付服務」之新興支付型態，其業務範圍自單純以實質交易為基礎所從事之代理收付款項，逐漸衍生至預先吸收社會大眾資金之儲值及非基於實質交易之資金移轉等需求；且伴隨行動電話或其他可攜式設備之普及，支付服務發展趨勢，亦由網路線上交易之支付[1]（on line transaction service），延伸至實體通路線下交易之支付[2]（online to offline），對我國支付服務之

---

[1] An online transaction service, also known as a PIN-debit transaction, is a password-protected payment method that authorizes a transfer of funds over an electronic funds transfer (EFT) When you pay for goods or services with your debit card, you have an option for the payment to be processed in two different ways: as an offline transaction via a credit card processing network, or as an online transaction via an EFT system, requiring a personal identification number (PIN) to complete the process. When processed as an *online transaction*, the exchange of funds is completed using an EFT network, such as Star, Pulse or Interlink, depending on which EFT system your bank is associated with as a member bank. The cost of the transaction typically amounts to an interchange fee of 1% of the total purchase price, which is charged to the vendor/merchant.

　線上交易服務是指為出賣人和買受人締結線上買賣契約提供之必要服務。線上交易是在網路上進行的商業活動，所有交易記錄都以電子數據形式存在，為保證線上交易安全與效率，需要若干主體參與交易過程，作為線上交易服務提供者，此等主體相對於線上交易當事人而言屬於第三人，在交易過程中也將與交易當事人間產生各種權利義務關係。

[2] Online To Offline線上到線下銷售模式（簡稱O2O），又稱為離線商務模式，其係一種新的電子商務模式，指線上行銷及線上購買帶動線下經營和線下消費。O2O通過促銷、打折、提供資訊、服務預訂等模式，把線下商店訊息傳達給網際網路使用客戶，從而將其

多元性帶來重要之影響。

　　鑑於新興電子支付之型態不斷創新與日益普遍，2014年9月政府為協
助金流服務發展，除已陸續修正信用卡業務機構管理辦法，容許網路交易
平台服務業者得代收信用卡款項及開放網路交易平台業者與信用卡收單機
構擔任特約商店外，並建置「儲值支付帳戶」機制，滿足金流服務之儲值
功能需求，且透過銀行等金融機構辦理網路交易代收代付服務（第三方支
付服務），促進金流服務市場之健全發展。惟對於非金融機構以網路虛擬
帳戶方式辦理儲值及非基於實質交易之資金移轉等業務，尚乏適當法律依
據；另對於銀行等金融機構以非存款業務之網路虛擬帳戶方式提供金流服
務，亦欠缺明確規範，爰有必要針對非金融機構（即專營之電子支付機
構）及兼營之銀行等金融機構辦理電子支付金流服務，特制定本專法規，
以促進電子支付之範圍。

第二節　電子支付機構管理條例立法沿革

　　為促進電子支付機構健全經營及發展，提供安全便利之資金移轉服
務，並保障消費者權益，擬藉由強化電子支付機構及其業務之管理措施及
風險控管機制，以期達成建立消費者使用電子支付之信心、降低小額交易
支付之成本及營造小型與個人商家發展之有利經營環境之目標，主管機
關金管會爰參考日本「資金清算法」（資金決済に関する法律）[3]、美國

　　轉換為本身的線下客戶，此種模式特別適合必須到店消費的商品及服務，例如餐飲、健
　　身、電影和藝文演出、美容美髮、攝影及百貨商店等，目前除餐廳陸續推出線上商務之
　　外，部分以個人或團體旅遊等為主題的預定網站和應用亦大量出現。
　　O2O means "Online To Offline" but also "Offline to Online", indicating the two-way flow
　　between the online and the physical world, especially retail and ecommerce, but also between
　　brand marketing and shopper or point-of-sale marketing efforts to influence purchase
　　decisions. For example, consumers could see an ad online and be driven to visit the store, or
　　be in a physical store but ultimately purchase online for a variety of reasons (selection, price,
　　convenience, etc). There are many aspects to O2O, and businesses are increasingly challenged
　　to satisfy consumers' expectations of a frictionless flow.
3　With the progress of the information revolution, the spread of electronic payment through
　　value-added communication networks has made it necessary to legally maintain the funds

「統一資金服務法」（Uniform Money Services Act）[4]、歐盟「支付服務指令」（Payment Service Directive, Directive 2007/64/EC）[5]與英國「支付服務法」（The Payment Services Regulations 2009）[6]運作機制及我國相關

---

received by business operators. The settlement business using credit cards and electronic money, which banks can not handle in Internet banking , has now expanded sufficiently to occupy a social position worthy of protection. On the other hand, it has been criticized for a long time that the foreign exchange transaction has been monopolized by the banking lawof Japan for some time, and it has been pointed out that the possibility of falling into the foreign exchange transaction of electronic payment is pointed out that banks and settlement companies live with clear lines. It also needed to be divided Along with the need to process foreign remittances by foreign workers, the Financial Service Agency has repeatedly considered it from 2007 (2007) A revised bill of the Enforcement of the Payment Service Act was introduced to include user protection regulations and to improve convenience. The Revised Act came into effect on June 17, 2009, at the 171st National Assembly, and came into effect on April 1, 2010.

4　The Uniform Money Services Act was approved by the National Conference of Commissioners on Uniform State Laws as a worthwhile Uniform State Law to help regulate money service businesses in the year 2000. It was later amended in 2004. The act provides a framework for dealing with money laundering issues unique to nondepository providers of financial services, and facilitates and enhances enforcement of existing money laundering provisions. The point of the act was to codify the nature of money service businesses, which were becoming a more and more prominent type of financial institution, and to then ensure that these financial institutions were properly regulated. Money service businesses bear many traits of banks, but are not banks, and as such, escape some of the more stringent regulations aimed at banks. This, coupled with the problem of Internet growth and technology changing the very nature of financial transactions, led to the development of the Uniform Money Services Act of U.S.

5　The Payment Services Directive1 is an EU Directive, administered by the European Commission (Directorate General Internal Market) to regulate payment services and payment service providers throughout the European Union (EU) and European Economic Area (EEA). The Directive's purpose was to increase pan-European competition and participation in the payments industry also from non-banks, and to provide for a level playing field by harmonizing consumer protection and the rights and obligations for payment providers and users

6　The Payment Services Regulations 2017, SI 2017/752 (PSRs) are the statutory tool used by HM Treasury and Parliament to transpose and implement the majority of the provisions of PSDII into UK law. The other provisions of PSDII (including in respect of authorising and supervising payment service providers in the UK) are to be effected by the Financial Conduct Authority (FCA). In drafting the PSRs, HM Treasury has utilised the copy-out approach where possible while retaining certain of the Member State derogations that were exercised in the UK as part of the implementation of the original Payment Services Directive 2007/64/EC.The original Payment Services Directive (brought into force in the UK under the Payment Services Regulations 2009, SI 2009/209) was fairly forward-looking at the time, but many felt it acted as a blunt instrument when its provisions were applied to some of the more modern payment services that have been made available in the market since it came into effect-particularly in relation to online and mobile payments. As such, PSDII was proposed as a means of bringing

規範研擬制定本電子支付機構管理條例（以下簡稱本條例）。

立法院於104年1月16日三讀通過本條例[7]，其後於106年6月配合刑法
第38-1條關於沒收規定之刑法刪除本條例第53條，同時增訂第58條規定本
條例修正條文字公布日施行[8]。另106年12月29日為推動金融科技發展，提
升電子支付業競爭力、增訂本條例第3-1條規範，經核准之監理沙盒[9]、由
主管機關依個案輔導、監管、調整或豁免本條例應遵行事項後，始得試驗
監理沙盒、辦理金融科技創新實驗，俾確保金融市場及金融消費者之健全
發展。

隨著科技發展，智慧型手機等行動裝置發展普及，衍生行動裝置結合
支付工具之運用模式，於「虛實整合」發展趨勢下，電子支付帳戶及電子
票證使用場域及運用技術之界線已日趨模糊，且上開法律性質有所雷同，
而規範確有其差異，致在執行上常衍生困擾。本次修法最顯著的改變就是
電子支付機構管理條例以及電子票證條例的整合，舊法預設電子票證為利
用實體票證（例如悠遊卡）進行支付的型態，電子支付則為無實體票證的
型態，但現在的產業趨勢是線上與線下整合、虛擬與實體兼顧，兩者界線
日趨模糊，似乎無必要的區分對待。此外，為擴大電子支付機構及電子票
證發行機構業者之業務發展空間及避免法規套利之情形，有必要將二法予
以整合為一，以有效落實金融監理、消費者保護及促進我國電子支付產業
之發展。鑒於本條例係於104年制定公布，所規範業務範圍較廣及管理規
範較貼近新興支付型態，另兼顧儲值工具管理法制之整合，採取修正本條
例，並納入電子票證發行機構之管理規範，爰擬具本條例修正草案，本次
修正案於110年1月27日總統公布，並經行政院核定自110年7月1日施行。
茲將本次修正案重點分述如下：

---

the original Payment Services Directive up to date with market developments and, where
possible, to look to effectively capture future developments in the payment industry.

7 104年2月4日總統華總一義字第10400012581號令指定公布全文58條；施行日期由行政院
定之。104年3月5日行政院院台金字第1040010316號令公布自104年5月3日施行。

8 106年6月14日總統華總一義字第10600073191號令修正公布第58條；刪除第53條文並自
公布日施行。

9 107年1月31日總統華總一義字第10700011001號令增訂公布第3-1條條文。

一、擴大業務範圍發展金融產業

（一）為因應金融市場及金融科技發展需求，本次修正除擴充電子支付業務之形態外，並明定金流核心之業務項目，新增金流附隨業務及金流相關衍生業務，以建構完整電子支付服務架構（第4條）。

（二）為增進建立經營從事就業服務法第46條第1項第8款至第11款所定工作之外國人國外小額匯兌業務之規範有效性、匯款服務市場之競爭度、透明度及安全性，爰增訂經營從事就業服務法第46條第1項第8款至第11款所定工作之外國人國外小額匯兌業務之管理法據（第4條）。

（三）對於電子支付機構代理收付金融商品之款項，採原則開放例外禁止之立法（第4條）。

二、開放跨機構間互通金流服務

為提高民眾使用電子支付工具之意願，促進我國電子支付產業之發展，達到跨機構資金共通及通路共享，爰增訂經營跨機構間支付款項帳務清算業務之機構及處理機制（修正條文第4條、第6條及第8條）。

三、增加民眾使用便利性

（一）儲值及國內外小額匯兌限額依照身分確認（Customer Due Diligence, CDD）之強度，訂定相對應之限額，以配合實務運作與風險控管所需，並授權主管機關會商中央銀行定之（第16條）。

（二）刪除支付指示「再確認」規定，以提升支付便利性及改善使用體驗（第18條）。

（三）放寬外幣儲值管道及方式，增訂外幣儲值得由其他經主管機關會商中央銀行核准之方式存撥，以提升儲值便利性及使用者體驗（第19條）。

四、健全產業經營發展友善環境

（一）對支付機構之資本額係採取差額化管理，並配合電子票證納入本條例規範，依電子支付機構經營業務範圍分別定其最低實收資本額（第9條）。

（二）放寬專營電子支付機構代理收付款項之運用範圍（第22條）。

（三）開放專營電子支付機構得增設境外分支機構，以拓展業務，並授權主管機關訂定相關規定（第28條及第36條）。

（四）專營電子支付機構資訊系統標準及安全控管作業基準修正由相關同業公會自律組織擬訂，並報請主管機關核定，以符合實務作業彈性需求（第32條）。

（五）增訂專營電子支付機構負責人資格條件與兼職限制、使用者疑似不法或顯屬異常交易之電子支付帳戶處理程序、境外分支機構之申請許可與管理及股票應辦理公開發行之條件等授權規定，以符管理需求（第36條）。

（六）增訂散布流言或以詐術損害電子支付機構信用之處罰規定（第49條）。

（七）增訂依本條例規定應處罰鍰之行為，其情節輕微者，得免予處罰，或先令其限期改善，已改善者，得免予處罰（第55條）。

五、過渡及緩衝規定

為使本次修正前，經主管機關許可設立之電子支付機構及依電子票證發行管理條例之規定取得主管機關許可之電子票證發行機構，於本次修正施行後得繼續經營，爰增訂過渡及緩衝規定（第58條）。

另依「中央法規標準法」第21條第4款規定：「同一事項已定有新法規，並公布或發布者，廢止之。」茲以「電子票證發行管理條例」所規範事項既以納入「電子支付機構管理條例」，因此金管會依上述「中央法規標準法」規定於111年1月20日辦理廢止，並函請立法院審議。立法院於

111年11月20日通過廢止「電子票證發行管理條例」，並於112年1月4日公布生效（華總一經字第11100112371號令）。

此外，立法院於112年1月3日第四次修正通過電子支付機構管理條例第11條及第38條條文修正案，增訂申請許可得檢具經律師的法律意見書，而電子支付機構有礙健全經營之虞時，主管機關得命其提撥準備金或增資。

電子支付機構管理條例第11條第1項第12款原先規定契約內容的審定認證，是經會計師認證的支付款項保障機制說明及信託契約、履約保證契約或其範本，三讀條文增訂得檢具經律師審閱之信託契約、履約保證契約或其範本的法律意見書。金融監督管理委員會表示，除了符合監督管理的需求外，申請人也可依據需求取得專業評估意見，以利檢視契約的完整、適當性。另考量電子支付機構如因違反法令、章程或其行為有礙健全經營時，電子支付機構管理條例第38條第1項第5款增定主管機關得要求電子支付機構提撥一定金額之準備或令其增資。使金管會的裁處權力更加彈性，也有助於強化電子支付機構的健全經營。

第三節 「電子支付機構管理條例」內容架構分析

一、總則

（一）本條例之立法目的及主管機關（第1條及第2條）。

（二）電子支付機構用詞定義（第3條）。

（三）電子支付機構經營業務項目（第4條）。

（四）電子支付機構經營業務之限制（第5條）。

（五）電子支付機構經營業務規範（第6條）。

（六）電子支付機構之組織型態（第7條）。

（七）電子支付機構支付款項帳物清算機制（第8條）。

二、申請及許可

（一）電子支付機構之最低實收資本額（第9條）。

（二）電子支付機構不得經營未經許可之業務（第10條）。

（三）申請經營電子支付機構業務許可應檢具之申請書件及主管機關得不予許可之事由（第11條及第12條）。

（四）電子支付機構營業執照之核發、換發及開業（第13條、14條）。

（五）境外機構於我國境內經營電子支付機構業務之管理，及與境外機構合作或協助其於我國境內從事電子支付機構業務相關行為之管理（第15條）。

三、監督及管理

（一）專營之電子支付機構

1.收受儲值款項與電子支付帳戶間款項移轉之限額及交易金額之限制（第16條）。

2.支付款項之管理、提領及外幣儲值款項之存撥（第17條至第19條）。

3.收受儲值款項達一定金額以上者，應繳存足額之準備金（第20條）。

4.儲值款項應交付信託或取得銀行十足履約保證（第21條）。

5.支付款項之動用與運用方式、運用所得孳息或其他收益計提一定比率之金額及使用者之優先受償權（第22條）。

6.辦理境內或跨境業務，其支付款項、結算及清算之幣別（第23條）。

7.主管機關得限制電子支付機構收受支付款項總餘額與該公司實收資本額或淨值之倍數（第24條）。

8.使用者及特約機構身分確認機制及交易紀錄資料之留存（第25條及

第26條）。

9.電子支付機構對於一定金額以上之通貨交易或疑似洗錢交易應依法申報（第27條）。

10.電子支付機構設立境外分支機構之許可（第28條）。

11.客訴處理及紛爭解決機制之建置（第29條）。

12.電子支付機構業務定型化契約之管理規範（第30條）。

13.使用者與特約機構往來交易資料之保密（第31條）。

14.交易資料之隱密性與安全性、資訊系統標準與安全控管作業基準之訂定及實體通路（線下）交易支付服務之管理（第32條）。

15.內部控制及稽核制度之建立（第33條）。

16.業務資料之申報及營業報告書、財務報告等財務文件之編製、申報（第34條及第35條）。

17.主管機關之金融檢查及查核（第37條）。

18.違反法令、章程或其行為有礙健全經營之虞時，主管機關得採行之措施及處分（第38條）。

19.累積虧損逾實收資本額二分之一或業務財務顯著惡化之因應措施及退場機制（第39條、40條、41條）。

（二）兼營之電子支付機構

1.銀行、中華郵政股份有限公司及電子票證發行機構兼營電子支付機構業務之準用規定（第42條）。

2.銀行及中華郵政股份有限公司兼營電子支付機構業務，收受儲值款項之準備金提列存款保險（第43條）。

四、公會

（一）電子支付機構機構應加入主管機關指定之同業公會或中華民國銀行商業同業公會全國聯合會電子支付業務委員會，始得營業（第44條）。

（二）公會之自律功能及電子支付機構應確實遵守公會之業務規章及自律公約（第45條）。

五、罰則

（一）未經主管機關許可，經營電子支付機構業務之刑罰（第46條）。

（二）未將支付款項交付信託或取得銀行十足履約保證及違法動用支付款項之刑罰（第47條）。

（三）未經主管機關核准，與境外機構合作或協助於我國境內從事電子支付機構業務相關行為之刑罰（第48條）。

（四）散布流言或以詐術損害電子支付機構之信用者之刑罰（第49條）。

（五）違反本條例相關規定之行政罰（第50條至第56條）。

六、附則

（一）採行監理沙盒（Regulatory Sandbox）（第57條）。

（二）本條例110年7月10日修正之條文施行前，經主管機關許可之電子票證發行機構，視為已取得繼續合法經營之許可（第58條、59條）。

（三）本條例施行日期（第60條）。

第四節　總則

一、立法目的

電子科技快速發展，促使金流支付模式亦隨同推陳出新，尤其透過網路技術與各類行動載具所發展之新興電子支付服務，自虛擬網路通路之應用，逐步擴及實體通路交易使用，為加強電子支付機構之管理，以建立消費者使用電子支付之信心、降低小額交易支付成本、營造小型及個人商家

發展之有利經營環境，爰明定本條例之立法目的，係為促進電子支付機構健全經營及發展，以提供安全便利之資金移轉服務，並保障消費者權益，特制定本條例。

二、主管機關

本管理條例之主管機關定為金融監督管理委員會。

三、電子支付機構之定義

本條例以電子支付機構為規範對象並採許可制，期能於適當監督管理機制下，健全其經營及發展業務，提供安全便利之資金移轉服務，爰明定電子支付機構之定義，限以「網路或電子支付平台」為中介方式提供服務，接受使用者註冊及開立紀錄資金移轉與儲值情形之帳戶並利用電子設備以連線方式傳遞收付訊息，於付款方及收款方間經營本條例第4條所列業務之公司。非透過該方式提供服務者，尚非本條例規範之對象。

另基於本條例規定電子支付機構之業務項目，包含實體通路交易（線下交易）之支付服務（即O2O, Online To Offline）型態，故所定「利用電子設備以連線方式傳遞收付訊息」，其電子設備不限於傳統桌上型電腦，亦包含行動載具（例如平板電腦、行動電話等可攜式設備）或其他得以連線方式傳遞訊息之設備亦屬之。又所定「電子支付帳戶」，其性質屬記錄資金移轉及儲值情形之網路帳戶，與於銀行等金融機構所開立實體存款帳戶不同。此外基於監理重要性及顯著性原則考量，並避免對既有單純提供代理收付款項業者造成過大影響，於但書規定僅經營「代理收付實質交易款項」，且所保管代理收付款項總餘額未逾一定金額者（包括自然人、法人、團體），非屬本條例所規範之電子支付機構。前述非屬本條例所規範對象，即回歸一般商業管理，即仍由經濟部依既有機制進行管理（包括遵循經濟部訂定公告之「第三方支付服務定型化契約應記載及不得記載事項」、依洗錢防制法辦理洗錢防制事宜及依經濟部所訂「資料處理服務業者受託處理跨境網路交易評鑑要點」從事跨境網路實質交易價金代

收轉付服務等）。

四、電子支付機構經營之業務範圍（§4）

　　電子支付機構為經主管機關許可，經營本條例第4條第1項各款業務之公司，爰明定電子支付機構不得經營未經主管機關核定之業務。專營之電子支付機構得經營之業務項目，由主管機關於營業執照載明之；其業務項目涉及跨境者，應一併載明。除經金管會許可兼營之電子支付機構（銀行中華郵政公司及電子票證發行機構）外，電子支付機構應專營業務，包括基於實質交易款項之代理收付外，尚包括預先吸收社會大眾資金之收受儲值款項及非基於實質交易之電子支付帳戶間款項移轉等。

　　電子支付機構得經營之業務項目，由主管機關依下列所定範圍分別許可：

（一）代理收付實質交易款項

　　本項係指接受付款方基於實質交易所移轉之款項，並經一定條件成就、一定期間屆至或付款方指示後，將該實質交易之款項移轉予收款方之業務。

（二）收受儲值款項

　　本項係指接受付款方預先存放款項，並利用電子支付帳戶或儲值卡進行多用途支付使用之業務。

（三）開放非電子支付機構經營國內外移工小額匯兌

　　為因應開放移工小額匯兌事務，開放跨機關間互通金流業務，電子支付機構辦理匯款業務可不限於自家電子支付帳戶間款項移轉，爰增列業務範圍「辦理國內外小額匯兌」。相關管理辦法則授權金管會會商中央銀行與勞動部後制定。此項業務的開放源自於非電子支付機構根據「金融科技發展與創新條例」進行實驗（金融監理沙盒）的結果。未來符合管理辦法

的業者，就算不是電子支付機構，亦可經營此項在台灣早日有高度需求的業務，有望提升普惠金融以及移工權益保障。

（四）辦理與前三款業務有關之買賣外國貨幣及大陸地區、香港或澳門發行之貨幣

因電子支付機構從事電子支付機構相關行為，可能涉及跨境業務，因新臺幣非國際通用貨幣，故從事以新臺幣收付金流服務，將涉及其他幣別之轉換，明定電子支付機構提供前三款業務所涉之外國貨幣及大陸地區、香港或澳門發行之貨幣買賣。

（五）提供特約機構收付訊息整合傳遞

鑒於電子支付機構辦理支付業務，應與特約機構進行設備串接作業，考量電子化支付之發展趨勢下，所衍生整合傳遞收付訊息資訊及降低特約機構設備串接成本之需求，並增加電子支付機構業務執行之彈性，明定電子支付機構提供特約機構整合傳遞收付訊息業務。

（六）提供特約機構端末設備共用

為順應支付環境發展現況，將端末設備提供予其他機構共用並接受該共用機構之委託辦理交易資訊可大幅降低特約機構之資訊成本，明定電子支付機構得提供端末設備供用之服務。

（七）提供使用者間及使用者與特約機構間訊息傳遞

另外因應實務交易需求，開放電子支付機構得利用行動電話等電子設備以網路方式，例如簡訊、語音、社群訊息等，針對使用者間之相互訊息通知需求，提供傳遞服務，例如賣家（收款方）對買家（付款方）通知物流配送延遲或交易臨時突發狀等訊息傳遞，明定電子支付機構得提供使用者間訊息傳遞。

（八）提供電子發票系統及相關加值服務

電子支付機構擔任加值服務中心，對使用者提供電子發票系統及相關加值服務，其作業伴隨「代理收付實質款項業務」產生，故由電子支付機構辦理，除有助於電子支付機構推展業務外，亦可配合政府推動電子發票政策，促進國家稅收、降低商家開立發票與簿記成本，明定電子支付機構得提供電子發票系統及相關加值服務。

（九）提供商品（服務）禮券或票券價金保管及協助發行、販售、核銷相關服務

電子支付機構如接受禮（票）券消費者及禮（票）券發行人註冊及開立電子支付帳戶，依禮（票）券消費者及禮券（票）券發行人雙方委任，於禮（票）券消費者（付款方）購買禮（票）券時，先接受禮（票）券消費者所支付購買禮（票）券之款項，並俟禮（票）券消費者使用禮（票）券之一定條件成就後，再將購買禮（票）券之款項移轉予禮券發行者（特約機構）移轉款項，屬「代理收付實質交易款項」業務之範疇。電子支付機構除可提供「代理收付實質交易款項」服務外，亦可能伴隨禮（票）券核銷或系統介接等服務，電子支付機構雖非禮（票）券之發行人，但依其業務經營型態，得辦理禮（票）券之價金保管、協助發行人銷售禮（票）券作業或款項核銷或撥付等相關作業，明定電子支付機構得提供商品（服務）禮券或票券價金保管及協助發行、販售、核銷相關服務。

（十）提供紅利積點整合及折抵代理收付實質交易款項服務

為便於使用者持點數折抵實質交易款項，並增加電子支付機構業務執行之彈性，明定電子支付機構得提供點數整合服務為其業務，於電子支付機構代理收付實質交易款項時，使用者得先利用點數折抵實質交易款項，電子支付機構付款予特約機構後，再將所整合之點數向點數發行機構收款。

（十一）提供儲值卡儲存區塊或應用程式供他人運用

　　為考量電子支付機構所發行之儲值卡或應用程式，內部記憶體空間（即儲存區塊）又可區隔數個記憶體空間，各空間可單獨設定存取權限。為擴大儲值卡或應用程式之運用，明定電子支付機構得提供儲值卡之儲存區塊或應用程式供他人運用。

（十二）提供與前11款業務有關之資訊系統及設備之規劃、建置、維運或顧問服務

　　電子支付機構依規定應建置符合標準之資訊系統，以辦理電子支付業務，具備建置、維運支付相關資訊系統設計、規劃及維運之能力。為擴大電子支付機構業務範疇，明定電子支付機構得提供支付相關資訊系統與設備之規劃、建置、維運或顧問服務。

（十三）其他經主管機關許可之業務

五、電子支付機構經營業務之限制（§5、§6）

　　本條例第4條第1項第1款至第4款業務性質上係屬電子支付機構之專屬業務，應僅限電子支付機構方得辦理，爰參考銀行法第29條第1項，明定但書所列「本條例或其他法律另有規定」或「經營前條第1項第1款業務，所保管代理收付款項總餘額未逾一定金額，且未經營前條第1項第2款或第3款業務」情形外，非電子支付機構不得經營。

　　電子支付機構經營之業務如涉其他機關職掌，應經其他機關許可後始得經營，例如提供電子發票系統及其他加值服務涉及財政部權責，應經財政部許可。

　　另依聯合國教育、科學文化組織於107年11月20日公布之「2019年全球教育報告」指出，各國從事就業服務法第46條第1項第8款至第11款所定工作之外國人匯款手續費平均約占匯款總額之百分之七，如能調降渠等外國人匯款回母國之手續費，可使開發中國家多出10億美元用於教育支出，

有助於全球教育平等機制之推動。另考量前開外國人受限於交通、工作、語言及時間等因素，不易親臨銀行辦理匯款，或銀行未能有效買足其需求之情形，故藉由當前金融科技發展趨勢，研議以便捷、低廉之創新金融商品提供薪資匯款服務，已成當前金融創新實驗熱門項目。鑒於前開外國人之國外小額匯兌業務及買賣外幣業務因金額及對象均有所限制，為導引至合法、安全、透明之管道，爰規定有關非電子支付機構辦理前開國外小額匯兌及有關之買賣外幣業務之法律依據，經主管機關許可得不適用銀行法規定，並授權主管機關會商中央銀行及勞動部訂定非電子支付機構辦理前開業務申請許可及業務管理等相關事項之辦法（第4條第3項）。

六、電子支付機構之經營組織及帳務清算機制（§7、§8）

為確保支付機構經營之健全化，本條例規定電子支付機構以股份有限公司組織為限，除經主管機關許可兼營者外，應專營本條例第4條第1款各業務。

為建立電子支付機構間及電子支付機構與金融機構間支付款項帳務清算機制，本條例明定該等支付款項帳務清算業務，除其他經主管機關會商中央銀行核准之方式為之外，應由金融資訊服務事業辦理。

另參考銀行間資金移轉帳務清算之金融資訊服務事業許可及管理辦法第31條，增訂第2項及第3項，本條例明定金融資訊服務事業應維持資訊系統之正常運作，且於停止傳輸、交換或處理作業時，應先通知其連線機構與主管機關及中央銀行，俾使系統障礙所生影響減少至最低程度。

第五節　申請及許可

一、電子支付機構最低實收資本額（§9、§10）

電子支付機構經營業務，無論係向社會大眾收受或保管儲值款項、移轉支付款項等，均涉及大量金流事項處理，必須具備專業之業務經營能

力、健全之財務狀況、完善之資訊安全管理及妥適之風險控管措施等,始能維持業務之穩定與安全運作,並維護社會大眾權益,非具有一定之資力難以為之,因之本條例明定電子支付機構之最低實收資本額為新臺幣5億元。

　　但因經營事務之不同,本條例對電子支付機構之資本額係採取差異化管理,以符合風險基礎之監理原則,並配合電子票證納入本條例規範,爰參酌電子票證發行管理條例第6條第1項前段,增訂第9條第1項第2款,明定電子支付機構經營代理收付實質交易款項及收受儲值款項業務者,如未辦理國內外小額匯兌者,其最低實收資本額為新臺幣3億元。另亦增定第9條第1項第1款,未收受儲值款項及未辦理國內外小額匯兌,最低實收資本額僅需新臺幣1億元。發起人應於發起時一次認足本項最低實收資本額。電子支付機構之實收資本額未達主管機關規定之金額者,主管機關應限期命其辦理增資;屆期未完成增資者,主管機關得勒令其停業。另主管機關得視社會經濟情況,考量未來社會經濟情況變遷及業務實際需要,本條例授權主管機關得適時衡酌調整電子支付機構之最低實收資本額,以符合社會發展狀況及產業需求。

二、申請電子支付機構業務許可及應檢具之文件（§11-§14）

　　電子支付機構之業務範圍,除實質交易款項之代理收付外,尚包括預先吸收社會大眾資金之收受儲值款項及非基於實質交易之電子支付帳戶間款項移轉等,已涉及金融特許業務之辦理,為維護金融市場秩序與安定,及保障社會大眾權益,爰採「許可制」規定電子支付機構不得經營位經主管機關核定之業務,並於本條例規定專營之電子支付機構向主管機關申請許可時,應檢具下列文件備審:

　　（一）申請書。
　　（二）發起人或董事、監察人名冊及證明文件。
　　（三）發起人會議或董事會會議紀錄。
　　（四）資金來源說明。

（五）公司章程。

（六）營業計畫書：載明業務範圍、業務經營之原則、方針與具體執行之方法、市場展望、風險及效益評估。

（七）總經理或預定總經理之資料。

（八）業務章則及業務流程說明[10]。

（九）電子支付機構業務各關係人間權利義務關係約定書或其範本。

（十）經營電子支付機構業務所採用之資訊系統及安全控管作業說明。

（十一）經會計師認證之電子支付機構業務交易之結算及清算機制說明。

（十二）經會計師認證之支付款項保障機制說明及信託契約、履約保證契約或其範本，得檢具經律師審閱之信託契約、履約保證契約或其範本的法律意見書。

（十三）經會計師認證得以滿足未來五年資訊系統及業務適當營運之預算評估。

（十四）其他主管機關規定之文件。

電子支付機構之資訊系統與安全控管作業，是否符合法規所要求之基準，涉及專業資訊技術事項，爰於本條例第11條第1項、第3項及第4項規定凡申請許可者，有下列情形之一，主管機關得不予許可：

（一）最低實收資本額不符第9條第1項及第2項規定。

（二）申請書件內容有虛偽不實。

（三）經主管機關限期補正相關事項屆期未補正。

（四）營業計畫書欠缺具體內容或執行顯有困難。

（五）經營業務之專業能力不足，難以經營業務。

---

10 本項業務章則應記載下列事項：1.組織結構及部門職掌；2.人員配置、管理及培訓；3.內部控制制度及內部稽核制度；4.防制洗錢與打擊資恐內部控制及稽核制度；5.使用者及特約機構身分確認機制；6.會計制度；7.營業之原則及政策；8.消費者權益保障措施及消費糾紛處理程序；9.作業手冊及權責劃分；10.其他主管機關規定之事項。

（六）有妨礙國家安全之虞者。

（七）其他未能健全經營業務之虞之情形。

　　另為確保專營之電子支付機構於符合其取得許可時之狀況下適時開始營業，本條例規定其應自取得許可後六個月內檢具相關書件，向主管機關申請核發營業執照。惟考量專營之電子支付機構取得許可後，有需要較長期間進行經營準備等正當理由之情事，得向主管機關申請延展。延展期限不得超過三個月，並以一次為限。為便利主管機關監理事務之執行，電子支付機構應於開始營業之日起算五個營業日內，以書面通知主管機關。

　　基於電子支付機構業務牽涉支付系統管理、準備金收存及外匯業務等事宜，涉及中央銀行業務，本條例爰依中央銀行法第35條第1項第2款規定，中央銀行掌理指定銀行及其他事業辦理外匯業務，並督導之，考量本條例可能涉及外匯業務或其他屬於中央銀行職掌者，應會商中央銀行意見。惟為簡化案關許可或同意程序，增訂涉及外匯業務者，應經中央銀行同意之規範。

三、境外機構（§15）

　　為維護我國人民及業者權益，並確保我國金融市場秩序及有效監督管理，境外機構如欲於我國境內經營本條例第4條第1項第1款至第4款各款業務，應依本條例相關規定申請許可設立電子支付機構（須為本國公司，非外國公司之分公司），爰參考日本資金結算法第63條規定，於本條例第15條第1項予以規範。至如境外機構依本條例申請許可設立股份有限公司組織之電子支付機構後，該設立之電子支付機構性質即屬本國公司，已非屬境外機構。另為落實本條例第15條第1項之規範目的，於第2項規定任何人非經主管機關核准，不得有與境外機構合作或協助其於我國境內從事本條例第4條第1項各款業務之相關行為。所稱相關行為，包含目前非金融機構依據經濟部所訂「資料處理服務業者受託處理跨境網路交易評鑑要點」[11]，經該部審查合格後，與中國大陸地區支付機構合作從事跨境網路

---

11 102年5月31日經濟部經商字第10202408840號函。

實質交易價金代收轉付服務；或銀行經主管機關同意後，與中國大陸地區支付機構合作辦理收付款項業務等行為，為使其行為態樣明確，並因應實務發展所需，爰授權主管機關於本條例第15條第4項所定辦法規範，並將以專章、專節或專條方式定之。

此外對於與境外機構合作或協助其於我國境內從事本條例第4條第1項各款業務之相關行為者之核准對象、條件、應檢具之書件、合作或協助從事第4條第1項各款業務相關行為之範圍與方式、作業管理及其他應遵行事項之辦法，於本條例第15條第3項規定授權主管機關應洽商中央銀行訂定之。

另本條例第15條亦規定大陸地區機構申請許可設立電子支付機構，以及與大陸地區支付機構合作或協助其於我國境內從事本條例第4條第1項第1至第4款各款業務之相關行為者，應依台灣地區與大陸地區人民關係條例第72條及第73條之規定辦理[12]。

第六節　監督及管理

一、專營之電子支付機構

（一）儲值及支付金額之限制（§16）

鑑於專營之電子支付機構業務定位屬小額零售支付及資金移轉性質[13]，並避免過多資金存放於專營之電子支付機構，爰參考參考香港立法

---

[12] 大陸地區人民、法人、團體或其他機構，非經主管機關許可，不得為台灣地區法人、團體或其他機構之成員或擔任其任何職務。前項許可辦法，由有關主管機關擬訂，報請行政院核定之（第72條）。
大陸地區人民、法人、團體、其他機構或其於第三地區投資之公司，非經主管機關許可，不得在台灣地區從事投資行為。依前項規定投資之事業依公司法設立公司者，投資人不受同法第216條第1項關於國內住所之限制（第73條）。

[13] 零售支付系統主要處理經濟體系中個人或企業部門零售交易之價款收付，該類系統處理的交易種類繁多，通常可歸納為循環性支付與非循環性支付二種型態。循環性支付是指定期辦理的支付，其金額通常是固定的，例如，個人定期支付保險費或水電費，或是公

例及以風險為基礎之監理原則（Risk-Based Approach, RBA），依照身分確認（Customer Due Diligence, CDD）之強度，訂定相對應之限額，以配合實務運作與風險控管所需，以利未來配合實務需求及經濟發展情形適時調整，並酌作修正。因之本次修正特於本條例現定專營電子支付機構收受每一使用者之儲值款項及辦理每一使用者國內外小額匯兌之金額，由主管機關會商中央銀行定之。另主管機關於必要時得限制專營電子支付機構經營本條例第4條第1項第1款至第4款業務之交易金額；其限額，由主管機關會商中央銀行定之。[14]

（二）準備金信託及履約保證（§20、§21）

專營之電子支付機構收受儲值款項雖非銀行法等法令所稱存款，但仍屬多用途支付工具，具有交易中介、替代通貨之功能。為保持儲值款項之高度流動性，爰參酌電子票證發行管理條例第18條第1項規定[15]，於本條例第20條明定專營之電子支付機構所收受新臺幣及外幣儲值款項合計達一定金額者，應提列足額之準備金，並授權由中央銀行洽商主管機關訂定相關事項之辦法。

本條例為確保使用者支付款項之安全，參酌已廢止之電子票證發行管理條例規定[16]，於本條例第21條第1項要求專營之電子支付機構對於儲值

司對員工定期支付薪水或退休金等。非循環性支付則為偶發性的支付，金額亦不固定，例如，個人向商店購買消費物品的支付或企業間業務往來的支付等。該類支付金額雖然不大，發生系統性風險的可能性也不高，但因交易筆數較多，若處理該類支付的系統發生問題，將會影響資金收付效率與消費者權益。

14 科技發展日新月異，科技應用之層面可能擴大，產業之支付需求亦可能有所變動，為因應時代變遷，保留法律適用之彈性，爰於本條例第16條第1項明定儲值金額上限授權主管機關洽商中央銀行後定之。俾利網路交易業者可在電子支付平台上承作匯款之收受業務，將可降低業者之進出貨成本提高其交易之競爭力。

15 「非銀行發行機構發行電子票證所收取之款項，達一定金額以上者，應繳存足額之準備金；其一定金額、準備金繳存之比率、繳存方式、調整、查核及其他應遵行事項之辦法，由中央銀行會商主管機關定之。前項收取之款項，扣除應提列之準備金後，於次營業日應全部交付信託或取得銀行十足之履約保證。運用第一項所收取之款項所得之孳息或其他收益，應計提一定比率金額，並於銀行以專戶方式儲存，作為回饋持卡人或其他主管機關規定使用用途使用。前項所定一定比率金額，由主管機關定之。」

16 電子票證發行管理條例第18條第2項。

款項扣除應提列準備金之餘額,並同代理收付款之金額,應全部交付信託或取得銀行十足之履約保證。其中採用交付信託方式者,其信託銀行即為專用存款帳戶銀行,並以專用存款帳戶為信託專戶。至所稱取得銀行十足之履約保證,指與銀行簽訂足額之履約保證契約,由銀行承擔專營之電子支付機構對使用者之履約保證責任。為確保專營之電子支付機構確實執行交付信託或取得銀行十足履約保證之要求,並特別要求專營之電子支付機構應委託會計師每季辦理查核。

另為避免發生對使用者支付款項保障之空窗期,於本條例第21條規定專營之電子支付機構應於信託契約或履約保證契約到期日二個月前完成續約或訂定新契約;對於未依規定完成續約或訂定新契約之專營之電子支付機構,不得受理新使用者註冊簽訂特約機構及收受原使用者新增之支付款項,以保障社會大眾權益。

(三) 監督及風險控管機制 (§22)

為保護使用者權益,避免支付款項遭恣意挪用,本條例第22條列舉專營之電子支付機構對於支付款項,除有下列情形者外,不得動用或指示專用存款帳戶銀行動用:1.依使用者支付指示移轉支付款項;2.使用者提領支付款項或應撥付予特約機構之款項;3.依本條例第22條第2項至第4項所為支付款項之運用及其所生孳息或其他收益之分配或收取。專營之電子支付機構對於代理收付款項,限以專用存款帳戶儲存及保管,不得為其他方式之運用或指示專用存款帳戶銀行為其他方式之運用。

專營之電子支付機構對於支付款項,得於一定比率內為下列各款之運用或指示專用存款帳戶金融機構運用:1.銀行存款;2.購買政府債券;3.購買國庫券或銀行可轉讓定期存單;4.購買經主管機關核准之其他金融商品。

有關專用存款帳戶金融機構運用信託財產所生孳息或其他收益,應於所得發生年度,減除成本、必要費用及耗損後,依信託契約之約定,分配

予專營之電子支付機構[17]。專營之電子支付機構對於運用支付款項所得之孳息或其他收益，應計提一定比率金額，於專用存款帳戶金融機構以專戶方式儲存，作為回饋使用者或其他主管機關規定用途使用。前項所定一定比率，由主管機關定之。

　　此外為避免支付款項之運用損害使用者之權益，本條例第22條規定專營之電子支付機構應委託會計師每半營業年度查核支付款項動用與運用、計提一定比率金額及運用支付款項評價之辦理情形，依一般會計原則評價，如有低於投入實金額之情形，應立即補足，以落實各該規定之執行[18]。

　　另為確保使用者權益，同時規定使用者至其特約機構就其支付款項，對專營之電子支付機構經營第4條第1項各款業務所生之債權，有優先於專營電子支付機構其他債權人受償之權利。

（四）執行洗錢防制之審查與申報（§25、§27）

　　為落實執行防制洗錢金融行動工作組織（Financial Action Task Force，以下簡稱 FATF）於2012年2月發布之防制洗錢／打擊資助恐怖主義國際標準第10項建議[19]，有關禁止匿名或明顯利用假名開設帳戶之要

---

17 為避免儲值款項之運用產生虧損，損害會員之權益，參考美國統一資金服務法（Uniform Money Services Act）第701條（a）款之規定，於第6項明定，運用儲值款項之總價值，以一般公認會計原則（Generally Accepted Accounting Principles, GAAP）計算，應維持於投入成本以上，如有虧損，支付機構應立即補足，以保障會員權益。

18 儲值款項為會員交付與支付機構代為管理之款項，得在對會員權益影響較低之前提下運用，參考電子票證發行管理條例第19條及英國支付服務法第19條之規定，於本條例第21條第3項明定儲款項於一定比率內得運用於低風險投資；又於同條第4項後段明定，運用儲值款項所生之孳息或其他收益，歸屬於支付機構。

19 Financial institutions should be prohibited from keeping anonymous accounts or accounts in obviously fictitious names. Financial institutions should be required to undertake customer due diligence (CDD) measures when:
(i) establishing business relations; (ii) carrying out occasional transactions: (i) above the applicable designated threshold (USD/EUR 15,000); or (ii) that are wire transfers in the circumstances covered by the Interpretive Note to Recommendation 16;(iii) there is a suspicion of money laundering or terrorist financing; or (iv) the financial institution has doubts about the veracity or adequacy of previously obtained customer identification data.
The principle that financial institutions should conduct CDD should be set out in law. Each

求，以確保若有犯罪或不法情事發生時得以追查交易人，我國洗錢防制法第7條至第10條規定，金融機構須執行確認客戶身分、交易紀錄保存與達一定金額以上通貨交易及可疑交易之申報，現行電子支付機構執行一定金額以上之通貨交易或可疑交易申報係依洗錢防制法第9條及第10條規定辦理，特於本條例第25條及第27條規定專營之電子支付機構建立使用者及特約機構身分確認機制之義務，規定專營之電子支付機構應建立使用者及特約機構身分確認機制，於使用者註冊時確認其身分，並留存確認使用者身分程序所得之資料；使用者變更身分資料時，亦同。前項確認使用者身分程序所得資料之留存期限，自電子支付帳戶終止或結束後至少五年。有關使用者及特約機構身分確認機制之建立方式、程序、管理及前項確認使用者及特約機構身分程序所得資料範圍等相關事項之辦法，由主管機關洽商法務部及中央銀行定之。

此外，專營電子支付機構對於達一定金額以上之通貨交易或疑似洗錢交易之申報、該機構與相關人員業務上應保守秘密義務之免除及違反申報規定之處罰，依洗錢防制法之規定辦理。

（五）交易紀錄資料之留存（§26）

依據 FATF第11項建議及其註釋之要求[20]，留存客戶審查及交易紀錄

---

country may determine how it imposes specific CDD obligations, either through law or enforceable means. The CDD measures to be taken are as follows (a) Identifying the customer and verifying that customer's identity using reliable, independent source documents, data or information. (b) Identifying the beneficial owner, and taking reasonable measures to verify the identity of the beneficial owner, such that the financial institution is satisfied that it knows who the beneficial owner is. For legal persons and arrangements this should include financial institutions understanding the ownership and control structure of the customer (c) Understanding and, as appropriate, obtaining information on the purpose and intended nature of the business relationship. (d) Conducting ongoing due diligence on the business relationship and scrutiny of transactions undertaken throughout the course of that relationship to ensure that the transactions being conducted are consistent with the institution's knowledge of the customer, their business and risk profile, including, where necessary, the source of funds.

20 Financial institutions should be required to maintain, for at least five years, all necessary records on transactions, both domestic and international, to enable them to comply swiftly with information requests from the competent authorities. Such records must be sufficient to permit reconstruction of individual transactions (including the amounts and types of currency

憑證應以法律規範,且應包括未完成之交易,本條例第26條爰為規定,專營之電子支付機構應留存使用者電子支付帳戶之帳號、交易項目、日期、金額及幣別等必要交易紀錄;未完成之交易亦同,以符合國際標準之要求。上述國際標準要求相關必要交易紀錄至少應保存五年,惟該要求僅係最低門檻,若其他法規有較長之規定者,自依各該其他法規之規定。

另為考量稅捐稽徵機關或海關查核實質交易逃漏稅捐案件時,需藉由前述必要交易紀錄及本條例第25條使用者身分確認資料,以確認金流及納稅義務人身分,在符合比例原則及授權明確性原則,爰授權財政部會商主管機關明定其得要求專營之電子支付機構提供相關資料,以為規範。

(六)電子支付機構業務定型化契約之管理規範(§30)

支付服務之提供涉及會員間不定期、不定量之金錢價值移轉,若支付服務提供有瑕疵或經營不善,將對會員有極大影響。為落實支付服務之消費者保護,爰參考消費者保護法第17條[21]及舊電子票證發行管理條例第11

---

involved, if any) so as to provide, if necessary, evidence for prosecution of criminal activity.

Financial institutions should be required to keep all records obtained through CDD measures (e.g. copies or records of official identification documents like passports, identity cards, driving licences or similar documents), account files and business correspondence, including the results of any analysis undertaken (e.g. inquiries to establish the background and purpose of complex, unusual large transactions), for at least five years after the business relationship is ended, or after the date of the occasional transaction.

Financial institutions should be required by law to maintain records on transactions and information obtained through the CDD measures. The CDD information and the transaction records should be available to domestic competent authorities upon appropriate authority.

21 「中央主管機關為預防消費糾紛,保護消費者權益,促進定型化契約之公平化,得選擇特定行業,擬訂其定型化契約應記載或不得記載事項,報請行政院核定後公告之。
前項應記載事項,依契約之性質及目的,其內容得包括:
一、契約之重要權利義務事項。
二、違反契約之法律效果。
三、預付型交易之履約擔保。
四、契約之解除權、終止權及其法律效果。
五、其他與契約履行有關之事項。
第一項不得記載事項,依契約之性質及目的,其內容得包括:
一、企業經營者保留契約內容或期限之變更權或解釋權。
二、限制或免除企業經營者之義務或責任。
三、限制或剝奪消費者行使權利,加重消費者之義務或責任。

條[22]之規定，要求專營之電子支付機構應遵守主管機關公告之定型化契約應記載及不得記載事項，且其對使用者權益之保障，不得低於主管機關所定電子支付機構定型化契約範本之內容。

（七）使用者往來資料之保密（§31）

鑒於隱私權之保障及使用者對其往來交易等資料控制處分權之尊重，本條例參酌銀行法第48條第2項[23]、金融控股公司法第42條第1項[24]、證券投資信託及顧問法第7條第2項[25]等，規定專營之電子支付機構對於使用者與特約機構之往來交易資料及其他相關資料應保守保密。另鑒於法律或主管機關因業務需要，須取得相關資料，爰規定其他法律或主管機關另有規定者，不在此限。

（八）交易資訊安全控管作業基準（§32）

本條例規定專營之電子支付機構應確保交易資料之隱密性及安全性，並負責資料傳輸、交換或處理之正確性，俾避免資訊系統因運作、傳輸或處理等錯誤，影響服務之穩定與安全，並衍生相關糾紛。此外為確保

四、其他對消費者顯失公平事項。
違反第一項公告之定型化契約，其定型化契約條款無效。該定型化契約之效力，依前條規定定之。
中央主管機關公告應記載之事項，雖未記載於定型化契約，仍構成契約之內容。
企業經營者使用定型化契約者，主管機關得隨時派員查核。」

22 「發行機構訂定電子票證定型化契約條款之內容，應遵守主管機關所公告之定型化契約應記載及不得記載事項，且其對消費者權益之保障，不得低於主管機關所發布電子票證定型化契約範本之內容。」

23 「銀行對於客戶之存款、放款或匯款等有關資料，除有下列情形之一者外，應保守秘密：一、法律另有規定。二、對同一客戶逾期債權已轉銷呆帳者，累計轉銷呆帳金額超過新臺幣五千萬元，或貸放後半年內發生逾期累計轉銷呆帳金額達新臺幣三千萬元以上，其轉銷呆帳資料。三、依第一百二十五條之二、第一百二十五條之三或第一百二十七條之一規定，經檢察官提起公訴之案件，與其有關之逾期放款或催收款資料。四、其他經主管機關規定之情形。」

24 「金融控股公司及其子公司對於客戶個人資料、往來交易資料及其他相關資料，除其他法律或主管機關另有規定者外，應保守秘密。」

25 「前項事業、機構或人員對於受益人或客戶個人資料、往來交易資料及其他相關資料，除其他法律或主管機關另有規定外，應保守秘密。」

交易資訊安全及健全業務運作，專營之電子支付機構應建置符合一定水準之資訊系統，其辦理業務之資訊系統標準及安全控管作業基準，由本條例第44條第1項所定之同業公會或中華民國銀行商業同業公會全國聯合會擬訂，報請主管機關核定，俾符合市場運作及加強業者自律功能。

　　另本條例所定電子支付機構經營業務之範圍，包含實體通路之支付服務型態（Online to Offline, O2O）[26]，亦即使用者得於實體通路（店面）利用行動電話或其他可攜式設備進行線上付款，於實體通路（店面）享受服務或取得商品，爰於第3項規定專營之電子支付機構利用行動電話或其他可攜式設備於實體通路提供服務，除其作業應符合上述安全控管作業基準規定外，並須於開辦前經主管機關核准，以維護市場秩序。

（九）退場機制（§39、§40）

　　為避免專營之電子支付機構因財產、業務顯著惡化發生經營危機，而影響使用者權益，爰參酌銀行法第64條[27]、票券金融管理法第47條[28]及舊電子票證發行管理條例第27條規定[29]，本條例第39條規定專營之電子支付機構虧損達一定情形時應即將財務報表及虧損原因，函報主管機關，並於本條例第39條第2項定明主管機關得以採取之因應措施。另為維護使用者權益，並避免專營之電子支付機構及其負責人或職員潛逃出境或脫產，同

---

[26] Online-to-offline (O2O) commerce is a business model that draws potential customers from online channels to make purchases in physical stores. Techniques that O2O commerce companies may employ include in-store pick-up of items purchased online, allowing items purchased online to be returned at a physical store, and allowing customers to place orders online while at a physical store. Amazon's 2017 purchase of Whole Foods Markets is a prime example of O2O.

[27] 「銀行虧損逾資本三分之一者，其董事或監察人應即申報中央主管機關。中央主管機關對具有前項情形之銀行，應於三個月內，限期命其補足資本；逾期未經補足資本者，應派員接管或勒令停業。」

[28] 「票券金融公司累積虧損逾實收資本額五分之一者，應即將財務報表及虧損原因，函報主管機關及中央銀行。」
主管機關對有前項情形之票券金融公司，得限期命其補足資本，或限制其營業；屆期未補足者，得勒令其停業。」

[29] 「發行機構累積虧損逾實收資本額之三分之一者，應立即將財務報表及虧損原因，函報主管機關。主管機關對具有前項情形之發行機構，得限期命其補足資本，或限制其業務；屆期未補足者，得勒令其停業。」

時參酌銀行法第62條第1項[30]、信託業法第43條[31]、舊電子票證發行管理條例第25條、第28條規定[32]，於本條例第40條明定專營之電子支付機構因業務或財務顯著惡化，主管機關得採取限制其負責人或職員出境，或令其將業務移轉予其他電子支付機構。

此外專營之電子支付機構因解散、停業、歇業、撤銷或廢止許可、命令解散等事由，致不能繼續經營業務者，應洽其他電子支付機構承受其業務，並經主管機關核准。專營之電子支付機構未依前項規定辦理者，由主管機關指定其他電子支付機構承受。在此舉日本為例，為保障會員權益，確保會員交付支付機構之款項於支付機構破產得順利取回，日本資金決濟法第59條第2項規定，支付機構如進入破產程序，財產應由破產管理人清算變賣後按比例返還會員，不屬於破產財團，其退場機制與我國不同。

（十）清償基金之設置（§41）

為避免電子支付機構違法未依本條例第21條規定未將支付款項交付

---

30 「銀行因業務或財務狀況顯著惡化，不能支付其債務或有損及存款人利益之虞時，主管機關應派員接管、勒令停業清理或為其他必要之處置，必要時得通知有關機關或機構禁止其負責人財產為移轉、交付或設定他項權利，函請入出國管理機關限制其出國。」

31 「信託業因業務或財務顯著惡化，不能支付其債務或有損及委託人或受益人利益之虞時，主管機關得命其將信託契約及其信託財產移轉於經主管機關指定之其他信託業。信託業因解散、停業、歇業、撤銷或廢止許可等事由，致不能繼續從事信託業務者，應洽由其他信託業承受其信託業務，並經主管機關核准。信託業未依前項規定辦理者，由主管機關指定其他信託業承受。前三項之移轉或承受事項，如係共同信託基金或募集受益證券業務，應由承受之信託業公告之。如係其他信託業務，信託業應徵詢受益人之意見，受益人不同意或不為意思表示者，其信託契約視為終止。」

32 發行機構違反法令、章程或其行為有礙健全經營之虞時，主管機關除得予以糾正、命其限期改善外，並得視情節之輕重，為下列處分：一、撤銷股東會或董事會等法定會議之決議。二、廢止發行機構全部或部分業務之許可。三、命令發行機構解除經理人或職員之職務。四、解除董事、監察人職務或停止其於一定期間內執行職務。五、其他必要之處置。主管機關依前項第四款解除董事、監察人職務時，應通知經濟部撤銷其董事、監察人登記。主管機關對發行構、有違法嫌疑之負責人或職員，得通知有關機關禁止其為財產之移轉、交付或行使其他權利，並得函請入出境許可之機關限制其出境。（25條）發行機構因業務或財務顯著惡化，不能支付其債務或有損及持卡人利益之虞，主管機關得命其將電子票證業務移轉於經主管機關指定之其他發行機構。發行機構因解散、停業、歇業、撤銷或廢止許可等事由，致不能繼續從事電子票證業務者，應洽由其他發行機構承受其電子票證業務，並經主管機關核准。發行機構未依前項規定辦理者，由主管機關指定其他發行機構承受。（28條）

信託或取得銀行十足履約保證，導致日後發生違約，而嚴重損及消費者權益，本條例第41條特規定電子支付機構應提撥資金，設置清償基金。電子支付機構如因財務困難失卻清償能力而違約時，清償基金得以第三人之地位向消費者為清償，並自清償時起，於清償之限度內承受消費者之權利。

　　至有關清償基金之組織、管理及清償等事項之辦法，由主管機關定之。清償基金由各電子支付機構自營業收入提撥，其提撥比率由主管機關審酌經濟、業務情形及各電子支付機構承擔能力定之。

二、兼營之電子支付機構（§42、§43）

　　銀行及中華郵政股份有限公司兼營本條例第4條第1項第2款各款業務所收受之儲值款項，應依銀行法第42條或其他相關法令規定提列準備金[33]，且為存款保險條例第6條所稱之存款保險標的[34]。另電子票證發行機構兼營本條例第4條第1項各款業務，準用本條例第16條至第41條相關規定。

第七節　公會

一、加入公會始得營業（§44）

　　為強化業者自律功能及健全市場發展，本條例第44條第1項規定電子支付機構應加入主管機關指定之同業公會自律組織或銀行公會成立之電子支付業務委員會，始得營業。

　　另為促使公會自律組織發揮自律功能，爰為同條第2項規定。前項主管機關所指同業公會之章程及銀行公會電子支付業務委員會之章則、議事

---

[33] 銀行各種存款及其他各種負債，應依中央銀行所定比率提準備金。前項其他各種負債之範圍，由中央銀行洽商主管機關定之。

[34] 存保公司辦理銀行、信用合作社、郵政儲金匯兌機構之存款保險事宜，應設置一般金融保險賠款特別準備金處理。

規程，應報請主管機關核定，變更時亦同。第1項主管機關所指定同業公
會之業務，應受主管機關之指導及監督。

二、自律功能與自律公約（§45）

　　參酌票券金融管理法第55條[35]及信用卡業務機構管理辦法第38條規
定[36]，本條例規定主管機關指定之同業公會及銀行公會電子支付業務委員
會應辦理之事項，俾促使公會能積極發揮自律功能，協助主管機關規範市
場發展，以健全業務經營及維護同業聲譽。

　　主管機關所指定同業公會及銀行公會電子支付業務委員會，為會員之
健全經營及維護同業聲譽，本條例規定電子支付機構應確實遵守公會業務
規章及自律公約，以落實業者自律功能，其應辦理下列各事項：1.協助主
管機關推行、研究電子支付機構業務之相關政策及法令；2.訂定並定期檢
討共同性業務規章或自律公約，並報請主管機關備查；變更時亦同；3.就
會員所經營電子支付機構業務，為必要指導或調處其間之糾紛；4.主管機
關指定辦理之事項。

---

35 「票券金融商業同業公會為會員之健全經營及維護同業聲譽，應辦理下列事項：一、協
　　助主管機關推行、研究金融政策及法令。二、訂定共同性業務規章或自律公約，並報請
　　主管機關備查。三、就會員所經營業務，為必要指導或調處其間之糾紛。四、主管機關
　　指定辦理之事項。五、其他為達成公會任務之必要業務。」
36 「銀行公會為會員之健全經營及維護同業聲譽，應辦理下列事項：一、協助主管機關推
　　行、研究信用卡業務之相關政策及法令。二、訂定並定期檢討共同性業務規章或自律公
　　約，並報請主管機關備查，變更時亦同。三、就會員所經營業務，為必要監督或調處其
　　間之糾紛。四、主管機關指定辦理之事項。信用卡業務機構應確實遵守前項第二款之業
　　務規章及自律公約。」

第八節　罰則

一、刑事罰（§46）

（一）非電子支付機構違法經營電子支付業務之刑事處罰

　　鑑於非電子支付機構違法經營本條例之特許業務，對於金融市場秩序及社會大眾權益影響甚鉅，本條例爰依其侵害法益之程度，依本條例規定非電子支付機構經營本條例第4條第1項第2款業務者，處三年以上十年以下有期徒刑，得併科新臺幣2千萬元以上5億元以下罰金。未依本條例第5條第3項規定向主管機關申請許可，或已依規定申請許可，經主管機關不予許可後，仍經營第4條第1項第1款業務者，處五年以下有期徒刑，得併科新臺幣1億元以下罰金。法人之代表人、代理人、受僱人或其他從業人員，因執行業務犯前二項之罪者，除處罰其行為負責人外，對該法人亦科以前述所定之罰金。

　　2021年本條例修正時，鑑於電子支付機構辦理國內外小額匯兌業務及非電子支付機構經營本條例第4條第3項所定國外小額匯兌業務係銀行法第29條第1項有關非銀行不得辦理國內外匯兌業務之特別規定，如業者未經主管機關許可辦理銀行法第3條第10款所定國內外匯兌業務，應依銀行法第125條第1項及第3項規定處罰。為避免法條競合，爰刪除相關處罰規定，逕依銀行法第125條第1項及第3項規定處罰之，修正後第46條第1項處罰範圍僅限於非電子支付機構經營第4條第1項第2款所定收受儲值款項業務；修正條文第4條第1項增訂第4款買賣外幣業務，業者未經主管機關許可辦理買賣外幣業務，應依管理外匯條例第22條處罰；另鑑於修正條文第4條第1項第13款所定其他經主管機關許可之業務，其範圍非屬電子支付機構專屬業務，爰刪除原有條文之處罰依據。

（二）專營電子支付機構違法經營之刑事處罰（§47）

　　專營電子支付機構及兼營本條例第4條第1項各款業務之電子票證發

行機構未將支付款項扣除準備金後全部交付信託或取得銀行十足履約保
證，及違法動用支付款項者，有礙支付款項之安全，影響使用者權益，爰
於本條例第47條第1項及第2項定明其刑罰。專營之電子支付機構違反第21
條第1項或第22條第1項規定者，其行為負責人處七年以下有期徒刑，得併
科新臺幣5億元以下罰金。

前二項情形，除處罰行為負責人外，對該專營之電子支付機構或電子
票證發行機構，並科以前述所定之罰金。

（三）散布流言或以詐術損害電子支付機構信用（§49）

為避免不肖分子藉由散布不實消息混淆大眾視聽，致損害電子支付機
構之信用，擾亂支付系統之正常運作，爰參考刑法第313條第1項增訂本條
並提高刑度，以維護金融體系之健全。

二、行政罰（§50-§56）

本條例第50至第53條皆為違反本條例相關義務規定之行政罰，為避
免電子支付機構經主管機關限期改正仍未改正，爰參考銀行法第136條[37]
及電子票證發行管理條例第35條規定[38]，賦予本條例主管機關對違反本條
例第50條至第56條相關義務之行政罰規定得按次處罰，其情節重大者，並
得責令限期撤換負責人、停止營業或廢止許可等權限，俾使其迅速改正，
維護社會大眾權益。

按符合法律構成要件之行政不法行為，主管機關即應依法裁罰，如法
律有特別規定授權主管機關斟酌具體情況免予處罰，主管機關始有處罰與
否之裁量空間。亦即無法律特別規定授權者，主管機關尚無不予處罰之裁
量權限（法務部105年2月23日法律字第10503503620號說明二參照）。為

---

[37] 「銀行或受罰人經依本章規定處以罰鍰後，於主管機關規定限期內仍不予改善者，主管
機關得按次處罰；其情節重大者，並得解除負責人職務或廢止其許可。」
[38] 「發行機構經依本條例規定處罰後，經主管機關限期改正，屆期不改正者，得按次處
罰；其情節重大者，並得責令限期撤換負責人或廢止其許可。」

有效導正電子支付機構改善違規、除去違法狀態或停止違規行為，爰參酌上開函示及銀行法第133-1條立法例，明定主管機關可依據情節輕重採取適當之處置，對違規情節輕微者，如非系統性缺失，僅作業面疏漏且未影響使用者權益或影響層面較小，而以糾正或勸導方式替代罰鍰可能較具有效果，且能達成行政目的時，為避免行政資源浪費並兼顧對人民權益之保障，特於本次修正時增定本條例第55條，依本條例規定應處罰鍰之行為，其情節輕微者，得免予處罰，或先令其限期改善，已改善完成者，免予處罰之規定。

第九節　附則

一、採行監理沙盒（Regulatory Sandbox）（§57）

　　為促進普惠金融及金融科技發展，不限於電子支付機構，得依金融科技發展與創新實驗條例申請辦理電子支付機構業務創新實驗。於主管機關核准辦理之期間及範圍內，得不適用本條例之規定。但主管機關應參酌前述創新實驗之辦理情形，檢討本條例及相關金融法規之妥適性。

　　一般而言，沙盒是可以讓小孩盡情玩沙並發揮想像力的地方，金融監理沙盒即是在一個風險規模可控的環境下，針對金融相關業務、或遊走在法規模糊地帶的新創業者，在主管機關監理之下的一個實驗場所，讓業者盡情測試創新的產品、服務乃至於商業模式，並暫時享有法規的豁免與指導，並與監管者高度互動、密切協作，共同解決在測試過程中所發現或產生的監理與法制面議題。

　　金融科技係指部分企業運用科技手段使得金融服務變得更有效率，因而形成的一種經濟產業，然而金融業是受到國家高度監理的特許行業，涉及民眾的資金與市場穩定，因此其設立、經營及相關業務等事項，均受各項金融相關法令嚴密監理，非金融機構不能提供依法須經主管機關核准之金融服務或商品，違反者甚至有刑事責任，但在金融科技快速發展下，

傳統金融服務或商品已不能滿足民眾，非金融業者之金融科技公司透過新興科技技術之運用，可使其服務或商品較傳統金融業更為新穎、更具效率性、靈活性，並能大幅降低交易成本或提高獲利，逐漸受到消費者青睞，部分國家亦逐漸開放類此非金融業者提供特定的金融服務或商品，致使傳統金融業備受威脅，於是倡議「監理沙盒」制度的呼聲日漸高漲。

　　監理沙盒最早由英國提出，金融行為監理總署（FCA）於2015年11月提出「創新試驗場」（Regulatory Sandbox）之倡議文件，提供企業發展創新金融服務及產品之「安全試驗場所」，賦予業者在安全空間測試其金融創新產品、業務、商業模式及供應機制，並排除一般法規之規則，使其有創新及發展的機會。2016年6月新加坡及澳洲等國家亦陸續規劃監理沙盒，目前已具雛形之英國及新加坡，其係以非屬法律性質之監理沙盒文件或指引方針，推動金融科技創新測試。

　　我國政府在鼓勵金融科技創新的同時，一併考量業者可能面對現行金融法規的阻礙或困難。為提供金融科技研發試作之安全環境，讓業者可以在低度監理空間，測試其創新商品、服務或商業模式，不致受到現行金融法規的制約，並能在風險可控情形下，驗證該科技在金融服務上的可行性及成效，行政院於106年5月4日通過「金融科技發展與創新實驗條例」（俗稱金融監理沙盒），並於同年12月29日經立法院三讀通過，並於107年4月30日正式施行。此外並同時修正增訂銀行法第22-1條、證券交易法第44-1條、期貨交易法第5-1條、證券投資信託及顧問法第6-1條、保險法第136-1條、信託法第3-1條、電子支付機構管理條例第3-1條，以促進普惠金融及金融科技發展。使我國成為繼英國、新加坡、澳洲和香港後，第五個擁有監理沙盒制度，也是全球第一個為金融監理沙盒成立專法的國家。

　　我國通過之「金融科技發展與創新實驗條例」主要在建立創新實驗機制，鼓勵金融科技創新發展，其立法重點如下：

　　（一）適用以科技創新方式從事屬於需經金管會許可金融業務範疇之實驗者：以創新實驗作為規範主體，只要所提出的創新科技屬於金管會核准的特許金融業務，無論金融服務業或非金融服務業業者皆可申請。

（二）未限制申請對象：創新實驗申請人包括我國自然人、獨資、合夥事業或法人，非我國居住民亦得由代理人協助申請，相較已推出監理沙盒機制的英國、新加坡、澳洲、香港等只限企業或法人，我國更為開放創新。

（三）享有法規豁免之實驗期最長三年：創新實驗期間以一年為限，必要時得申請延長1次最長六個月，但該實驗內容涉及應修正法律時，延長次數不以1次為限，總實驗期間最長可達三年；實驗期間內，排除法規命令及行政規則之適用，提供業者研發試作的安全環境。

（四）實驗完成後，依各業法規申請業務許可：業者創新實驗後擬經營該項實驗之相關業務，仍應依各業現行或修正後之金融法規提出申請，以符合「辦理相同業務，遵守相同規範」之公平原則。

（五）主動檢討修正金融法規並提供轉介輔導：創新實驗結果如顯示確具創新性、提升金融服務率、降低成本或有利金融消費者之權益時，由金管會參酌創新實驗之辦理情形，主動檢討修正金融法規、協助創業或策略合作，並適時請相關單位提供輔導創業協助，以利金融科技創新發展。

（六）提供金融科技業者輔導與協助機制：金管會將積極瞭解金融科技業者之需求，並提供必要之協助、輔導與諮詢服務。

（七）兼顧消費者權益及金融穩定：為保障參與實驗者權益，該條例準用金融消費者保護法，對參與實驗者權益訂有多項保障措施；另為維護金融穩定，對於創新實驗過程中有重大不利金融市場或危及參與實驗者權益等情形者，金管會得廢止該項實驗之核准。

二、本條例110年7月1日修正前已獲許可之電子票證發行機構得繼續經營（§58）

為使本條例修正施行前已依電子票證發行管理條例之規定取得主管機關許可之電子票證發行機構，於本條例修正施行後得繼續合法經營，爰增訂第58條，本條例中華民國110年7月1日修正之條文施行前，經主管機關許可之電子票證發行機構，視為已取得第11條第1項之許可。

另為使本條例本次修正施行前已依現行規定經主管機關許可辦理相關業務之電子支付機構及依電子票證發行管理條例之規定取得主管機關許可之電子票證發行機構經營業務符合本條例規定,爰增訂六個月過渡期間之規定,提出調整後符合本條例相關規定之營業計畫書及自評報告,報請主管機關備查。此外,原營業執照及其他主管機關規定之書件、營業執照所載事項有變更者,亦應向主管機關申請換發營業執照。

三、本條例施行日期(§60)

本條例施行日期,由行政院定之,本條例已於110年7月1日起正式實施。

第四章　第三方支付、電子票證與電子支付法律規範差異比較

	第三方支付	電子支付
監理機關	數位發展部	金融監督管理委員會
法律依據	1. 第三方支付服務定型化契約應記載及不得記載事項 2. 信用卡收單機構簽訂「提供代收代付服務平台業者」為特約商店自律規範	1. 電子支付機構管理條例 2. 其他行政命令
設立最低資本額（新臺幣）	無限制	1. 最低實收資本額5億元 2. 僅代理收付者1億元 3. 僅辦理代收代付、收受儲值者3億元
儲值功能及限額	不得儲值只可代收代付	最高5萬，可代收代付、儲值、提領
帳戶資金移轉限制	不能轉帳	1. 電子支付不同帳戶可資金移轉 2. 同一人帳戶可移轉至電子票證 3. 國內外小額匯兌
交易限制	帳戶無法儲值，以信用卡為交易媒介且付款方式為C2B無法C2C（自創店家收款不在一般使用範圍內），付款上線依照信用卡與收單銀行限制為主。	第一類（僅付款與儲值功能）：每月交易限額上限10萬元，但全年交易限額仍為36萬元。儲值餘額上限1萬元。資金不得移轉（僅需驗證行動電話號碼與國民身分證資料）。 第二類（收款、付款及儲值）：每月收付金額以30萬為上限。儲值上限5萬元。資金移轉每筆5萬元（需加確認使用者本人之金融支付工具）。 第三類：每月交易限額由電支機構與客戶約定。儲值上限5萬元，資金移轉每筆5萬元，需臨櫃或電子簽章。
記名式或無記名式	記名式	記名式

	第三方支付	電子支付
使用定位	一般電子商務 小額代理收付	整合電子支付及電子票證之支付法規並擴大電支機構得營業務範圍
跨境支付相關法規	經濟部推薦從事跨境網路交易價金代收轉付資料處理服務業者作業要點	與境外機構合作或協助境外機構於我國境內從事電子支付機構業務相關行為管理辦法，及其他相關授權子法
一般業者常見支付	緣界科技、Paypal、LINE Pay、PChomePay支付連、輕鬆付、OPEN錢包、全家的Fami Pay、全聯PX Pay、Foodpanda、Uber Eats及91 APP等	街口支付、一卡通Money、悠遊卡、icash Pay、全盈支付、全支付、橘子支付、愛金卡、歐付寶、簡單付及20家兼營電子支付機構

資料來源：作者自行編製

第五章 數字科技公司違反電子票證發行管理條例案評析

第一節 案情事實

　　被告三人係股市上櫃公司「數字科技股份有限公司」董事長及前後任總經理，公訴意旨[1]，謂前述三人明知數字科技公司自2007年4月起，開始經營8591網站，提供會員刊登買賣線上遊戲點數及虛擬寶物、裝備、錢幣等各式交易訊息，並發行「T點」（含開設運作「T點」所必要之儲值與多用途支付功能帳戶），使會員得以預先購買「T點」儲值、線上計算所有「T點」餘額、將指定「T點」以一比一比率結算為新臺幣現金匯至指定銀行帳戶等方法，供會員向數字科技公司以外之不特定人交易時，支付或收取價金之用，且儲值之金額無任何限制，惟均約定由數字科技公司負責結算「T點」餘額及清算「T點」為新臺幣現金供會員提領之用。數字科技公司亦因8951網站運用「T點」之方法，而獲取較同業更高之促成線上交易報酬。遭民眾檢舉自2009年1月26日至2013年2月28日期間共違法發行「T點」電子票證之所得金額共新臺幣186億2,760萬1,835元。違反2009年1月生效之「電子票證發行管理條例」[2]第30條第1項後段之未經主管機關核准擅自發行電子票證，且犯罪所得達新臺幣1億元以上之罪嫌提起公訴[3]。

1　台灣新北地方檢察署2014年8月28日103年度偵字第1043號起訴書。
2　中華民國98年1月23日華總一義字第09800019901號令公布施行。
3　電子票證發行管理條例第30條第1項：「偽造、變造或未經主管機關核准發行本條例所規定之電子票證者，其行為負責人處一年以上十年以下有期徒刑，得併科新臺幣一千萬元以上二億元以下罰金。其犯罪所得達新臺幣一億元以上者，處七年以上有期徒刑，得併科新臺幣二千五百萬元以上五億元以下罰金。」嗣電子票證發行管理條例於104年6月24日修正，修正後電子票證發行管理條例第30條第1項規定修正為：「非發行機構發行電子票證者，處一年以上十年以下有期徒刑，得併科新臺幣二千萬元以上五億元以下罰

第二節　審判歷程

審判單位	審判結果	結案時間	判決理由
新北地方檢察署[4]	提起公訴	2014年8月28日	違反2009年1月生效之「電子票證發行管理條例」第30條第1項後段之未經主管機關核准擅自發行電子票證，且犯罪所得達新臺幣1億元以上之罪嫌。
新北地方法院[5]	無罪	2017年6月22日	「T點」非電子票證，在「相同營運系統」、「相同商業體系」內流通的並電子票證發行管理條例所稱之多用途支付使用，因「T點」只在8591網站會員與會員在該網站交易時流通使用，不涉及「相同營運系統」、「相同商業體系」以外之第三人，故「T點」之使用並非有儲值功能亦非多用途支付使用，其僅為一般通稱之第三方支付平台，不違反2015年6月公布之「電子票證發行管理條例」。
台灣高等法院[6]	上訴駁回（無罪定讞）	2018年11月29日	理由同上

資料來源：作者自製

金。」。

4 台灣高等法院2018年11月29日106年度金上重訴第24號刑事判決。
5 台灣新北地方法院2017年6月22日103年度金重訴字第6號刑事判決。
6 台灣高等法院2018年11月29日106年度金上重訴第24號刑事判決。

第三節 勝訴判決理由要點

（一）依電子票證發行管理條例規定電子票證必須符合三要件[7]，第一，具有「以電子、磁力或光學形式儲存金錢價值，並含有資料儲存或計算」之功能，第二，必須為「晶片、卡片、憑證或其他形式之債據」，第三：作為「多用途支付使用之工具」。查數字科技公司發行之「T點」只是反應會員虛擬帳戶內金錢餘額之情形，「T點」本身並無資料儲存或計算功能，亦不具金錢價值，會員必須自虛擬帳戶中提領現金，且依照立法歷程以觀，電子票證應是一個實體有形之電子錢包，而「T點」並非實體有形之電子錢包，故「T點」並非電子票證，只是對帳機制而非儲值；多用途支付使用之重點在於是否屬於開放系統，而8591網站之經營模式是提供交易平台給登錄為會員之買家及賣家，支付款項及提供商品者均限於會員，數字科技公司只是中介者，又8591網站不允許跨平台交易，故8591網站並非開放系統，自非多用途支付使用，再發行機構以外之第三人就是指特約機構，而特約機構需與發行機構簽定書面契約，且書面契約之內容必須符合法律規定之要求，但會員與數字科技公司間並無簽訂書面契約，故會員並非特約機構，8591網站之交易自非多用途支付使用；8591網站之代收代付交易模式不符合電子票證發行管理條例第1條所稱發行電子票證要達到自動扣款之立法目的；8591網站設計之初，就是提供交易平台，確保交易安全，並非以提供會員儲值為目的，數字科技公司係因賣家會員之要求，才會增加「賣家可以選擇要求買家會員需有足夠的錢才能下標購買」之機制，始造成買家會員需先儲值之情況，然此種先儲值之原因顯然意在

---

[7] 電子票證發行管理條例第3條第1款：「一、電子票證：指以電子、磁力或光學形式儲存金錢價值，並含有資料儲存或計算功能之晶片、卡片、憑證或其他形式之債據，作為多用途支付使用之工具。」；第3條第3款：「三、持卡人：指以使用電子票證為目的而『持有』電子票證之人。」；第11條：「發行機構訂定電子票證定型化契約條款之內容，應遵守主管機關所公告之定型化契約應記載及不得記載事項，且其對『消費者』權益之保障，不得低於主管機關所發布電子票證定型化契約範本之內容。」；第22條第3項：「前項明細資料應充分揭露交易日期、『使用卡號』、交易項目、交易金額、交易設備代號及幣別等項目。」

維護實質交易安全與公平,並非電子票證發行管理條例所設計之「儲值」機制。

（二）2015年立法制定之「電子支付機構管理條例」所規範的是一般通稱第三方支付平台,與本案定完全不同之業務,本件8591網站就是第三方支付平台,當買方以現金作為支付工具,匯款至數字科技公司銀行帳戶時,數字科技公司會在賣方確認交付虛擬寶物等商品後扣除手續費,再將賣方應得款項交給賣方,因為在上開過程中必然會發生資金留於數字科技公司帳戶內之情形,一般在電子商務法制上稱為沉澱資金,這種資金暫留不是儲值;在電子商務中必須釐清有金流、物流、資訊流三個概念,金流是如何付款收款、資訊流是電子商務環境中買賣雙方不會見面,必須有公正資訊機制供平台及買賣雙方對帳,本案「T點」其實與金流毫無關係,它呈現的是資訊流上的對帳結果,只是消費者不可能看懂電腦程式上0與1代碼,因此為讓消費者看懂交易結果,才會以「T點」方式對應實體金流方式呈現,事實上「T點」本身並不具備儲值或運算功能。

（三）另公訴意旨認被告三人均涉犯修正前電子票證發行管理條例第30條第1項後段之未經主管機關核准而發行電子票證發行管理條例所規定之電子票證且犯罪所得達新臺幣1億元以上之罪嫌,且因電子支付機構管理條例於104年5月3日公布施行,為電子票證發行管理條例之特別法,經比較適用,應論以電子支付機構管理條例第44條第1項之非電子支付機構擅自經營該條例第3條第1項第2款、第3款業務罪嫌,電子支付機構管理條例係於104年5月3日公布施行,而公訴意旨所指稱之數字科技公司經營8591網站之違反修正前電子票證發行管理條例期間為98年1月23日至102年2月底,依法律不得溯及既往之罪刑法定原則,本案並無電子支付機構管理條例之適用;新北地方法院針對電子票證發行管理條例規範構成要件逐一檢視後,在電子票證所應具備儲值、計算功能一項,就已經否定與本件「T點」相合,其餘要件經檢視也不成立,檢察官上訴亦未就其餘構成要件部分再論述,故應認定被告並無違反檢察官所指之違反電子票證發行管理條例之犯罪行為,數字科技公司供會員使用之「T點」非電子票證發行管理條例所規定之電子票證,因無電子票證存在,上訴駁回,被告無罪

確定[8]。

第四節　本案評論

數字科技公司於公訴意旨所指期間，經營8591網站提供「T點」予其會員使用，然「T點」（含會員虛擬帳號）並非「電子票證發行管理條例」第3條第1款規定之電子票證，縱使被告有於公訴意旨所指期間參與數字科技公司經營8591網站有關「T點」（含會員虛擬帳號）使用之業務，然渠等所為與電子票證發行管理條例第30條第1項後段規定之未經主管機關核准擅自發行電子票證，且犯罪所得達新臺幣1億元以上罪之構成要件有間。

復基於法律不溯及既往及罪刑法定原則，更不能以生效日期在後之「電子支付機構管理條例」第44條第1項之非電子支付機構擅自經營該條例第3條第1項第2款、第3款業務罪，對被告課以刑罰制裁，是公訴意旨所指稱之被告所為，為法律不罰之行為。

法律係社會生活之規範，為全體社會構成分子而設，故須以通常意義而為解釋，惟若涉及法律專業概念之用語，自應以其特有之法律概念而為解釋；法律條文在法律體系上之地位，應依其編章節條項款之前後關連位置，或相關法條之法意，闡明規範意旨，為維護整個法律體系之一貫及概念用語之一致，使法律體系完整順暢而不生衝突；解釋法律應以貫徹法律目的為主要任務，而法律之目的有於法律中予以明定者，有雖於法律中未

8　參閱最高法院89年度台上第2373號判決意旨：「按不能證明被告犯罪或其行為不罰者，依刑事訴訟法第301條第1項規定，應諭知無罪之判決。故無罪之原因，可分為不能證明被告犯罪與行為不罰二種情形，前者係因被告被訴犯罪，尚缺乏確切之積極證據足以證明被告犯罪，基於證據裁判主義及無辜推定原則，自應諭知無罪之判決，以免抑；後者之行為不罰，除該行為具有阻卻違法性之事由，如依法令之行為，業務上之正當行為，正當防衛行為與緊急避難行為，及具有阻卻責任性之事由，如未滿14歲之人與心神喪失人之行為，而由法律明文規定不予處罰外，實務上，尚包括行為本身不成立犯罪，換言之，法院所確認被告之行為，在實體法上因未有處罰規定，而屬不罰行為之情形在內，亦皆應予判決無罪。」

設規定，惟可直接從法律名稱中覓其目的者，若不能從前開情形獲知法律目的為何，則應分析、整合法律多數個別規定所欲實踐之基本價值判斷，從中得出法律目的為何，法律目的在維持整個法律秩序的體系性，個別規定或多數規定均受此一目的之支配，所有之解釋不能與此目的相違[9]。

　　本案主管機關金管會及新北地檢署在偵辦本案中對於法律的解釋似有違背法律的目的性，整合法律卻未實踐法律基本價值之裁判，尤以對於新創電子商務相關之電子科技發展欠缺基本之認識，按刑法解釋乃指為達成正確運用抽象之刑法條款，以科處犯罪行為人的目的，探求或闡明刑法條文的正確意義，對於犯罪之法律要件、法律效果及犯罪追訴條件之範圍，在解釋原則上，不得超出法條文字所容許之範圍，應於文義範圍內，綜合立法目的、歷史及體系等解釋方法，作出最適當解釋，以免不當擴大刑罰範圍，進而影響刑法的安定性及明確性[10]。尤以刑罰係以國家強制力為後盾，動輒以剝奪人民生命、自由及財產權利為手段之制裁，自應嚴格要求其規範內容應明確，此即「罪刑法定主義」作為刑法規範基本原則之根本意義所在。而刑罰既係國家最嚴峻之權力作用，在刑事司法上，自應慎重用刑及慎防刑法之濫用，以避免人民遭受難以預測之損害。本案前後進行四年有餘始獲得平反，使得電子商務行動支付領域內之廠商，在其擴展新興科技實務上都存在著若干陰影。所幸因本案之故，政府於2017年12月29日快速制定「金融科技發展與創新實驗條例」（監理沙盒Financial Regulatory Sandbox[11]）及時解除我國電子科技發展之困境與障礙，此困境

---

9 法律解釋方法，有文義解釋、體系解釋、歷史解釋、比較解釋、目的解釋及合憲解釋（後五者合稱為論理解釋），藉以探究立法旨趣。若法律條文之文義明確，無複數解釋之可能性時，僅能為文義解釋，但若有複數解釋之可能性時，即應繼以論理解釋，就法律條文文義上可能之意義，加以限定之操作。一般而言，單以文義解釋，尚難確定法律條文之真正意義，蓋僅為文義解釋易拘泥於法律條文所用字句，而誤解或曲解法律條文的意義，通常情形，尚須就法律與法律之間關係、立法精神、社會變動情事加以考慮，藉以確定法律條文之意義，此即生論理解釋之問題，故典型之解釋方法，是先依文義解釋，而後再繼以論理解釋，惟論理解釋，始於文義解釋，而其終也，亦不能超過其可能之文義。

10 最高法院106年度台非字第21號、106年台非字第223號判決意旨參照。

11 FinTech業者引頸期盼、俗稱金融監理沙盒的「金融科技發展與創新實驗條例」，2017年12月29日完成修法三讀，讓我國成為繼英國、新加坡、澳洲和香港後，第五個擁有監理

正如近日來部分國民遭受酒醉駕車奪取其生命，換來社會對酒醉駕車重懲之立法共識。

沙盒制度的國家，也是首個將監理沙盒機制入法的國家。「沙盒」一詞源自軟體工程，指於軟體開發過程中，為測試程式碼，建立一個與正式環境隔絕的獨立測試環境。 在金融領域中，「監管沙盒」指對於想從事銀行、證券或保險等業務，但又「非」金融業者，提供一個安全試驗的場所。新創公司只要在沙盒內，即可以測試自己的創新服務、商業模式，並且暫時享有金融相關的「法規豁免」權，此種模式就被稱為監管沙盒在此過程中，業者不必擔心業務遊走法規灰色地帶或不合法，是政府為了因應金融科技的快速發展而制定出來的機制。（來源：數位時代、How-To Geek）

附　錄

一、票據法

1. 民國18年10月30日國民政府制定公布全文139條

2. 民國43年5月14日總統令修正公布第123條條文

3. 民國49年3月31日總統令修正公布全文145條

4. 民國62年5月28日總統令修正公布第6、8、11、13、14、16、18、19、22、23、25、29、30～34、37、41、46、47、49、64、65、67、71、73、76、85～87、99～101、111、114、116、120、124、125、128、130、131、135、138、139、141、144、145條條文；並增訂第146條條文

5. 民國66年7月23日總統令修正公布第4、127、139、141條條文

6. 民國75年6月29日總統令修正公布第4、127、139條條文；並增訂第144-1條條文

7. 民國76年6月29日總統令公布刪除第144-1條條文

    財政部及法務部會銜公告第141、142條之施行期限，已於75年12月31日屆滿，當然廢止

8. 民國101年6月25日行政院公告第4條第2項所列屬「財政部」之權責事項，經行政院公告自93年7月1日起變更為「行政院金融監督管理委員會」管轄，自101年7月1日起改由「金融監督管理委員會」管轄

第一章　通則

第1條（票據之種類）

本法所稱票據，為匯票、本票及支票。

第2條（匯票之定義）

稱匯票者，謂發票人簽發一定之金額，委託付款人於指定之到期日，無條件支付與受款人或執票人之票據。

第3條（本票之定義）

稱本票者，謂發票人簽發一定之金額，於指定之到期日，由自己無條件支付與受款人或執票人之票據。

第4條（支票、金融業之定義）

①稱支票者，謂發票人簽發一定之金額，委託金融業者於見票時，無條件支付與
　受款人或執票人之票據。

②前項所稱金融業者，係指經財政部核准辦理支票存款業務之銀行、信用合作
　社、農會及漁會。

第5條（簽名人責任）

①在票據上簽名者，依票上所載文義負責。

②二人以上共同簽名時，應連帶負責。

第6條（蓋章代簽名）

票據上之簽名，得以蓋章代之。

第7條（確定金額之標準）

票據上記載金額之文字與號碼不符時，以文字為準。

第8條（票據行為之獨立性）

票據上雖有無行為能力人或限制行為能力人之簽名，不影響其他簽名之效力。

第9條（隱名代理）

代理人未載明為本人代理之旨而簽名於票據者，應自負票據上之責任。

第10條（無代理權與越權代理）

①無代理權而以代理人名義簽名於票據者，應自負票據上之責任。

②代理人逾越權限時，就其權限外之部分，亦應自負票據上之責任。

第11條（要式性、空白授權票據、改寫）

①欠缺本法所規定票據上應記載事項之一者，其票據無效。但本法別有規定者，
　不在此限。

②執票人善意取得已具備本法規定應記載事項之票據者，得依票據文義行使權
　利；票據債務人不得以票據原係欠缺應記載事項為理由，對於執票人，主張票
　據無效。

③票據上之記載，除金額外，得由原記載人於交付前改寫之。但應於改寫處簽
　名。

第12條（不生票據上效力之記載）

票據上記載本法所不規定之事項者，不生票據上之效力。

第13條（票據抗辯）

票據債務人，不得以自己與發票人或執票人之前手間所存抗辯之事由，對抗執票人。但執票人取得票據出於惡意者，不在此限。

第14條（善意取得）

①以惡意或有重大過失取得票據者，不得享有票據上之權利。

②無對價或以不相當之對價取得票據者，不得享有優於其前手之權利。

第15條（票據之偽造及簽名之偽造）

票據之偽造或票上簽名之偽造，不影響於真正簽名之效力。

第16條（票據之變造）

①票據經變造時，簽名在變造前者，依原有文義負責；簽名在變造後者，依變造文義負責；不能辨別前後時，推定簽名在變造前。

②前項票據變造，其參與或同意變造者，不論簽名在變造前後，均依變造文義負責。

第17條（票據之塗銷）

票據上之簽名或記載被塗銷時，非由票據權利人故意為之者，不影響於票據上之效力。

第18條（止付通知）

①票據喪失時，票據權利人得為止付之通知。但應於提出止付通知後五日內，向付款人提出已為聲請公示催告之證明。

②未依前項但書規定辦理者，止付通知失其效力。

第19條（公示催告）

①票據喪失時，票據權利人得為公示催告之聲請。

②公示催告程序開始後，其經到期之票據，聲請人得提供擔保，請求票據金額之支付；不能提供擔保時，得請求將票據金額依法提存。其尚未到期之票據，聲請人得提供擔保，請求給與新票據。

第20條（行使或保全票據上權利之處所）

為行使或保全票據上權利，對於票據關係人應為之行為，應在票據上指定之處所為之；無指定之處所者，在其營業所為之；無營業所者，在其住所或居所為之。票據關係人之營業所、住所或居所不明時，因作成拒絕證書，得請求法院公證處、商會或其他公共會所，調查其人之所在；若仍不明時，得在該法院公證處、

商會或其他公共會所作成之。

第21條（行使或保全票據上權利之時間）

為行使或保全票據上權利，對於票據關係人應為之行為，應於其營業日之營業時間內為之；如其無特定營業日或未訂有營業時間者，應於通常營業日之營業時間內為之。

第22條（票據時效、利益償還請求權）

①票據上之權利，對匯票承兌人及本票發票人，自到期日起算；見票即付之本票，自發票日起算，三年間不行使，因時效而消滅。對支票發票人自發票日起算，一年間不行使，因時效而消滅。

②匯票、本票之執票人，對前手之追索權，自作成拒絕證書日起算，一年間不行使，因時效而消滅。支票之執票人，對前手之追索權，四個月間不行使，因時效而消滅。其免除作成拒絕證書者：匯票、本票自到期日起算；支票自提示日起算。

③匯票、本票之背書人，對於前手之追索權，自為清償之日或被訴之日起算，六個月間不行使，因時效而消滅。支票之背書人，對前手之追索權，二個月間不行使，因時效而消滅。

④票據上之債權，雖依本法因時效或手續之欠缺而消滅，執票人對於發票人或承兌人，於其所受利益之限度，得請求償還。

第23條（黏單）

①票據餘白不敷記載時，得黏單延長之。

②黏單後第一記載人，應於騎縫上簽名。

第二章　匯票

第一節　發票及款式

第24條（匯票應記載事項）

①匯票應記載左列事項，由發票人簽名：

　一、表明其為匯票之文字。

　二、一定之金額。

　三、付款人之姓名或商號。

　四、受款人之姓名或商號。

　　五、無條件支付之委託。

　　六、發票地。

　　七、發票年、月、日。

　　八、付款地。

　　九、到期日。

②未載到期日者，視為見票即付。

③未載付款人者，以發票人為付款人。

④未載受款人者，以執票人為受款人。

⑤未載發票地者，以發票人之營業所、住所或居所所在地為發票地。

⑥未載付款地者，以付款人之營業所、住所或居所所在地為付款地。

第25條（變則匯票）

①發票人得以自己或付款人為受款人，並得以自己為付款人。

②匯票未載受款人者，執票人得於無記名匯票之空白內，記載自己或他人為受款
　人，變更為記名匯票。

第26條（擔當付款人、預備付款人）

①發票人得於付款人外，記載一人為擔當付款人。

②發票人亦得於付款人外，記載在付款地之一人為預備付款人。

第27條（付款處所）

發票人得記載在付款地之付款處所。

第28條（利息及利率）

①發票人得記載對於票據金額支付利息及其利率。

②利率未經載明時，定為年利六釐。

③利息自發票日起算。但有特約者，不在此限。

第29條（發票人之責任）

①發票人應照匯票文義擔保承兌及付款。但得依特約免除擔保承兌之責。

②前項特約，應載明於匯票。

③匯票上有免除擔保付款之記載者，其記載無效。

第二節　背書

第30條（轉讓方式與禁止轉讓）

①匯票依背書及交付而轉讓。無記名匯票得僅依交付轉讓之。

②記名匯票發票人有禁止轉讓之記載者，不得轉讓。

③背書人於票上記載禁止轉讓者，仍得依背書而轉讓之。但禁止轉讓者，對於禁止後再由背書取得匯票之人，不負責任。

第31條（背書之處所與種類）

①背書由背書人在匯票之背面或其黏單上為之。

②背書人記載被背書人，並簽名於匯票者，為記名背書。

③背書人不記載被背書人，僅簽名於匯票者，為空白背書。

④前兩項之背書，背書人得記載背書之年、月、日。

第32條（空白背書匯票之轉讓方式）

①空白背書之匯票，得依匯票之交付轉讓之。

②前項匯票，亦得以空白背書或記名背書轉讓之。

第33條（空白背書匯票之轉讓方式）

匯票之最後背書為空白背書者，執票人得於該空白內，記載自己或他人為被背書人，變更為記名背書，再為轉讓。

第34條（回頭背書）

①匯票得讓與發票人、承兌人、付款人或其他票據債務人。

②前項受讓人，於匯票到期日前，得再為轉讓。

第35條（預備付款人）

背書人得記載在付款地之一人為預備付款人。

第36條（一部背書、分別背書轉讓、附條件背書）

就匯票金額之一部分所為之背書，或將匯票金額分別轉讓於數人之背書，不生效力。背書附記條件者，其條件視為無記載。

第37條（背書之連續與塗銷之背書）

①執票人應以背書之連續，證明其權利。但背書中有空白背書時，其次之背書人，視為前空白背書之被背書人。

②塗銷之背書，不影響背書之連續者，對於背書之連續，視為無記載。

③塗銷之背書，影響背書之連續者，對於背書之連續，視為未塗銷。

第38條（故意塗銷背書）

執票人故意塗銷背書者，其被塗銷之背書人，及其被塗銷背書人名次之後而於未塗銷以前為背書者，均免其責任。

第39條（背書人責任）

第29條之規定，於背書人準用之。

第40條（委任取款背書）

①執票人以委任取款之目的而為背書時，應於匯票上記載之。

②前項被背書人，得行使匯票上一切權利，並得以同一目的更為背書。

③其次之被背書人所得行使之權利，與第一被背書人同。

④票據債務人，對於受任人所得提出之抗辯，以得對抗委任人者為限。

第41條（期後背書）

①到期日後之背書，僅有通常債權轉讓之效力。

②背書未記明日期者，推定其作成於到期日前。

第三節　承兌

第42條（提示承兌之時期）

執票人於匯票到期日前，得向付款人為承兌之提示。

第43條（承兌之格式）

承兌應在匯票正面記載承兌字樣，由付款人簽名。付款人僅在票面簽名者，視為承兌。

第44條（指定及禁止承兌之期限）

①除見票即付之匯票外，發票人或背書人，得在匯票上為應請求承兌之記載，並得指定其期限。

②發票人得為於一定日期前，禁止請求承兌之記載。

③背書人所定應請求承兌之期限，不得在發票人所定禁止期限之內。

第45條（法定承兌期限）

①見票後定期付款之匯票，應自發票日起六個月內為承兌之提示。

②前項期限，發票人得以特約縮短或延長之。但延長之期限，不得逾六個月。

第46條（承兌日）

①見票後定期付款之匯票，或指定請求承兌期限之匯票，應由付款人在承兌時，

　　記載其日期。

②承兌日期未經記載時，承兌仍屬有效。但執票人得請作成拒絕證書，證明承兌
　　日期；未作成拒絕證書者，以前條所許或發票人指定之承兌期限之末日為承兌
　　日。

第47條（一部承兌、附條件承兌）

①付款人承兌時，經執票人之同意，得就匯票金額之一部分為之。但執票人應將
　　事由通知其前手。

②承兌附條件者，視為承兌之拒絕。但承兌人仍依所附條件負其責任。

第48條（承兌之延期）

付款人於執票人請求承兌時，得請其延期為之。但以三日為限。

第49條（擔當付款人之指定、塗銷與變更）

①付款人於承兌時，得指定擔當付款人。

②發票人已指定擔當付款人者，付款人於承兌時，得塗銷或變更之。

第50條（付款處所）

付款人於承兌時，得於匯票上記載付款地之付款處所。

第51條（承兌之撤銷）

付款人雖在匯票上簽名承兌，未將匯票交還執票人以前，仍得撤銷其承兌。但已
向執票人或匯票簽名人以書面通知承兌者，不在此限。

第52條（承兌之效力）

①付款人於承兌後，應負付款之責。

②承兌人到期不付款者，執票人雖係原發票人，亦得就第97條及第98條所定之金
　　額，直接請求支付。

第四節　參加承兌

第53條（請求參加承兌之時期與對象）

①執票人於到期日前得行使追索權時，匯票上指定有預備付款人者，得請求其為
　　參加承兌。

②除預備付款人與票據債務人外，不問何人，經執票人同意，得以票據債務人中
　　之一人為被參加人，而為參加承兌。

第54條（參加承兌之記載事項）

①參加承兌，應在匯票正面記載左列各款，由參加承兌人簽名：

　一、參加承兌之意旨。

　二、被參加人姓名。

　三、年、月、日。

②未記載被參加人者，視為為發票人參加承兌。

③預備付款人為參加承兌時，以指定預備付款人之人為被參加人。

第55條（參加之通知與怠於通知之效果）

①參加人非受被參加人之委託而為參加者，應於參加後四日內，將參加事由通知
　被參加人。

②參加人怠於為前項通知因而發生損害時，應負賠償之責。

第56條（參加承兌之效力）

①執票人允許參加承兌後，不得於到期日前行使追索權。

②被參加人及其前手，仍得於參加承兌後，向執票人支付第97條所定金額，請其
　交出匯票及拒絕證書。

第57條（參加承兌人之責任）

付款人或擔當付款人，不於第69條及第70條所定期限內付款時，參加承兌人應負
支付第97條所定金額之責。

第五節　保證

第58條（保證人之資格）

①匯票之債務，得由保證人保證之。

②前項保證人，除票據債務人外，不問何人，均得為之。

第59條（保證之格式）

①保證應在匯票或其謄本上記載左列各款，由保證人簽名：

　一、保證人之意旨。

　二、被保證人姓名。

　三、年、月、日。

②保證未載明年、月、日者，以發票年、月、日為年、月、日。

第60條（被保證人之擬制）

保證未載明被保證人者，視為為承兌人保證；其未經承兌者，視為為發票人保證。但得推知其為何人保證者，不在此限。

第61條（保證人之責任）

①保證人與被保證人負同一責任。

②被保證人之債務縱為無效，保證人仍負擔其義務。但被保證人之債務，因方式之欠缺而為無效者，不在此限。

第62條（共同保證之責任）

二人以上為保證時，均應連帶負責。

第63條（一部保證）

保證得就匯票金額之一部分為之。

第64條（保證人之權利）

保證人清償債務後，得行使執票人對承兌人、被保證人及其前手之追索權。

第六節　到期日

第65條（到期日）

①匯票之到期日，應依左列各式之一定之：

　一、定日付款。

　二、發票日後定期付款。

　三、見票即付。

　四、見票後定期付款。

②分期付款之匯票，其中任何一期，到期不獲付款時，未到期部分，視為全部到期。

③前項視為到期之匯票金額中所含未到期之利息，於清償時，應扣減之。

④利息經約定於匯票到期日前分期付款者，任何一期利息到期不獲付款時，全部匯票金額視為均已到期。

第66條（見票即付匯票之到期日）

①見票即付之匯票，以提示日為到期日。

②第45條之規定，於前項提示準用之。

第67條（見票後定期付款匯票之到期日）

①見票後定期付款之匯票，依承兌日或拒絕承兌證書作成日，計算到期日。

②匯票經拒絕承兌而未作成拒絕承兌證書者，依第45條所規定承兌提示期限之末
日，計算到期日。

第68條（期間之計算方法）

①發票日後或見票日後一個月或數個月付款之匯票，以在應付款之月與該日期相
當之日為到期日；無相當日者，以該月末日為到期日。

②發票日後或見票日後一個月半或數個月半付款之匯票，應依前項規定，計算全
月後加十五日，以其末日為到期日。

③票上僅載月初、月中、月底者，謂月之一日、十五日、末日。

第七節　付款

第69條（提示付款時期及對象）

①執票人應於到期日或其後二日內，為付款之提示。

②匯票上載有擔當付款人者，其付款之提示，應向擔當付款人為之。

③為交換票據向票據交換所提示者，與付款之提示有同一效力。

第70條（付款日期）

付款經執票人之同意，得延期為之。但以提示後三日為限。

第71條（付款人之審查責任）

①付款人對於背書不連續之匯票而付款者，應自負其責。

②付款人對於背書簽名之真偽，及執票人是否票據權利人，不負認定之責。但有
惡意或重大過失時，不在此限。

第72條（期前付款）

①到期日前之付款，執票人得拒絕之。

②付款人於到期日前付款者，應自負其責。

第73條（一部付款）

一部分之付款，執票人不得拒絕。

第74條（匯票之繳回性）

①付款人付款時，得要求執票人記載收訖字樣簽名為證，並交出匯票。

②付款人為一部分之付款時，得要求執票人在票上記載所收金額，並另給收據。

第75條（支付之貨幣）

①表示匯票金額之貨幣，如為付款地不通用者，得依付款日行市，以付款地通用之貨幣支付之。但有特約者，不在此限。

②表示匯票金額之貨幣，如在發票地與付款地名同價異者，推定其為付款地之貨幣。

第76條（匯票金額之提存）

執票人在第69條所定期限內，不為付款之提示時，票據債務人得將匯票金額依法提存；其提存費用，由執票人負擔之。

第八節　參加付款

第77條（參加付款之期限）

參加付款，應於執票人得行使追索權時為之。但至遲不得逾拒絕證明作成期限之末日。

第78條（得參加付款人與拒絕參加付款之效果）

①參加付款，不問何人，均得為之。

②執票人拒絕參加付款者，對於被參加人及其後手喪失追索權。

第79條（參加付款之提示）

①付款人或擔當付款人，不於第69條及第70條所定期限內付款者，有參加承兌人時，執票人應向參加承兌人為付款之提示；無參加承兌人而有預備付款人時，應向預備付款人為付款之提示。

②參加承兌人或預備付款人，不於付款提示時為清償者，執票人應請作成拒絕付款證書之機關，於拒絕證書上載明之。

③執票人違反前二項規定時，對於被參加人與指定預備付款人之人及其後手，喪失追索權。

第80條（優先參加人）

①請為參加付款者有數人時，其能免除最多數之債務者，有優先權。

②故意違反前項規定為參加付款者，對於因之未能免除債務之人，喪失追索權。

③能免除最多數之債務者有數人時，應由受被參加人之委託者或預備付款人參加之。

第81條（參加付款之金額）

參加付款，應就被參加人應支付金額之全部為之。

第82條（參加付款之程序）

①參加付款，應於拒絕付款證書內記載之。

②參加承兌人付款，以被參加承兌人為被參加付款人。預備付款人付款，以指定預備付款人之人為被參加付款人。

③無參加承兌人或預備付款人，而匯票上未記載被參加付款人者，以發票人為被參加付款人。

④第55條之規定，於參加付款準用之。

第83條（匯票之繳回性）

①參加付款後，執票人應將匯票及收款清單交付參加付款人，有拒絕證書者，應一併交付之。

②違反前項之規定者，對於參加付款人，應負損害賠償之責。

第84條（參加付款之效力）

①參加付款人，對於承兌人、被參加付款人及其前手，取得執票人之權利。但不得以背書更為轉讓。

②被參加付款人之後手，因參加付款而免除債務。

第九節　追索權

第85條（到期追索與期前追索）

①匯票到期不獲付款時，執票人於行使或保全匯票上權利之行為後，對於背書人、發票人及匯票上其他債務人，得行使追索權。

②有左列情形之一者，雖在到期日前，執票人亦得行使前項權利：

一、匯票不獲承兌時。

二、付款人或承兌人死亡、逃避或其他原因，無從為承兌或付款提示時。

三、付款人或承兌人受破產宣告時。

第86條（拒絕證書之作成）

①匯票全部或一部不獲承兌或付款或無從為承兌或付款提示時，執票人應請求作成拒絕證書證明之。

②付款人或承兌人在匯票上記載提示日期，及全部或一部承兌或付款之拒絕，經

其簽名後，與作成拒絕證書有同一效力。

③付款人或承兌人之破產，以宣告破產裁定之正本或節本證明之。

第87條（作成拒絕證書之期限）

①拒絕承兌證書，應於提示承兌期限內作成之。

②拒絕付款證書，應以拒絕付款日或其後五日內作成之。但執票人允許延期付款時，應於延期之末日，或其後五日內作成之。

第88條（已作成拒絕承兌證書效果）

拒絕承兌證書作成後，無須再為付款提示，亦無須再請求作成付款拒絕證書。

第89條（拒絕事由之通知）

①執票人應於拒絕證書作成後四日內，對於背書人、發票人及其他匯票上債務人，將拒絕事由通知之。

②如有特約免除作成拒絕證書者，執票人應於拒絕承兌或拒絕付款後四日內，為前項之通知。

③背書人應於收到前項通知後四日內，通知其前手。

④背書人未於票據上記載住所或記載不明時，其通知對背書人之前手為之。

第90條（通知義務之免除）

發票人、背書人及匯票上其他債務人，得於第89條所定通知期限前，免除執票人通知之義務。

第91條（通知方法）

①通知得用任何方法為之。但主張於第89條所定期限內曾為通知者，應負舉證之責。

②付郵遞送之通知，如封面所記被通知人之住所無誤，視為已經通知。

第92條（因不可抗力違誤通知之補救）

①因不可抗力，不能於第89條所定期限內將通知發出者，應於障礙中止後四日內行之。

②證明於第89條所定期間內已將通知發出者，認為遵守通知期限。

第93條（怠於通知之效果）

不於第89條所定期限內為通知者，仍得行使追索權。但因其怠於通知發生損害時，應負賠償之責；其賠償金額，不得超過匯票金額。

第94條（免除作成拒絕證書）

①發票人或背書人，得為免除作成拒絕證書之記載。

②發票人為前項記載時，執票人得不請求作成拒絕證書，而行使追索權。但執票人仍請求作成拒絕證書時，應自負擔其費用。

③背書人為第一項記載時，僅對於該背書人發生效力。執票人作成拒絕證書者，得向匯票上其他簽名人要求償還其費用。

第95條（提示義務）

匯票上雖有免除作成拒絕證書之記載，執票人仍應於所定期限內為承兌或付款之提示。但對於執票人主張未為提示者，應負舉證之責。

第96條（票據債務人責任）

①發票人、承兌人、背書人及其他票據債務人，對於執票人連帶負責。

②執票人得不依負擔債務之先後，對於前項債務人之一人或數人或全體行使追索權。

③執票人對於債務人之一人或數人已為追索者，對於其他票據債務人，仍得行使追索權。

④被追索者已為清償時，與執票人有同一權利。

第97條（得追索之金額）

①執票人向匯票債務人行使追索權時，得要求左列金額：

　　一、被拒絕承兌或付款之匯票金額，如有約定利息者，其利息。

　　二、自到期日起如無約定利率者，依年利六釐計算之利息。

　　三、作成拒絕證書與通知及其他必要費用。

②於到期日前付款者，自付款日至到期日前之利息，應由匯票金額內扣除。無約定利率者，依年利六釐計算。

第98條（再追索之金額）

①為第97條之清償者，得向承兌人或前手要求左列金額：

　　一、所支付之總金額。

　　二、前款金額之利息。

　　三、所支出之必要費用。

②發票人為第97條之清償者，向承兌人要求之金額同。

第99條（回頭背書匯票之追索權）

①執票人為發票人時，對其前手無追索權。

②執票人為背書人時，對該背書之後手無追索權。

第100條（被追索人之權利）

①匯票債務人為清償時，執票人應交出匯票。有拒絕證書時，應一併交出。

②匯票債務人為前項清償，如有利息及費用者，執票人應出具收據及償還計算書。

③背書人為清償時，得塗銷自己及其後手之背書。

第101條（一部承兌時之追索）

匯票金額一部分獲承兌時，清償未獲承兌部分之人，得要求執票人在匯票上記載其事由，另行出具收據，並交出匯票之謄本及拒絕承兌證書。

第102條（發行回頭匯票之追索）

①有追索權者，得以發票人或前背書人之一人或其他票據債務人為付款人，向其住所所在地發見票即付之匯票。但有相反約定時，不在此限。

②前項匯票之金額，於第97條及第98條所列者外，得加經紀費及印花稅。

第103條（回頭匯票金額之決定）

①執票人依第102條之規定發匯票時，其金額依原匯票付款地匯往前手所在地之見票即付匯票之市價定之。

②背書人依第102條之規定發匯票時，其金額依其所在地匯往前手所在地之見票即付匯票之市價定之。

③前二項市價，以發票日之市價為準。

第104條（追索權之喪失）

①執票人不於本法所定期限內為行使或保全匯票上權利之行為者，對於前手喪失追索權。

②執票人不於約定期限內為前項行為者，對於該約定之前手喪失追索權。

第105條（遇不可抗力事變之處置）

①執票人因不可抗力之事變，不能於所定期限內為承兌或付款之提示，應將其事由從速通知發票人、背書人及其他票據債務人。

②第89條至第93條之規定，於前項通知準用之。

③不可抗力之事變終止後，執票人應即對付款人提示。

④如事變延至到期日後三十日以外時，執票人得逕行使追索權，無須提示或作成
拒絕證書。

⑤匯票為見票即付或見票後定期付款者，前項三十日之期限，自執票人通知其前
手之日起算。

第十節　拒絕證書

第106條（拒絕證書作成機關）

拒絕證書，由執票人請求拒絕承兌地或拒絕付款地之法院公證處、商會或銀行公
會作成之。

第107條（應記載事項）

拒絕證書，應記載左列各款，由作成人簽名，並蓋作成機關之印章：

一、拒絕者及被拒絕者之姓名或商號。

二、對於拒絕者，雖為請求未得允許之意旨，或不能會晤拒絕者之事由，或其營
業所、住所或居所不明之情形。

三、為前款請求，或不能為前款請求之地及其年、月、日。

四、於法定處所外作成拒絕證書時，當事人之合意。

五、有參加承兌時或參加付款時，參加之種類及參加人，並被參加人之姓名或商
號。

六、拒絕證書作成之處所及其年、月、日。

第108條（付款拒絕證書之製作）

①付款拒絕證書，應在匯票或其黏單上作成之。

②匯票有複本或謄本者，於提示時，僅須在複本之一份或原本或其黏單上作成
之。但可能時，應在其他複本之各份或謄本上記載已作拒絕證書之事由。

第109條（其他拒絕證書之製作）

付款拒絕證書以外之拒絕證書，應照匯票或其謄本作成抄本，在該抄本或其黏單
上作成之。

第110條（拒絕交還原本時證書之記載處所）

執票人以匯票之原本請求承兌或付款而被拒絕，並未經返還原本時，其拒絕證
書，應在謄本或其黏單上作成之。

第111條（記載位置）

①拒絕證書應接續匯票上、複本上或謄本上原有之最後記載作成之。

②在黏單上作成者，並應於騎縫處簽名。

第112條（作成份數）

對數人行使追索權時，祇須作成拒絕證書一份。

第113條（抄本）

①拒絕證書作成人，應將證書原本交付執票人，並就證書全文另作抄本存於事務
　所，以備原本滅失時之用。

②抄本與原本有同一效力。

第十一節　複本

第114條（複本之發行及份數）

①匯票之受款人，得自負擔其費用，請求發票人發行複本。但受款人以外之執票
　人，請求發行複本時，須依次經由其前手請求之，並由其前手在各複本上，為
　同樣之背書。

②前項複本，以三份為限。

第115條（複本之款式）

複本應記載同一文句，標明複本字樣，並編列號數。未經標明複本字樣，並編列
號數者，視為獨立之匯票。

第116條（複本之效力）

①就複本之一付款時，其他複本失其效力。但承兌人對於經其承兌而未收回之複
　本，應負其責。

②背書人將複本分別轉讓於二人以上時，對於經其背書而未收回之複本，應負其
　責。

③將複本各份背書轉讓與同一人者，該背書人為償還時，得請求執票人交出複本
　之各份。但執票人已立保證或提供擔保者，不在此限。

第117條（提示承兌與行使追索權）

①為提示承兌送出複本之一者，應於其他各份上載明接收人之姓名或商號及住
　址。

②匯票上有前項記載者，執票人得請求接收人交還其所接收之複本。

③接收人拒絕交還時，執票人非以拒絕證書證明左列各款事項，不得行使追索權：

一、曾向接收人請求交還此項複本，而未經其交還。

二、以他複本為承兌或付款之提示，而不獲承兌或付款。

第十二節　謄本

第118條（謄本之製作與效力）

①執票人有作成匯票謄本之權利。

②謄本應標明謄本字樣，謄寫原本上之一切事項，並註明迄於何處為謄寫部分。

③執票人就匯票作成謄本時，應將已作成謄本之旨，記載於原本。

④背書及保證，亦得在謄本上為之，與原本上所為之背書及保證有同一效力。

第119條（使用謄本之時機與方式）

①為提示承兌送出原本者，應於謄本上載明原本接收人之姓名或商號及其住址。

②匯票上有前項記載者，執票人得請求接收人交還原本。

③接收人拒絕交還時，執票人非將曾向接收人請求交還原本而未經其交還之事由，以拒絕證書證明，不得行使追索權。

第三章　本票

第120條（本票之應記載事項）

①本票應記載左列事項，由發票人簽名：

一、表明其為本票之文字。

二、一定之金額。

三、受款人之姓名或商號。

四、無條件擔任支付。

五、發票地。

六、發票年、月、日。

七、付款地。

八、到期日。

②未載到期日者，視為見票即付。

③未載受款人者，以執票人為受款人。

④未載發票地者，以發票人之營業所、住所或居所所在地為發票地。

⑤未載付款地者，以發票地為付款地。

⑥見票即付，並不記載受款人之本票，其金額須在五百元以上。

第121條（發票人之責任）

本票發票人所負責任，與匯票承兌人同。

第122條（見票後定期付款本票特別規定）

①見票後定期付款之本票，應由執票人向發票人為見票之提示，請其簽名，並記載見票字樣及日期；其提示期限，準用第45條之規定。

②未載見票日期者，應以所定提示見票期限之末日為見票日。

③發票人於提示見票時，拒絕簽名者，執票人應於提示見票期限內，請求作成拒絕證書。

④執票人依前項規定，作成見票拒絕證書後，無須再為付款之提示，亦無須再請求作成付款拒絕證書。

⑤執票人不於第45條所定期限內為見票之提示或作成拒絕證書者，對於發票人以外之前手，喪失追索權。

第123條（本票之強制執行）

執票人向本票發票人行使追索權時，得聲請法院裁定後強制執行。

第124條（關於準用匯票之規定）

第二章第一節第25條第2項、第26條第1項及第28條，關於發票人之規定；第二章第二節關於背書之規定，除第35條外，第二章第五節關於保證之規定；第二章第六節關於到期日之規定；第二章第七節關於付款之規定；第二章第八節關於參加付款之規定，除第79條及第82條第2項外；第二章第九節關於追索權之規定，除第87條第1項、第88條及第101條外；第二章第十節關於拒絕證書之規定；第二章第十二節關於謄本之規定，除第119條外；均於本票準用之。

第四章　支票

第125條（支票之應記載事項）

①支票應記載左列事項，由發票人簽名：

　一、表明其為支票之文字。

　二、一定之金額。

三、付款人之商號。

四、受款人之姓名或商號。

五、無條件支付之委託。

六、發票地。

七、發票年、月、日。

八、付款地。

②未載受款人者，以執票人為受款人。

③未載發票地者，以發票人之營業所、住所或居所為發票地。

④發票人得以自己或付款人為受款人，並得以自己為付款人。

第126條（發票人之責任）

發票人應照支票文義擔保支票之支付。

第127條（付款人之資格）

支票之付款人，以第4條所定之金融業者為限。

第128條（見票即付與遠期支票）

①支票限於見票即付，有相反之記載者，其記載無效。

②支票在票載發票日前，執票人不得為付款之提示。

第129條（轉帳或抵銷）

以支票轉帳或為抵銷者，視為支票之支付。

第130條（提示期限）

支票之執票人，應於左列期限內，為付款之提示：

一、發票地與付款地在同一省（市）區內者，發票日後七日內。

二、發票地與付款地不在同一省（市）區內者，發票日後十五日內。

三、發票地在國外，付款地在國內者，發票日後二個月內。

第131條（追索之要件）

①執票人於第130條所定提示期限內，為付款之提示而被拒絕時，對於前手得行使追索權。但應於拒絕付款日或其後五日內，請求作成拒絕證書。

②付款人於支票或黏單上記載拒絕文義及其年、月、日並簽名者，與作成拒絕證書，有同一效力。

第132條（喪失追索權之事由）

執票人不於第130條所定期限內為付款之提示，或不於拒絕付款日或其後五日內

請求作成拒絕證書者，對於發票人以外之前手，喪失追索權。

第133條（利息之請求）

執票人向支票債務人行使追索權時，得請求自為付款提示日起之利息。如無約定利率者，依年利六釐計算。

第134條（提示期限經過後發票人之責任）

發票人雖於提示期限經過後，對於執票人仍負責任。但執票人怠於提示，致使發票人受損失時，應負賠償之責；其賠償金額，不得超過票面金額。

第135條（撤銷付款委託之限制）

發票人於第130條所定期限內，不得撤銷付款之委託。

第136條（提示期限經過後之付款）

付款人於提示期限經過後，仍得付款。但有左列情事之一者，不在此限：

一、發票人撤銷付款之委託時。

二、發行滿一年時。

第137條（一部付款）

①付款人於發票人之存款或信用契約所約定之數不敷支付支票金額時，得就一部分支付之。

②前項情形，執票人應於支票上記明實收之數目。

第138條（保付支票）

①付款人於支票上記載照付或保付或其他同義字樣並簽名後，其付款責任，與匯票承兌人同。

②付款人於支票上已為前項之記載時，發票人及背書人免除其責任。

③付款人不得為存款額外或信用契約所約定數目以外之保付，違反者應科以罰鍰。但罰鍰不得超過支票金額。

④依第一項規定，經付款人保付之支票，不適用第18條、第130條及第136條之規定。

第139條（平行線支票）

①支票經在正面劃平行線二道者，付款人僅得對金融業者支付票據金額。

②支票上平行線內記載特定金融業者，付款人僅得對特定金融業者支付票據金額。但該特定金融業者為執票人時，得以其他金融業者為被背書人，背書後委託其取款。

③劃平行線支票之執票人，如非金融業者，應將該項支票存入其在金融業者之帳
　戶，委託其代為取款。

④支票上平行線內，記載特定金融業者，應存入其在該特定金融業者之帳戶，委
　託其代為取款。

⑤劃平行線之支票，得由發票人於平行線內記載照付現款或同義字樣，由發票人
　簽名或蓋章於其旁，支票上有此記載者，視為平行線之撤銷。但支票經背書轉
　讓者，不在此限。

第140條（付款人之賠償責任）

違反第139條之規定而付款者，應負賠償損害之責。但賠償金額不得超過支票金
額。

第141條（空頭支票之處罰）

①發票人無存款餘額又未經付款人允許墊借而簽發支票，經執票人提示不獲支付
　者，處三年以下有期徒刑、拘役或科或併科該支票面額以下之罰金。

②發票人簽發支票時，故意將金額超過其存數或超過付款人允許墊借之金額，經
　執票人提示不獲支付者，處三年以下有期徒刑、拘役或科或併科該不足金額以
　下之罰金。

③發票人於第130條所定之期限內，故意提回其存款之全部或一部或以其他不正
　當方法使支票不獲支付者，準用前二項之規定。

④前三項情形，移送法院辦法，由中央主管機關定之。

（中華民國75年12月31日施行期限屆滿）

第142條（連續犯規定之不適用）

依前條規定處罰之案件，不適用刑法第56條之規定。

（中華民國75年12月31日施行期限屆滿）

第143條（付款人之付款責任）

付款人於發票人之存款或信用契約所約定之數，足敷支付支票金額時，應負支付
之責。但收到發票人受破產宣告之通知者，不在此限。

第144條（準用匯票之規定）

第二章第一節第25條第2項關於發票人之規定；第二節關於背書之規定，除第35
條外；第二章第七節關於付款之規定，除第69條第1項、第2項、第70條、第72
條、第76條外；第二章第九節關於追索權之規定，除第85條第2項第1款、第2

款、第87條、第88條、第97條第1項第2款、第2項及第101條外；第二章第十節關於拒絕證書之規定，除第108條第2項、第109條及第110條外；均於支票準用之。

第五章　附則

第144條之1（刪除）

第145條（施行細則之制定）

本法施行細則，由行政院定之。

第146條（施行日）

本法自公布日施行。

二、票據法施行細則

1. 民國62年5月29日行政院令訂定發布全文17條
2. 民國63年1月21日行政院令修正發布第2條條文
3. 民國67年2月21日行政院令修正發布第2條條文；並刪除第13條條文
4. 民國75年12月30日行政院令修正發布第9、11條條文；並刪除第2、15、16條條文

第1條

本細則依票據法第145條規定訂定之。

第2條（刪除）

第3條

票據上之金額，以號碼代替文字記載，經使用機械辦法防止塗銷者，視同文字記載。

第4條

票據為不得享有票據上權利或票據權利應受限制之人獲得時，原票據權利人得依假處分程序，聲請法院為禁止占有票據之人向付款人請求付款之處分。

第5條

①票據權利人依本法第18條規定為止付之通知時，應填具掛失止付通知書、載明左列事項、通知付款人。

一、票據喪失經過。

二、喪失票據之類別、帳號、號碼、金額及其他有關記載。

三、通知止付人之姓名、年齡、住所，其為機關、團體者，應於通知書上加蓋正式印信。其為公司、行號者，應加蓋正式印章，並由負責人簽名。個人應記明國民身分證字號。票據權利人為發票人時，並應使用原留印鑑。

②付款人對通知止付之票據，應即查明，對無存款又未經允許墊借票據之止付通知，應不予受理。對存款不足或超過付款人允許墊借金額之票據，應先於其存款或允許墊借之額度內，予以止付。其後如再有存款或續允墊借時，仍應就原止付票據金額限度內，繼續予以止付。

③票據權利人就到期日前之票據為止付通知時，付款人應先予登記，俟到期日後，再依前項規定辦理。其以票載發票日前之支票為止付通知者，亦同。

④通知止付之票據如為業經簽名而未記載完成之空白票據，而於喪失後經補充記載完成者，準依前兩項規定辦理，付款人應就票載金額限度內予以止付。

⑤經止付之金額，應由付款人留存，非依本法第19條第2項之規定，或經占有票據之人及止付人之同意，不得支付或由發票人另行動用。

第6條

本法第18條、第19條規定，對業經付款人付款之票據不適用之。

第7條

①票據權利人雖曾依本法第18條第1項規定，向付款人為公示催告聲請之證明，但其聲請被駁回或撤回者，或其除權判決之聲請被駁回確定或撤回，或逾期未聲請除權判決者，仍有本法第18條第2項規定之適用。

②依本法第18條第2項規定止付通知失其效力者，同一人不得對同一票據再為止付之通知。

第8條

票據得於其背面或黏單上加印格式，以供背書人填寫。但背書非於票背已無背書地位時，不得於黏單上為之。

第9條

依本法第65條第3項規定，應扣減之利息，應扣減之利息，其有約定利率者，依約定利率扣減，未約定利率者，依本法第28條第2項規定之利率扣減。

第10條

分期付款票據，受款人於逐次受領票款及利息時，應分別給予收據，並於票據上記明領取票款之期別、金額及日期。

第11條

有製作拒絕證書權限者，於受作成拒絕證書之請求時，應就本法第107條第2款之拒絕事由，即時為必要之調查。

第12條

依本法第113條規定，抄存於作成人事務所之拒絕證書，應載明匯票全文。

第13條（刪除）

第14條

依本法得為特約或約定之事項，非載明於票據，不得以之對抗善意第三人。

第15條（刪除）

第16條（刪除）

第17條

本細則自發布日施行。

三、電子支付機構管理條例

1. 民國104年2月4日總統令制定公布全文58條；施行日期，由行政院定之
　民國104年3月5日行政院令發布定自104年5月3日施行
2. 民國106年6月14日總統令修正公布第58條條文；刪除第53條條文；並自公布日施行
3. 民國107年1月31日總統令增訂公布第3-1條條文
4. 民國110年1月27日總統令修正公布全文60條；施行日期，由行政院定之
　民國110年2月18日行政院令發布定自110年7月1日施行
5. 民國112年1月19日總統令修正公布第11、38條條文；施行日期，由行政院定之
　民國112年2月22日行政院令發布定自112年3月1日施行

第一章　總則

第1條
為促進電子支付機構健全經營及發展，以提供安全便利之資金移轉服務，並保障消費者權益，特制定本條例。

第2條
本條例之主管機關為金融監督管理委員會。

第3條
本條例用詞，定義如下：

一、電子支付機構：指依本條例經主管機關許可，經營第四條第一項及第二項各款業務之機構。

二、特約機構：指與電子支付機構簽訂契約，約定使用者得以電子支付帳戶或儲值卡支付實質交易款項者。

三、使用者：指與電子支付機構簽訂契約，利用電子支付帳戶或儲值卡，移轉支付款項或進行儲值者。

四、電子支付帳戶：指以網路或電子支付平臺為中介，接受使用者註冊與開立記錄支付款項移轉及儲值情形，並利用電子設備以連線方式傳遞收付訊息之支付工具。

五、儲值卡：指具有資料儲存或計算功能之晶片、卡片、憑證等實體或非實體形式發行，並以電子、磁力或光學等技術儲存金錢價值之支付工具。

六、代理收付實質交易款項：指接受付款方基於實質交易所移轉之款項，並經一定條件成就、一定期間屆至或付款方指示後，將該實質交易之款項移轉予收款方之業務。

七、收受儲值款項：指接受付款方預先存放款項，並利用電子支付帳戶或儲值卡進行多用途支付使用之業務。

八、辦理國內外小額匯兌：指依付款方非基於實質交易之支付指示，利用電子支付帳戶或儲值卡進行一定金額以下款項移轉之業務。

九、支付款項，指下列範圍之款項：

（一）代理收付款項：經營代理收付實質交易款項及辦理國內外小額匯兌業務所收取之款項。

（二）儲值款項：經營收受儲值款項業務所收取之款項。

十、多用途支付使用：指電子支付帳戶或儲值卡內之儲值款項，得用於支付電子支付機構以外之人所提供之商品或服務對價、政府部門各種款項及其他經主管機關核准之款項。但不包括下列情形：

（一）僅用於支付交通運輸使用，並經交通目的事業主管機關核准。

（二）僅得向發行人所指定之人請求交付或提供商品或服務之商品（服務）禮券。

（三）各級政府機關（構）發行之儲值卡或受理開立之電子支付帳戶，其儲值款項由該政府機關為付款方預先存放。

第4條

①電子支付機構經營之業務項目，由主管機關依下列所定範圍分別許可：

一、代理收付實質交易款項。

二、收受儲值款項。

三、辦理國內外小額匯兌。

四、辦理與前三款業務有關之買賣外國貨幣及大陸地區、香港或澳門發行之貨幣（以下合稱外幣）。

②電子支付機構經主管機關許可得經營之附隨及衍生業務項目如下：

一、提供特約機構收付訊息整合傳遞。

二、提供特約機構端末設備共用。

三、提供使用者間及使用者與特約機構間訊息傳遞。

四、提供電子發票系統及相關加值服務。

五、提供商品（服務）禮券或票券價金保管及協助發行、販售、核銷相關服務。

六、提供紅利積點整合及折抵代理收付實質交易款項服務。

七、提供儲值卡儲存區塊或應用程式供他人運用。

八、提供前項與第一款至第七款業務有關之資訊系統及設備之規劃、建置、維運或顧問服務。

九、其他經主管機關許可之業務。

③電子支付機構所經營之業務項目，須經其他目的事業主管機關許可者，於取得許可後，始得向主管機關申請許可。

④非電子支付機構得經主管機關許可，經營從事就業服務法第四十六條第一項第八款至第十一款所定工作之外國人國外小額匯兌及有關之買賣外幣業務；其申請許可之條件與程序、廢止許可事由、負責人資格條件、匯兌限額、業務管理、業務檢查與費用負擔及其他應遵行事項之辦法，由主管機關會商中央銀行及勞動部定之。

第5條

①非電子支付機構不得經營前條第一項業務。但符合下列情形之一者，不在此限：

一、本條例或其他法律另有規定。

二、經營前條第一項第一款業務，所保管代理收付款項總餘額未逾一定金額，且未經營前條第一項第二款或第三款業務。

②前項第二款所定代理收付款項總餘額之計算方式及一定金額，由主管機關定之。

③屬第一項第二款之情形者，應於所保管代理收付款項總餘額逾主管機關規定一定金額之日起算六個月內，向主管機關申請電子支付機構之許可。

④主管機關為查明前項或第三條第十款但書所定情形，得要求特定之自然人、法人、團體於限期內提供相關資料或通知其至主管機關辦公處所備詢；必要時，亦得要求銀行、其他金融機構提供其存款及其他有關資料。

第6條

電子支付機構經營業務,應符合下列規定:

一、涉及外匯部分,應依中央銀行規定辦理。

二、第四條第一項第一款之實質交易,不得涉有其他法規禁止之交易。

三、經營第四條第一項第二款或第三款業務,以有經營同條項第一款業務為限。

四、經營電子支付機構業務,其跨機構間款項清算應透過第八條第一項經營跨機構間支付款項帳務清算業務者為之。但涉及跨境款項清算者,得以報經主管機關會商中央銀行核准之方式為之。

第7條

電子支付機構以股份有限公司組織為限;除經主管機關許可兼營者外,應專營第四條第一項及第二項各款業務。

第8條

①經營跨機構間支付款項帳務清算業務者,除第六條第四款但書規定之情形外,應由依銀行法第四十七條之三第一項所定經營金融機構間資金移轉帳務清算之金融資訊服務事業為之。

②前項金融資訊服務事業應維持其資訊系統之正常運作。如有障礙,應儘速排除及維護其系統與相關設備;必要時,並應採取妥善之備援措施,使系統障礙所生影響減少至最低程度。

③第一項金融資訊服務事業於資訊系統障礙須停止傳輸、交換或處理作業時,除有正當理由者外,應事先通知其連線機構與主管機關及中央銀行。

第二章　申請及許可

第9條

①電子支付機構之最低實收資本額為新臺幣五億元。但下列情形,不在此限:

一、未經營第四條第一項第二款及第三款業務者,最低實收資本額為新臺幣一億元。

二、未經營第四條第一項第三款業務者,最低實收資本額為新臺幣三億元。

②前項最低實收資本額,主管機關得視社會經濟情況及實際需要調整之。

③第一項最低實收資本額,發起人應於發起時一次認足。

④電子支付機構之實收資本額未達主管機關依第二項調整之金額者,主管機關應

限期命其辦理增資；屆期未完成增資者，主管機關得勒令其停業。

第10條

①電子支付機構不得經營未經主管機關許可之業務。

②專營電子支付機構得經營之業務項目，由主管機關於營業執照載明之；其業務項目涉及跨境者，應一併載明。

第11條

①申請專營第四條第一項及第二項各款業務之許可，應由發起人或負責人檢具下列書件，向主管機關為之：

一、申請書。

二、發起人或董事、監察人名冊及證明文件。

三、發起人會議或董事會會議紀錄。

四、資金來源說明。

五、公司章程。

六、營業計畫書：載明業務範圍、業務經營之原則、方針與具體執行之方法、市場展望、風險及效益評估。

七、總經理或預定總經理之資料。

八、業務章則及業務流程說明。

九、電子支付機構業務各關係人間權利義務關係約定書或其範本。

十、經營電子支付機構業務所採用之資訊系統及安全控管作業說明。

十一、經會計師認證之電子支付機構業務交易之結算及清算機制說明。

十二、經會計師認證之支付款項保障機制說明，及經律師審閱或會計師認證信託契約、履約保證契約或其範本之法律意見書或報告。

十三、經會計師認證得以滿足未來五年資訊系統及業務適當營運之預算評估。

十四、其他主管機關規定之書件。

②前項第八款所定之業務章則，應記載下列事項：

一、組織結構及部門職掌。

二、人員配置、管理及培訓。

三、內部控制制度及內部稽核制度。

四、防制洗錢與打擊資恐內部控制及稽核制度。

五、使用者及特約機構身分確認機制。

六、會計制度。

七、營業之原則及政策。

八、消費者權益保障措施及消費糾紛處理程序。

九、作業手冊及權責劃分。

十、其他主管機關規定之事項。

③銀行及中華郵政股份有限公司申請兼營第四條第一項及第二項各款業務之許可，應檢具第一項第一款、第五款、第六款、第八款至第十一款、第十三款及第十四款規定之書件及董事會或理事會會議紀錄，向主管機關為之。

④電子支付機構所辦理之業務，其業務章則、業務流程或與業務之各關係人間權利義務關係，與主管機關原許可之營業計畫書內容有差異，且對消費者權益有重大影響時，應檢具第一項第六款、第八款及第九款規定之書件，向主管機關申請許可。

⑤主管機關為第一項、第三項及前項之許可前，應會商中央銀行意見；涉及外匯業務者，應經中央銀行同意後為之。

第12條

依前條第一項、第三項及第四項申請許可者，有下列情形之一，主管機關得不予許可：

一、最低實收資本額不符第九條第一項及第二項規定。

二、申請書件內容有虛偽不實。

三、經主管機關限期補正相關事項屆期未補正。

四、營業計畫書欠缺具體內容或執行顯有困難。

五、經營業務之專業能力不足，難以經營業務。

六、有妨害國家安全之虞者。

七、其他未能健全經營業務之虞之情形。

第13條

①專營電子支付機構應自取得許可後六個月內，檢具下列書件，向主管機關申請核發營業執照：

一、營業執照申請書。

二、公司登記證件。

三、會計師資本繳足查核報告書。

四、股東名冊。

五、董事名冊及董事會會議紀錄。設有常務董事者，其常務董事名冊及常務董
　　事會會議紀錄。

六、監察人名冊及監察人會議紀錄。

七、其他主管機關規定之書件。

②前項規定期限屆滿前，如有正當理由者，得申請延展，延展期限不得超過三個
　月，並以一次為限。

③專營電子支付機構未於第一項或前項所定期間內申請營業執照者，主管機關得
　廢止其許可。

④專營電子支付機構取得營業執照後，經發現原申請事項有虛偽情事且情節重大
　者，主管機關應撤銷其許可及營業執照，並令限期繳回營業執照，屆期未繳回
　者，註銷之。

⑤專營電子支付機構應於主管機關核發營業執照後六個月內開始營業。但有正當
　理由經主管機關核准者，得予延展開業，延展期限不得超過六個月，並以一次
　為限。

⑥專營電子支付機構未依前項規定期限開始營業者，主管機關得廢止其許可及營
　業執照，並令限期繳回營業執照，屆期未繳回者，註銷之。

⑦專營電子支付機構營業執照所載事項有變更者，應經主管機關許可，並申請換
　發營業執照。

第14條

電子支付機構應於開始營業之日起算三個營業日內，以書面通知主管機關。

第15條

①境外機構非依本條例申請許可設立電子支付機構，不得於我國境內經營第四條
　第一項業務。

②有與境外機構合作或協助其於我國境內從事第四條第一項業務之相關行為者，
　應經主管機關核准。經主管機關核准者，後續增加於同一國家或地區與境外機
　構合作或協助其於我國境內從事第四條第一項業務之相關行為時，應於開辦後
　五個營業日內報主管機關及中央銀行備查。

③前項主管機關核准之對象、條件、申請或報請備查應檢具書件、與境外機構合
　作或協助其於我國境內從事第四條第一項業務相關行為之範圍與方式、作業管

理及其他應遵行事項之辦法，由主管機關會商中央銀行定之。

④大陸地區機構申請許可設立電子支付機構，以及有與大陸地區支付機構合作或協助其於我國境內從事第四條第一項業務之相關行為者，應依臺灣地區與大陸地區人民關係條例第七十二條及第七十三條規定辦理。

⑤主管機關應協助國內電子支付機構發展境外合作業務。

第三章 監督及管理

第一節 專營電子支付機構

第16條

①專營電子支付機構收受每一使用者之儲值款項及辦理每一使用者國內外小額匯兌之金額，由主管機關會商中央銀行定之。

②主管機關於必要時得限制專營電子支付機構經營第四條第一項業務之交易金額；其限額，由主管機關會商中央銀行定之。

第17條

①專營電子支付機構收取使用者之支付款項，應存入其於金融機構開立之相同幣別專用存款帳戶，並確實記錄支付款項金額及移轉情形。

②前項金融機構對專營電子支付機構所儲存支付款項之存管、移轉、動用及運用，應予管理，並定期向主管機關報送其專用存款帳戶之相關資料。

③第一項專用存款帳戶開立之限制、管理與作業方式及其他應遵行事項之辦法，由主管機關定之。

第18條

專營電子支付機構應依使用者事先約定或即時同意之支付指示，進行支付款項移轉作業，除依法院之裁判或其他法律之規定外，不得有遲延支付之行為或接受第三人有關停止支付、匯款或其他類似之請求。

第19條

①專營電子支付機構於使用者提領支付款項或撥付款項予特約機構時，不得以現金支付，應將提領款項轉入該使用者或特約機構之金融機構相同幣別存款帳戶。但主管機關另有規定者，從其規定。

②專營電子支付機構於使用者辦理外幣儲值時，儲值款項應由該使用者之金融機構存款帳戶、同一電子支付機構之電子支付帳戶，或報經主管機關會商中央銀

行核准之方式存撥之。

第20條

專營電子支付機構收受新臺幣及外幣儲值款項合計達一定金額者，應繳存足額之準備金；其一定金額、準備金繳存之比率、方式、調整、查核及其他應遵行事項之辦法，由中央銀行會商主管機關定之。

第21條

①專營電子支付機構對於儲值款項扣除應提列準備金之餘額，併同代理收付款項之金額，應全部交付信託或取得銀行十足之履約保證。

②專營電子支付機構應委託會計師每季查核前項辦理情形，並於每季終了後一個月內，將會計師查核情形報請主管機關備查。

③第一項所稱交付信託，指與專用存款帳戶金融機構簽訂信託契約，以專用存款帳戶為信託專戶。

④前項信託契約之應記載及不得記載事項，由主管機關公告之。

⑤第三項之信託契約，違反主管機關公告之應記載及不得記載事項者，其契約條款無效；未記載主管機關公告之應記載事項者，仍構成契約之內容。

⑥第一項所稱取得銀行十足之履約保證，指與銀行簽訂足額之履約保證契約，由銀行承擔專營電子支付機構對使用者及特約機構之履約保證責任。

⑦專營電子支付機構應於信託契約或履約保證契約到期日二個月前完成續約或訂定新契約，並函報主管機關備查。

⑧專營電子支付機構未依前項規定辦理者，不得受理新使用者註冊、簽訂特約機構及收受原使用者新增之支付款項。

第22條

①專營電子支付機構對於支付款項，不得動用或指示專用存款帳戶金融機構動用。但下列情形不在此限：

一、依使用者支付指示移轉支付款項。

二、使用者提領支付款項或應撥付予特約機構之款項。

三、依第二項或第三項所為支付款項之運用及其所生孳息或其他收益之分配或收取。

②專營電子支付機構對於支付款項，得於一定比率內為下列各款之運用或指示專用存款帳戶金融機構運用：

一、銀行存款。

二、購買政府債券。

三、購買國庫券或銀行可轉讓定期存單。

四、購買經主管機關核准之其他金融商品。

③專用存款帳戶金融機構運用信託財產所生孳息或其他收益，應於所得發生年度，減除成本、必要費用及耗損後，依信託契約之約定，分配予專營電子支付機構。

④專營電子支付機構對於運用支付款項所得之孳息或其他收益，應計提一定比率金額，於專用存款帳戶金融機構以專戶方式儲存，作為回饋使用者或其他主管機關規定用途使用。

⑤第二項及前項所定一定比率，由主管機關定之。

⑥專營電子支付機構依第二項運用支付款項之總價值，依一般公認會計原則評價，如有低於投入時金額之情形，應立即補足。

⑦專營電子支付機構應委託會計師每半營業年度查核第一項、第二項、第四項及前項規定辦理之情形，並於每半營業年度終了後二個月內，將會計師查核情形報請主管機關備查。

⑧使用者及特約機構就其支付款項所產生之債權，有優先於專營電子支付機構其他債權人受償之權利。

第23條

①專營電子支付機構辦理我國境內業務，其與特約機構間之支付款項結算及清算，應以新臺幣為之。

②專營電子支付機構辦理跨境業務、第四條第一項第四款業務或依第十五條第二項規定經主管機關核准之相關行為，其與境內使用者及特約機構間之支付款項、結算及清算，得以新臺幣或外幣為之；對境外款項收付、結算及清算，應以外幣為之。

③專營電子支付機構辦理前項、第四條第一項及第二項各款業務涉及不同幣別間兌換，應於其網頁上揭示兌換匯率所參考之銀行牌告匯率及合作銀行。

第24條

①主管機關於必要時，得就專營電子支付機構收受支付款項總餘額與該公司實收資本額或淨值之倍數，予以限制。

②專營電子支付機構收受支付款項總餘額與該公司實收資本額或淨值之倍數，不符主管機關依前項所定之限制者，主管機關得命其限期增資或降低其所收受支付款項總餘額，並為其他必要之處置或限制。

第25條

①專營電子支付機構應建立使用者及特約機構身分確認機制，並留存確認身分程序所得資料；其確認使用者及特約機構身分程序應以風險為基礎，並應包括實質受益人之審查。

②前項確認使用者及特約機構身分程序所得資料之留存期間，自業務關係結束後至少五年。

③第一項使用者及特約機構身分確認機制之建立方式、程序、管理及前項確認使用者及特約機構身分程序所得資料範圍等相關事項之辦法，由主管機關會商法務部及中央銀行定之。

第26條

①專營電子支付機構應留存使用者儲值卡之卡號、電子支付帳戶之帳號、交易項目、日期、金額及幣別等必要交易紀錄；未完成之交易，亦同。

②前項必要交易紀錄，於停止或完成交易後，至少應保存五年。但其他法規有較長之規定者，依其規定。

③第一項留存必要交易紀錄之範圍及方式等相關事項之辦法，由主管機關會商法務部、財政部及中央銀行定之。

④稅捐稽徵機關或海關因業務需求，得要求專營電子支付機構提供第一項之必要交易紀錄及前條第一項之確認使用者及特約機構身分程序所得資料，專營電子支付機構不得拒絕；其必要交易紀錄或資料之範圍、提供方式與拒絕提供之認定及其他相關事項之辦法，由財政部會商主管機關定之。

第27條

專營電子支付機構對於達一定金額以上之通貨交易或疑似洗錢交易之申報、該機構與相關人員業務上應保守秘密義務之免除及違反申報規定之處罰，依洗錢防制法之規定辦理。

第28條

專營電子支付機構於境外設立分支機構，應經主管機關許可；主管機關許可時，應先會商中央銀行同意。

第29條

專營電子支付機構應建置客訴處理及紛爭解決機制。

第30條

專營電子支付機構訂定電子支付機構業務定型化契約條款之內容，應遵守主管機關公告之定型化契約應記載及不得記載事項，對使用者權益之保障，不得低於主管機關所定電子支付機構業務定型化契約範本之內容。

第31條

專營電子支付機構對於使用者與特約機構之往來交易資料及其他相關資料，應保守秘密。但其他法律或主管機關另有規定者，不在此限。

第32條

①專營電子支付機構應確保交易資料之隱密性及安全性，並維持資料傳輸、交換或處理之正確性。

②專營電子支付機構應建置符合一定水準之資訊系統，其辦理業務之資訊系統標準及安全控管作業基準，由第四十四條第一項所定之同業公會或中華民國銀行商業同業公會全國聯合會（以下簡稱銀行公會）擬訂，報請主管機關核定之；變更時亦同。

第33條

專營電子支付機構應建立內部控制及稽核制度；其目的、原則、政策、作業程序、內部稽核人員應具備之資格條件、委託會計師辦理內部控制查核之範圍及其他應遵行事項之辦法，由主管機關定之。

第34條

①專營電子支付機構應依主管機關及中央銀行之規定，申報業務有關資料。

②專營電子支付機構應定期提交帳務作業明細報表予專用存款帳戶金融機構，供其核對支付款項之存管、移轉、動用及運用情形。

第35條

專營電子支付機構應於會計年度終了四個月內，編製業務之營業報告書、經會計師查核簽證之財務報告或製作其他經主管機關指定之財務文件，於董事會通過之翌日起算十五日內，向主管機關申報並公告之。

第36條

①專營電子支付機構之業務管理與作業方式、使用者與特約機構管理、使用者

支付指示方式、使用者疑似不法或顯屬異常交易之電子支付帳戶或儲值卡處理程序、境外分支機構之申請許可與管理、股票應辦理公開發行之條件、營業據點、作業委外、投資限制、重大財務業務與營運事項之核准、申報及其他應遵行事項之規則，由主管機關會商中央銀行定之。

②專營電子支付機構負責人之資格條件、兼職限制、訓練及其他應遵行事項之準則，由主管機關定之。

③未符合前項準則所定資格條件者，不得充任專營電子支付機構負責人；已充任者，應予解任。

第37條

①主管機關得隨時派員或委託適當機構檢查專營電子支付機構之業務、財務及其他有關事項，或令專營電子支付機構於限期內提報財務報告、財產目錄或其他有關資料及報告。

②主管機關於必要時，得指定或要求專營電子支付機構委託專門職業及技術人員，就前項規定應行檢查事項、報表或資料予以查核，並向主管機關提出報告，其費用由受查核對象負擔。

第38條

①專營電子支付機構違反法令、章程或其行為有礙健全經營之虞時，主管機關除得予以糾正、令其限期改善外，並得視情節之輕重，為下列處分：

一、撤銷股東會或董事會等法定會議之決議。

二、廢止專營電子支付機構全部或部分業務之許可。

三、命令專營電子支付機構解除經理人或職員之職務。

四、解除董事、監察人職務或停止其於一定期間內執行職務。

五、命令提撥一定金額之準備或令其增資。

六、其他必要之處置。

②主管機關依前項第四款解除董事、監察人職務時，應通知公司登記主管機關廢止其董事、監察人登記。

③非電子支付機構經主管機關許可經營第四條第四項所定國外小額匯兌及有關之買賣外幣業務，違反法令、章程或有礙健全經營之虞時，準用前二項規定。

第39條

①專營電子支付機構累積虧損逾實收資本額二分之一者，應立即將財務報表及虧

損原因,函報主管機關。

②主管機關對前項專營電子支付機構,得限期令其補足資本,或限制其業務;專營電子支付機構未依期限補足資本者,主管機關得勒令其停業。

第40條

①專營電子支付機構因業務或財務顯著惡化,不能支付其債務或有損及使用者權益之虞時,主管機關得通知有關機關或機構禁止該專營電子支付機構及其負責人或職員為財產移轉、交付、設定他項權利或行使其他權利,或函請入出國管理機關限制其負責人或職員出境,或令其將業務移轉予其他電子支付機構。

②專營電子支付機構因解散、停業、歇業、撤銷或廢止許可、命令解散等事由,致不能繼續經營業務者,應洽其他電子支付機構承受其業務,並經主管機關核准。

③專營電子支付機構未依前項規定辦理者,由主管機關指定其他電子支付機構承受。

第41條

①為避免專營電子支付機構未依第二十一條交付信託或取得銀行十足履約保證,而損及消費者權益,專營電子支付機構應提撥資金,設置清償基金。

②專營電子支付機構因財務困難失卻清償能力而違約時,清償基金得以第三人之地位向消費者為清償,並自清償時起,於清償之限度內承受消費者之權利。

③清償基金之組織、管理及清償等事項之辦法,由主管機關定之。

④清償基金由各專營電子支付機構自營業收入提撥;其提撥比率,由主管機關審酌經濟、業務情形及各專營電子支付機構承擔能力定之。

第二節 兼營電子支付機構

第42條

銀行及中華郵政股份有限公司兼營第四條第一項及第二項各款業務,準用第十六條、第十八條、第十九條、第二十二條第八項、第二十三條第一項、第二項、第二十五條、第二十六條、第二十九條至第三十二條、第三十四條第一項、第三十六條第一項、第三十七條、第三十八條第一項、第二項、第四十條及第四十一條規定。

第43條

銀行及中華郵政股份有限公司兼營第四條第一項第二款業務所收受之儲值款項，應依銀行法或其他相關法令提列準備金，且為存款保險條例所稱之存款保險標的。

第四章　公會

第44條

①電子支付機構應加入主管機關指定之同業公會或銀行公會電子支付業務委員會，始得營業。

②前項主管機關所指定同業公會之章程及銀行公會電子支付業務委員會之章則、議事規程，應報請主管機關核定；變更時亦同。

③第一項主管機關所指定同業公會之業務，應受主管機關之指導及監督。

第45條

①主管機關所指定同業公會及銀行公會電子支付業務委員會，為會員之健全經營及維護同業聲譽，應辦理下列事項：

一、協助主管機關推行、研究電子支付機構業務之相關政策及法令。

二、訂定並定期檢討共同性業務規章或自律公約，並報請主管機關備查；變更時亦同。

三、就會員所經營電子支付機構業務，為必要指導或調處其間之糾紛。

四、主管機關指定辦理之事項。

②電子支付機構應確實遵守前項第二款之業務規章及自律公約。

第五章　罰則

第46條

①非電子支付機構經營第四條第一項第二款業務者，處三年以上十年以下有期徒刑，得併科新臺幣二千萬元以上五億元以下罰金。

②未依第五條第三項規定向主管機關申請許可，或已依規定申請許可，經主管機關不予許可後，仍經營第四條第一項第一款業務者，處五年以下有期徒刑，得併科新臺幣一億元以下罰金。

③法人之代表人、代理人、受僱人或其他從業人員，因執行業務犯前二項之罪

者,除處罰其行為負責人外,對該法人亦科以前二項所定罰金。

第47條

①專營電子支付機構違反第二十一條第一項或第二十二條第一項規定者,其行為負責人處七年以下有期徒刑,得併科新臺幣五億元以下罰金。

②前項情形,除處罰行為負責人外,對該專營電子支付機構亦科以前項所定罰金。

第48條

①違反第十五條第二項規定,未經主管機關核准,與境外機構合作或協助其於我國境內從事第四條第一項業務之相關行為者,處三年以下有期徒刑、拘役或科或併科新臺幣五百萬元以下罰金。

②法人之代表人、代理人、受僱人或其他從業人員,因執行業務犯前項之罪者,除處罰行為負責人外,對該法人亦科以前項所定罰金。

第49條

散布流言或以詐術損害電子支付機構之信用者,處三年以下有期徒刑、拘役或科或併科新臺幣五百萬元以下罰金。

第50條

有下列情事之一者,處新臺幣五十萬元以上一千萬元以下罰鍰:

一、違反第二十五條第一項、第二項或第四十二條準用第二十五條第一項、第二項規定;或違反第二十五條第三項或第四十二條準用第二十五條第三項所定辦法中有關使用者及特約機構身分確認機制之建立方式、程序或管理之規定。

二、違反第二十六條第一項、第二項或第四十二條準用第二十六條第一項、第二項規定;或違反第二十六條第三項或第四十二條準用第二十六條第三項所定辦法中有關留存必要交易紀錄之範圍或方式之規定。

第51條

①有下列情事之一者,處新臺幣六十萬元以上三百萬元以下罰鍰:

一、違反第六條第二款至第四款規定。

二、違反第七條規定,未專營第四條第一項及第二項各款業務。

三、違反第十條第一項規定。

四、違反第十五條第三項所定辦法中有關與境外機構合作或協助其於我國境內

從事第四條第一項業務相關行為之方式或作業管理之規定。

五、違反主管機關依第十六條第一項或第四十二條準用第十六條第一項規定所定金額；或違反主管機關依第十六條第二項或第四十二條準用第十六條第二項規定所定限額。

六、違反第十七條第一項規定；或違反第十七條第三項所定辦法中有關專用存款帳戶開立之限制、管理或作業方式之規定。

七、違反第十八條或第四十二條準用第十八條規定，遲延進行支付款項移轉作業，或接受第三人有關停止支付、匯款或其他類似之請求。

八、違反第十九條或第四十二條準用第十九條規定。

九、違反第二十一條第七項、第八項規定，未依限完成續約、訂定新契約或函報主管機關備查，或受理新使用者註冊、簽訂特約機構、收受原使用者新增之支付款項。

十、違反第二十二條第四項或第六項規定。

十一、違反第二十三條第一項或第四十二條準用第二十三條第一項規定；或違反第二十三條第二項或第四十二條準用第二十三條第二項規定，對境外款項收付、結算及清算，未以外幣為之。

十二、違反第三十一條或第四十二條準用第三十一條規定。

十三、違反第三十二條第一項或第四十二條準用第三十二條第一項規定。

十四、違反第三十三條規定，未建立內部控制及稽核制度或未確實執行。

十五、違反第三十四條或第四十二條準用第三十四條第一項規定。

十六、違反第三十五條規定。

十七、違反第三十六條第一項或第四十二條準用第三十六條第一項所定規則中有關業務管理與作業方式、使用者與特約機構管理、使用者支付指示方式、使用者疑似不法或顯屬異常交易之電子支付帳戶或儲值卡處理程序、境外分支機構管理、股票應辦理公開發行之條件、營業據點、作業委外、投資限制、重大財務業務與營運事項之核准或申報之規定。

十八、專營電子支付機構負責人違反第三十六條第二項所定準則中有關負責人資格條件、兼職限制之規定。

十九、違反第四十一條第一項或第四十二條準用第四十一條第一項規定，未提撥資金。

②前項第十八款之兼職係經專營電子支付機構指派者，受罰者為該專營電子支付
機構。

第52條

電子支付機構之負責人或職員於主管機關依第三十七條或第四十二條準用第
三十七條規定，派員或委託適當機構，或指定專門職業及技術人員，檢查或查核
業務、財務及其他有關事項，或令電子支付機構於限期內提報財務報告、財產目
錄或其他有關資料、報告時，有下列情形之一者，處新臺幣六十萬元以上三百萬
元以下罰鍰：

一、拒絕檢查。

二、隱匿或毀損有關業務或財務狀況之帳冊文件。

三、對檢查或查核人員詢問無正當理由不為答復或答復不實。

四、屆期未提報財務報告、財產目錄或其他有關資料、報告，或提報不實、不
全，或未於規定期限內繳納查核費用。

第53條

有下列情事之一者，處新臺幣二十萬元以上一百萬元以下罰鍰：

一、經主管機關許可經營第四條第四項業務者違反該項所定辦法中有關負責人資
格條件、匯兌限額、業務管理、業務檢查之規定。

二、違反第五條第四項規定，拒絕提供資料或經通知未至主管機關辦公處所備
詢。

三、違反第十一條第四項規定。

四、違反第十三條第七項規定。

五、違反第十四條規定。

六、違反第二十一條第二項規定。

七、違反第二十二條第七項規定。

八、違反第二十三條第三項規定。

九、違反第二十八條規定。

十、違反第三十條或第四十二條準用第三十條規定，對使用者權益之保障，低於
主管機關所定電子支付機構業務定型化契約範本之內容。

十一、違反第三十九條第一項規定。

十二、違反第四十四條第一項規定，未加入公會而營業。

第54條

①違反第二十條規定未繳存足額準備金者，由中央銀行就其不足部分，按該行公告最低之融通利率，加收年息百分之五以下之利息；其情節重大者，由中央銀行處新臺幣二十萬元以上一百萬元以下罰鍰。

②違反第二十六條第四項或第四十二條準用第二十六條第四項規定，無正當理由拒絕提供必要交易紀錄或資料者，由稅捐稽徵機關或海關處新臺幣二十萬元以上一百萬元以下罰鍰，並令其限期提供；屆期仍未提供者，得按次處罰。

第55條

依本條例規定應處罰鍰之行為，其情節輕微者，得免予處罰，或先令其限期改善，已改善完成者，免予處罰。

第56條

電子支付機構經依本條例規定處罰後，經主管機關或中央銀行限期令其改正，屆期未改正者，主管機關或中央銀行得按次處罰；其情節重大者，並得責令限期撤換負責人、停止營業或廢止許可。

第六章　附則

第57條

①為促進普惠金融及金融科技發展，不限於電子支付機構，得依金融科技發展與創新實驗條例申請辦理電子支付機構業務創新實驗。

②前項之創新實驗，於主管機關核准辦理之期間及範圍內，得不適用本條例之規定。

③主管機關應參酌第一項創新實驗之辦理情形，檢討本條例及相關金融法規之妥適性。

第58條

①本條例中華民國一百零九年十二月二十五日修正之條文施行前，經主管機關許可之電子票證發行機構，視為已取得第十一條第一項之許可。

②本條例中華民國一百零九年十二月二十五日修正之條文施行前，經主管機關依本條例許可辦理相關業務之電子支付機構或依電子票證發行管理條例許可設立之電子票證發行機構，如有不符合本條例規定者，應於修正施行之日起六個月內，提出調整後符合本條例相關規定之營業計畫書及自評報告，報請主管機關

備查。

③本條例中華民國一百零九年十二月二十五日修正之條文施行前，經主管機關許
可之非銀行電子票證發行機構及專營電子支付機構之營業執照所載事項有變更
者，應於修正施行之日起六個月內，檢附申請書、原營業執照及其他主管機關
規定之書件，向主管機關申請換發營業執照。

第59條

主管機關依前條第二項為備查時，業者之業務管理或作業方式如有與本條例規定
不符合者，應指定期限命其調整。

第60條

本條例施行日期，由行政院定之。

國家圖書館出版品預行編目資料

台灣金融「票據支付」與「電子支付」法律基
礎──「票據法」與「電子支付機構管理條
例」合論／李開遠著. －－二版.－－五南
圖書出版股份有限公司：五南，2024.09
面；　公分
ISBN 978-626-393-665-2 (平裝)

1.CST: 票據法規　2.CST: 電子商務

587.4　　　　　　　　　　113011770

1S79

台灣金融「票據支付」與「電子支付」法律基礎──「票據法」與「電子支付機構管理條例」合論

作　　　者 ─ 李開遠 (92.2)

企劃主編 ─ 劉靜芬

責任編輯 ─ 林佳瑩

文字校對 ─ 徐鈺涵

封面設計 ─ 姚孝慈

出 版 者 ─ 五南圖書出版股份有限公司

發 行 人 ─ 楊榮川

總 經 理 ─ 楊士清

總 編 輯 ─ 楊秀麗

地　　　址：106臺北市大安區和平東路二段339號4樓

電　　　話：(02)2705-5066

網　　　址：https://www.wunan.com.tw

電子郵件：wunan@wunan.com.tw

劃撥帳號：01068953

戶　　　名：五南圖書出版股份有限公司

法律顧問　林勝安律師

出版日期　2019年9月初版一刷
　　　　　2024年9月二版一刷

定　　　價　新臺幣580元

經典永恆·名著常在

五十週年的獻禮 —— 經典名著文庫

五南，五十年了，半個世紀，人生旅程的一大半，走過來了。

思索著，邁向百年的未來歷程，能為知識界、文化學術界作些什麼？

在速食文化的生態下，有什麼值得讓人雋永品味的？

歷代經典·當今名著，經過時間的洗禮，千錘百鍊，流傳至今，光芒耀人；

不僅使我們能領悟前人的智慧，同時也增深加廣我們思考的深度與視野。

我們決心投入巨資，有計畫的系統梳選，成立「經典名著文庫」，

希望收入古今中外思想性的、充滿睿智與獨見的經典、名著。

這是一項理想性的、永續性的巨大出版工程。

不在意讀者的眾寡，只考慮它的學術價值，力求完整展現先哲思想的軌跡；

為知識界開啟一片智慧之窗，營造一座百花綻放的世界文明公園，

任君遨遊、取菁吸蜜、嘉惠學子！